Kohler-Gehrig
Technik der Fallbearbeitung im Bürgerlichen Recht

Technik der Fallbearbeitung im Bürgerlichen Recht

von

Prof. Dr. Eleonora Kohler-Gehrig

Verlag Franz Vahlen München

VERLAG
VAHLEN
MÜNCHEN
www.vahlen.de

ISBN 3 8006 2557 1

Satz: DTP-Vorlagen des Autors
Druck und Bindung: C. H. Beck'sche Buchdruckerei (Adresse wie Verlag)

Gedruckt auf säurefreiem, alterungsbeständigem Papier
(hergestellt aus chlorfrei gebleichtem Zellstoff)

Vorwort

Die Technik der Fallbearbeitung hat zum Ziel, Studierenden eine Anleitung bei der Lösung zivilrechtlicher Fälle zu geben und zu einer überzeugenden Darstellung der gefundenen Lösung zu finden.

In Lehrbüchern und Vorlesungen wird das Bürgerliche Recht anhand von Grundbegriffen und nach Rechtsgebieten gegliedert dargestellt. Bei der Bearbeitung und Lösung von Rechtsfällen kommt es hingegen darauf an, über einzelne Rechtsgebiete hinaus, die einschlägigen Rechtsnormen aufzufinden. Es sind Kenntnisse über die Funktion und das Zusammenspiel von Rechtsnormen gefragt. Nur wer diese Kenntnisse hat, kann den fallspezifischen Lösungsweg zusammenstellen und verständlich darstellen. Im Abschnitt **Der Umgang mit Rechtsnormen** wird den Studierenden vermittelt, welche Arten von Rechtsnormen es gibt und wie diese zusammenspielen.

Erst bei der Fallbearbeitung sind die Studierenden in der Lage festzustellen, ob sie das in Lehrbüchern angelesene und in Vorlesungen gehörte Wissen in einem konkreten Fall sachgerecht umsetzen können. Die abstrakte Formulierung des Gesetzes und das abstrakt erlernte Wissen müssen auf die Gegebenheiten des konkreten Falles angewandt werden. Gefragt sind hier Techniken für die Umsetzung vom Allgemeinen zum Konkreten. Ist erst einmal der Lösungsweg erkannt und beschritten, stellt sich für die Studierenden weiter die Notwendigkeit, zu einer überzeugenden und klaren Darstellung der Falllösung zu kommen. Anleitungen zur Erarbeitung der Falllösung und Darstellung derselben finden sich im Abschnitt **Die Fallbearbeitung**. Es soll gezeigt werden, dass jede Fallbearbeitung, unabhängig vom Inhalt und den Problemen des einzelnen Falles, nach einem bestimmten Schema abläuft.

Um den Studierenden Gelegenheit zu geben, das Erlernte zu prüfen und zu festigen, findet sich im Anschluss daran eine Zusammenstellung von **Fällen und Lösungen**. Diese dienen zugleich als anschauliche Beispiele für die Gestaltungsmöglichkeiten bei Aufbau, Darstellung und Formulierung. Bei der Durchsicht von Übungs- und Prüfungsklausuren kommt man unwillkürlich zu der Erkenntnis, dass eine Reihe von Standardproblemen immer wieder in neuem Gewand auftauchen. Diese Standardprobleme wurden in die Fälle und Lösungen eingearbeitet.

Esslingen, im Januar 2000

Dr. Eleonora Kohler-Gehrig

Inhaltsverzeichnis

Anhang

Abkürzungsverzeichnis

a. A.	andere Ansicht
AG	Amtsgericht
Abs.	Absatz
AGBG	Gesetz zur Regelung des Rechts der Allgemeinen Geschäftsbedingungen
Anm.	Anmerkung
Alt.	Alternative
Art.	Artikel
Aufl.	Auflage
BayOLG	Bayerisches Oberlandesgericht
BB	Betriebsberater
Bd.	Band
BGB	Bürgerliches Gesetzbuch
BGH	Bundesgerichtshof
BGHZ	Sammlung der Entscheidungen des BGH in Zivilsachen
BVerfG	Bundesverfassungsgericht
BVerfGE	Sammlung der Entscheidungen des BVerfG
cic	culpa in contrahendo
DB	Der Betrieb
ders.	derselbe
Einf.	Einführung
e. K.	eingetragener Kaufmann
f	folgende
ff	fortfolgende
GG	Grundgesetz
HGB	Handelsgesetzbuch
H. S.	Halbsatz
JA	Juristische Ausbildung
JR	Jurisitische Rundschau
JuS	Juristische Schulung
JZ	Juristenzeitung
i. V. m.	in Verbindung mit
Komm.	Kommentar
LG	Landgericht
m. w. N.	mit weiteren Nachweisen
NJW	Neue Juristische Wochenschrift
NJW-RR	NJW-Rechtsprechungs-Report-Zivilrecht
o. g.	oben genannte

OLG	Oberlandesgericht
PflVG	Pflichtversicherungsgesetz
pFV	positive Forderungsverletzung
ProdHG	Produkthaftungsgesetz
StGB	Strafgesetzbuch
StVG	Straßenverkehrsgesetz
StVO	Straßenverkehrsordnung
VerbrKrG	Verbraucherkreditgesetz
VersR	Versicherungsrecht
Vorbem.	Vorbemerkung
z. B.	zum Beispiel
ZMR	Zeitschrift für Miet- und Raumrecht

Der Umgang mit Rechtsnormen

Der Bearbeiter eines zivilrechtlichen Falles oder einer Rechtsfrage, wird die Antwort im Gesetz suchen. Wer ins BGB als der zentralen zivilrechtlichen Gesetzessammlung blickt, sieht sich einer Fülle von weit mehr als 2.300 Normen gegenüber. Diese Normen sind nach ihrer Reichweite, ihrer Aussagekraft höchst unterschiedlicher Natur. Sie erwecken an manchen Stellen gar den Eindruck, wahllos zusammengewürfelt zu sein. Es soll gezeigt werden, dass sich dahinter ein System verbirgt. Die Kenntnis dieses Systems erleichtert das Verständnis über die Bedeutung und Reichweite der einzelnen Rechtsnorm und bietet eine Hilfe bei der Rechtsfindung.

I. Der Aufbau des BGB

Literatur: *Bär* S. 24 ff; *Brehm* S. 39 ff; *Brox* Allgemeiner Teil S. 25 ff

Eine erste Hilfe bei der Rechtssuche bietet der Aufbau des BGB. Das BGB gliedert sich in 5 Bücher :

1. Buch: Allgemeiner Teil des BGB
2. Buch: Recht der Schuldverhältnisse
3. Buch: Sachenrecht
4. Buch: Familienrecht
5. Buch: Erbrecht

Der Allgemeine Teil enthält elementare Grundbestimmungen, die für die gesamte Privatrechtsordnung bedeutsam sind wie die Definition von

- Rechtssubjekten als Träger von Rechten und Pflichten
- Rechtsobjekten als Gegenstand von Rechten und Pflichten und
- Rechtsgeschäften zur Begründung von Rechten und Pflichten.

Im Allgemeinen Teil finden sich all die Regelungen, die für die folgenden Bücher gleichermaßen von Bedeutung sind. § 1 *Die Rechtsfähigkeit des Menschen beginnt mit der Vollendung der Geburt* besagt, dass ab Vollendung der Geburt Menschen Träger von Rechten und Pflichten sein können, ob es sich nun um die Käuferpflichten nach § 433 Abs. 2 aus dem 2. Buch des BGB, den Eigentumserwerb nach §§ 929 ff aus dem 3. Buch, den Unterhaltsanspruch nach § 1602 aus dem 4. Buch oder den Pflichtteilsanspruch nach § 2303 aus dem 5. Buch handelt. Durch das gesamte BGB hindurch ist es von Bedeutung, wer Träger von Rechten und

Pflichten sein kann. Deshalb wurde in § 1 die Rechtsfähigkeit vor die Klammer gezogen und gilt überall dort, wo es im BGB auf die Rechtsfähigkeit ankommt. Diese *Klammertechnik* des BGB, der Allgemeine Teil umklammert die anderen Bücher, die Besonderen Teile des BGB, dient der Verschlankung des Gesetzeswerkes. So muss die Rechtsfähigkeit nicht mehr überall, wo es darauf ankommt, definiert werden. Zur Vermeidung von Wiederholungen wurden häufig wiederkehrende Rechtsbegriffe im Allgemeine Teil definiert und stehen am Anfang des Gesetzeswerkes.

Es gilt das Aufbauprinzip

Im Allgemeinen Teil finden sich Regelungen, deren Aussagen für alle anderen Teile des BGB gelten

Zwischen den verschiedenen Abschnitten des Allgemeinen Teils des BGB besteht kein sachlicher Zusammenhang. Der 1. Abschnitt über Personen hat mit dem 2. Abschnitt Sachen nichts zu tun. Beiden Abschnitten gemeinsam ist ihre Funktion, diese Grundbegriffe des BGB zu definieren und darzustellen.

Zu den allgemeinen Bestimmungen im Allgemeinen Teil gibt es Ausnahmen und Sonderregeln. So gewährt § 1923 Abs. 2 dem schon erzeugten aber noch ungeborenen Kind ein Erbrecht. § 1923 Abs. 2 ist eine Sonderregel zu § 1, auch lex specialis genannt. Soweit es zu diesen Regelungen im Allgemeinen Teil in den Besonderen Teilen des BGB Sonderregeln und Ausnahmen gibt, leitet sich hieraus die weitere Regel ab

Sonderregeln verdrängen allgemeine Regeln

Anders als die folgenden Bücher des BGB ist der Allgemeine Teil nicht auf einheitliche Grundbegriffe wie im Sachenrecht oder Lebenssachverhalte wie im Familien- und Erbrecht bezogen. Diese Aufbautechnik geht auf Kosten der Anschaulichkeit und Verständlichkeit.

Auf den Allgemeinen Teil des BGB folgt im 2. Buch das Recht der Schuldverhältnisse. Im Schuldrecht ist geregelt, welche Verpflichtungen eine Person eingehen kann, welche Ansprüche sie erwerben kann. § 433 Abs. 1 *Durch den Kaufvertrag wird der Verkäufer einer Sache verpflichtet, dem Käufer die Sache zu übergeben und das Eigentum an der Sache zu verschaffen* regelt nur die schuldrechtliche Verpflichtung. Der Käufer erlangt hierdurch kein Eigentum. Er erlangt zuerst nur einen Anspruch auf Eigentumsverschaffung. Die Eigentumsverschaffung ist im nächsten Buch des BGB, dem Sachenrecht, geregelt. § 929 bestimmt *Zur Übertragung des Eigentums an einer beweglichen Sache ist erforderlich, dass der Eigentümer die Sache dem Erwerber übergibt und beide darüber einig sind, dass das Eigentum übergehen soll.* Kaufvertrag und Eigentumsverschaffung am Kaufgegenstand sind zwei verschiedene Rechtsakte. Dem entspricht die Erfahrung, dass mancher Kaufvertrag nie oder zeitlich erst viel später erfüllt wird.

Das Schuldrecht knüpft an die Grundfigur des Schuldverhältnisses an. Schuldverhältnisse bezeichnen Rechtsverhältnisse, bei denen der Gläubiger vom Schuldner eine Leistung verlangen kann. Es umfasst Regelungen zu typischen Vertragsformen wie Kaufvertrag, Mietvertrag und daneben gesetzliche Schuldverhältnisse wie Deliktsrecht und Bereicherungsrecht.

Das Sachenrecht regelt die Berechtigung an Sachen. Es normiert den Erwerb des Eigentums als Vollrecht und den Erwerb von Ausschnitten aus diesem Vollrecht wie Hypothek und Grunddienstbarkeit als beschränkte dingliche Rechte.

Familienrecht und Erbrecht knüpfen an Lebensbereiche an. Das Familienrecht behandelt den Lebensbereich Familie im weitesten Sinne. Im Erbrecht finden sich die vermögensrechtlichen Folgen des Todes eines Menschen.

Die Klammertechnik des BGB, wonach der Allgemeine Teil im 1. Buch die anderen Bücher umklammert, findet sich auch in den anderen Büchern wieder. So finden sich vor den einzelnen Schuldverhältnissen im Schuldrecht allgemeine schuldrechtliche Regelungen wie Erfüllung und Abtretung, die für alle vertraglichen und gesetzlichen Schuldverhältnisse gleichermaßen gelten.

Welche wertvollen Suchhilfen der Aufbau des BGB zu leisten vermag, soll das folgende Beispiel belegen:

Herr Anton hat von Kaufmann K eine Waschmaschine	Schuldrecht
gekauft und geliefert bekommen. K verlangt	Kaufvertrag
Zahlung des noch offenen Kaufpreises.	§ 433 Abs. 2
Herr K verlangt Herausgabe seiner Waschmaschine. A	Sachenrecht
habe kein Eigentum erlangt, da er die Waschmaschine	§ 985
noch nicht bezahlt habe. Das Eigentum gehe erst mit	§ 929
Zahlung über, wie jeder wisse.	
K verlangt Zahlung von der Ehefrau E des A. Als	Familienrecht
Ehefrau hafte sie für die Schulden ihres Mannes.	§ 1357
Nach dem Tode des A verlangt K Bezahlung von der	Erbrecht
Geliebten G des A. A hatte die G testamentarisch zur	§ 1922 Abs. 1
Alleinerbin bestimmt.	§ 1967
G beruft sich auf die Verjährung des Anspruchs	BGB AT
	§ 196 Abs. 1 Nr.1

In Lehrbüchern und Vorlesungen wird das Bürgerliche Recht beginnend mit Grundbegriffen und nach Rechtsgebieten gegliedert dargestellt. Diese Rechtsgebiete wie Bereicherungsrecht und Deliktsrecht beschränken sich weitestgehend auf einzelne Normen und einzelne Bücher des BGB. Beim Bereicherungsrecht oder Deliktsrecht beschränkt sich die Darstellung auf einen

Ausschnitt aus dem 2. Buch, dem Recht der Schuldverhältnisse. In einem ersten Schritt müssen sich die Studierenden die verschiedenen Abschnitte des BGB nach und nach erarbeiten. In einem zweiten Schritt sollen sie dieses Wissen in der Falllösung umsetzen. Die Falllösung beschränkt sich nicht auf eine Norm oder ein Rechtsgebiet. Hier kommt es darauf an, auf der einen Seite die Aussagekraft verschiedener Rechtsvorschriften und Rechtsgebiete zu erfassen und darzustellen. Der Umgang mit Rechtsvorschriften setzt Grundkenntnisse über Aufbau und Systematik des Gesetzeswerkes und fundierte Gesetzeskenntnisse voraus. Es interessiert nicht mehr eine einzelne Norm oder ein einzelnes Rechtsgebiet. Nun kommt es auf den Zusammenhang und das Zusammenwirken der Normen an.

Zutreffend führen *von Münchhausen / Bauchhenss* hierzu aus: Der Jurist, der sich bloß Wissen anlernt, dieses aber bei der Bearbeitung eines konkreten Falles nicht umsetzen kann, gleicht einem Handwerker mit einem riesigen Werkzeugkasten, der mit den einzelnen Werkzeugen in der Praxis nicht umgehen kann. Folge: *Ausrüstung optimal, aber Reparatur misslungen.*[1]

II. Arten und Funktionen von Rechtssätzen

Literatur: *Diederichsen* Die BGB-Klausur S. 91 f; *Larenz / Canaris* S. 71 ff; *Schapp* S. 29 ff; *Zippelius* S. 25 ff

Das BGB arbeitet mit Normen unterschiedlicher Aussagekraft und Wirkungsweise. Die Arbeit mit dem BGB setzt Wissen um diese Unterschiede voraus, ansonsten können diese Normen nicht richtig angewandt werden.

Die Normen des BGB lassen sich nach ihrer Wirkungsweise unterteilen in

- vollständige Rechtssätze und

- unvollständige Rechtssätze.

An diese formale Unterscheidung nach der Wirkungsweise knüpfen sich unterschiedliche Funktionen der Rechtsnormen an, die für das Zusammenwirken der Normen von elementarer Bedeutung sind. Wirkungsweise und Funktion von Rechtsnormen können nur ermittelt werden durch die Arbeit mit dem Gesetz. Die Lektüre des Gesetzes ist Ausgangspunkt der Arbeit mit dem Recht, sei es in Vorlesungen, bei der Lektüre von Fachbüchern und Fachzeitungen, der Falllösung und der täglichen Arbeit des Praktikers.

1. Vollständige Rechtssätze

Vollständige Rechtssätze umfassen ein Konditionalprogramm aus **Wenn** (Tatbestand) und **Dann** (Rechtsfolge) wie die folgenden Beispiele vereinfacht zeigen

---

[1] *von Münchhausen/Bauchhenss*, BGB Allgemeiner Teil I, S. 1

	Wenn = Tatbestand	Dann = Rechtsfolge
§ 823 Abs. 1	Wer jemanden am Körper verletzt	muss Schadensersatz leisten
§ 433 Abs. 2	Wer eine Sache kauft	muss zahlen
§ 138 Abs. 2	Wenn ein Rechtsgeschäft gesetzwidrig ist	ist es nichtig
§ 142	Wenn ein Rechtsgeschäft angefochten wird	ist es nichtig
§ 362 Abs. 1	Wenn eine geschuldete Leistung erbracht wird	erlischt die Schuld

Diese Wenn - Dann - Struktur liegt allen vollständigen Rechtssätzen zugrunde, selbst wenn sie abweichend ausformuliert sind, wie obige Beispiele belegen.

Der Tatbestand setzt sich aus mehreren Tatbestandsmerkmalen zusammen. Liegen diese Tatbestandsmerkmale allesamt vor, wird die Rechtsfolge ausgelöst. Das Vorliegen aller Tatbestandsmerkmale ist Voraussetzung für die Rechtsfolge. Fehlt ein Tatbestandsmerkmal, tritt die Rechtsfolge nicht ein.

Diesen vollständigen Rechtssätzen besitzen die Funktion von

Anspruchsgrundlagen oder Gegennormen

Anspruchsgrundlagen - auch Antwortnormen oder Anspruchsnormen genannt - besagen, wem ein Anspruch gegen einen anderen zusteht bzw. wer wem etwas schuldet. Sie beinhalten die Aussage, dass jemand unter gewissen Voraussetzungen von einem anderen ein Tun oder Unterlassen verlangen kann. Beispiele für Anspruchsgrundlagen sind §§ 433, 535,611, 631, 824 - 826. Die wichtigsten Anspruchsgrundlagen im BGB sind im Abschnitt X. Übersichten[2] zusammengestellt.

Anspruchsgrundlagen finden sich überwiegend im Schuldrecht, Sachenrecht, Familien- und Erbrecht. Im Allgemeinen Teil des BGB gibt es nur ausnahmsweise Anspruchsgrundlagen wie §§ 122, 179.

Besonderes Augenmerk ist auf die zusammengesetzten Anspruchsgrundlagen zu richten. Ein Element dieser Anspruchsgrundlagen ist, dass eine andere Anspruchsgrundlage ebenfalls erfüllt sein muss. Beispiele für zusammengesetzte Anspruchsgrundlagen sind:

---

[2] S. 46 ff

Der Schmerzensgeldanspruch des Geschädigten aus § 847 setzt voraus, dass die Rechtsgutsverletzung - Körper, Freiheit - durch eine unerlaubte Handlung nach §§ 823 ff begangen wurde.

§ 847 + §§ 823 ff

Die Ansprüche der Hinterbliebenen aus § 844 Abs. 1 und § 844 Abs. 2 erfordert, dass die getötete Person ihrerseits Ansprüche aus unerlaubter Handlung nach §§ 823 ff gegen den Anspruchsgegner gehabt hätte.

§ 844 + Anspruchsgrundlage des Getöteten aus §§ 823 ff

Gegennormen richten sich gegen Anspruchsgrundlagen und heben deren Wirkung auf. Sie sind das Gegenstück zu Anspruchsgrundlagen. Erzeugen Anspruchsgrundlagen Ansprüche, so nehmen Gegennormen diesen ihre Wirkung.

Rechtshindernde Gegennormen besagen, dass Anspruchsgrundlagen trotz Vorliegen aller Tatbestandsmerkmale nicht eingreifen können. Sie führen dazu, dass ein Anspruch von vornherein gar nicht entstehen kann. Auch wenn Käufer und Verkäufer sich über den Ankauf von Heroin geeinigt haben ist der Kaufvertrag wegen Gesetzwidrigkeit nach § 134 nichtig.

Rechtsvernichtende Gegennormen bringen einen entstandenen Anspruch im Nachhinein zum Erlöschen. Nach § 362 Abs. 1 erlischt der geschuldete Schadensersatzanspruch aus § 823 Abs. 1 oder der Kaufpreisanspruch aus § 433 Abs. 2 mit Erbringen der geschuldeten Leistung. Diese rechtsvernichtenden Gegennormen wie Erfüllung, Rücktritt, Kündigung sind von ganz alltäglicher theoretischer und praktischer Bedeutung.

Rechtshemmende Gegennormen nehmen einem wirksam entstandenen und nicht untergegangenen Anspruch seine Durchsetzbarkeit. Der bestehende Anspruch ist in seiner Durchsetzbarkeit gehemmt.

Nach §§ 196 Abs. 1 Nr. 1, 222 Abs. 1 kann dem Kaufpreisanspruch aus § 433 Abs. 2 nach Ablauf der Verjährungsfrist die Verjährung entgegengehalten werden und muss nicht mehr geleistet werden.

Für Gegennormen ist neben der Einteilung in

rechtshindernde Gegennormen
rechtsvernichtende Gegennormen
rechtshemmende Gegennormen

noch die Einteilung in

Einreden und Einwendungen

von Bedeutung.

Einwendungen sind automatisch zu berücksichtigen, sobald ihre Voraussetzungen vorliegen. § 254 Abs. 1 bestimmt *Hat bei der Entstehung des Schadens ein*

Verschulden des Beschädigten mitgewirkt, so hängt die Verpflichtung zum Ersatze sowie der Umfang des zu leistenden Ersatzes von den Umständen, insbesondere davon ab, inwieweit der Schaden vorwiegend von dem einen oder dem anderen Teile verursacht worden ist.

Hingegen werden **Einreden** nur berücksichtigt, sobald der Anspruchsgegner sich auf diese beruft. Der Charakter der Einrede wird deutlich in § 222 Abs. 1 *Nach der Vollendung der Verjährung ist der Verpflichtete berechtigt, die Leistung zu verweigern.* Weiter zählen §§ 273, 320 zu den Einreden. Beruft sich der Verpflichtete nicht auf die Einrede, bleibt die Gegennorm unberücksichtigt. Der Unterschied zwischen Einrede und Einwendung wird im Prozess bedeutsam. Einwendungen muss das Gericht berücksichtigen, sobald sich im Verfahren Anhaltspunkte ergeben, dass diese vorliegen können. Einreden sind erst zu berücksichtigen, wenn sich der Beklagte darauf beruft. Das Gericht darf diese nicht aus eigenem Wissen heranziehen, wenn der Beklagte sich - aus welchem Grund auch immer - nicht darauf beruft. Ehrenleute bezahlen auch verjährte Forderungen.

In Lehrbüchern und in Vorlesungen liegt das Augenmerk auf der Darstellung der Anspruchsgrundlagen. Die Gegennormen werden nur am Rande behandelt. Hinzu kommt, dass diese nur ausnahmsweise in Fallbearbeitungen von Bedeutung sind. Gleichwohl dürfen sie nicht außer Acht gelassen werden, da sie der Fallbearbeitung die entscheidende Wende geben können. Gerade rechtsvernichtende Gegennormen wie Anfechtung, Kündigung, Rücktritt kommen in Theorie und Praxis häufig vor. Gegennormen können erarbeitet werden mit der einfachen Frage, welche Argumente lassen sich aus der Sicht des Schuldners gegen den Anspruch vorbringen?

Gegennormen finden sich für alle Rechtsgebiete im Allgemeinen Teil des BGB wie §§ 134, 138, 142, 125 oder im Allgemeinen Teil des Schuldrechts wie §§ 362, 387, 306. Gegennormen finden sich auch im unmittelbaren Umfeld von Anspruchsgrundlagen. Ihnen kommt dann die Funktion zu, Ansprüche aus gerade dieser Anspruchsgrundlage auszuschließen. Die fristlose Kündigung nach § 626 Abs. 1 löst das Dienstverhältnis aus § 611 auf, weshalb zukünftig Ansprüche entfallen.

Vereinzelt gibt es Rechtsnormen, die sowohl eine Anspruchsgrundlage wie eine Gegennorm nebeneinander beinhalten. § 326 Abs. 1 S. 2 gewährt nach erfolgter Fristsetzung mit Ablehnungsandrohung einen Schadensersatzanspruch wegen Nichterfüllung und ist damit eine Anspruchsgrundlage. Daneben schließt § 326 Abs. 1 S. 2 den Anspruch auf Erfüllung aus und hat damit die Funktion einer Gegennorm.

Juristisches Denken beschränkt sich nicht auf das Denken in Anspruchskategorien. Es ist weitaus komplexer. Es umfasst sowohl die Entstehung wie auch die Abwicklung und die Dauer von Ansprüchen und obendrein den Untergang von Ansprüchen.

2. Unvollständige Rechtssätze

Die Mehrzahl der Rechtssätze im BGB sind unvollständige Rechtssätze. Sie dienen nur dazu, den Tatbestand, ein Tatbestandsmerkmal oder die Rechtsfolge eines vollständigen Rechtssatzes zu bestimmen. § 246 *Ist eine Schuld nach Gesetz oder Rechtsgeschäft zu verzinsen, so sind vier vom Hundert für das Jahr zu entrichten, sofern nicht ein anderes bestimmt ist* bezieht sich auf alle Anspruchsgrundlagen, die einen Zinsanspruch gewähren wie beim Rücktritt nach § 347 S. 3 *Eine Geldsumme ist von der Zeit des Empfanges an zu verzinsen.*

Anders als vollständige Rechtsnormen beinhalten unvollständige Rechtsnormen kein vollständiges Konditionalprogramm Wenn - Dann. Sie beziehen sich auf die Tatbestands- oder Rechtsfolgenseite einer vollständigen Rechtsnorm, sei es einer Anspruchsgrundlage oder einer Gegennorm. Aus unvollständigen Rechtsnormen erwächst selbst kein Anspruch. Im Gegensatz zu Gegennormen vermögen sie einem Anspruch nicht seine Wirkung zu nehmen. Erst in Verbindung mit anderen Rechtssätzen kommt ihnen eine relevante Funktion zu.

Nach ihrem Aussagegehalt und ihrer Funktion werden unvollständige Rechtsnormen unterschieden in

definierende Rechtssätze
Regelbeispiele
Auslegungsregeln
ausfüllende Rechtssätze
einschränkende Rechtssätze
verweisende Rechtssätze
Fiktionen
Vermutungen und Beweislastregeln.

Definierende Rechtssätze, auch Legaldefinitionen genannt, definieren Inhalt und Reichweite von Begriffen, die in anderen Rechtsnormen verwendet werden. § 90 *Sachen im Sinne des Gesetzes sind nur körperliche Gegenstände.* Unkörperliche Gegenstände wie das Persönlichkeitsrecht sind kraft Definition keine Sachen. Diese Definition im Allgemeinen Teil umklammert die Besonderen Teile des BGB und gilt damit auch für § 433 Abs. 1 Satz 1 den Sachkauf, § 535 die Sachmiete und § 633 Abs. 2 das Sachwerk.

Regelbeispiele umschreiben anhand von Beispielen unbestimmte Rechtsbegriffe. So erläutert § 564 b Abs. 2 anhand von Beispielen, wann ein berechtigtes Interesse an einer Wohnraumkündigung vorliegen kann. Ein berechtigtes Interesse kann noch in anderen nicht erwähnten Fällen vorliegen, die ebenso gewichtig wie die erwähnten Bespiele sind. Regelbeispiele bieten dem Rechtsanwender Anhaltspunkte für die Reichweite unbestimmter Rechtsbegriffe.

§ 564 b Abs. 2 S. 1 bringt diesen beispielhaften - nicht abschließenden - Charakter durch die Formulierung *Als ein berechtigtes Interesse des Vermieters an der Beendigung des Mietverhältnisses ist es insbesondere...* zum Ausdruck.

Im Gegensatz zu Legaldefinitionen sind Regelbeispiele nicht abschließender Art. Sie haben nur Leitbildfunktion.

Auslegungsregeln haben die Funktion, Unvollständigkeiten in Verträgen oder die Verwendung unscharfer Begriffe in Rechtsgeschäften abzuhelfen. So besagt § 192 *Unter Anfang des Monats wird der erste, unter Mitte des Monats der fünfzehnte, unter Ende des Monats der letzte Tag des Monats verstanden.*

Ausfüllende Rechtssätze gestalten Rechtsbegriffe aus. Die §§ 249 - 260 füllen den Schadensbegriff aus, wie er in den Anspruchsgrundlagen §§ 823 ff, 463, 538 verwendet wird. §§ 249 ff besagen, wie Schadensersatz zu erbringen ist. § 465 besagt, wann die Wandelung oder Minderung vollzogen ist und gestalten damit die auf Wandelung und Minderung gerichtete Anspruchsgrundlage des § 462 aus.

Einschränkende Rechtssätze engen zu weit geratene gesetzliche Regelungen wieder ein. Sie beinhalten Ausnahmen zu Regelungen. Die vollständige Rechtsnorm des § 398 regelt die Abtretung. § 399 und § 400 beinhalten Ausnahmen von der Abtretbarkeit. § 935 engt die gesetzliche Regelung über den gutgläubigen Erwerb nach §§ 929, 932 dahin ein, dass ein gutgläubiger Erwerb an abhandengekommenen Sachen ausgeschlossen ist. § 179 Abs. 3 schließt bei Kenntnis vom Fehlen der Vertretungsmacht den Anspruch aus § 179 Abs. 1 aus. §§ 196, 197 sind Ausnahmen vom Grundsatz der 30-jährigen Verjährungsfrist nach § 195.

Diese Beispiele belegen, dass einschränkende Rechtssätze häufig unmittelbar im Umfeld der vollständigen Rechtsnorm angesiedelt sind, auf die sie sich beziehen. Dies legt es bei der Suche nach Anspruchsgrundlagen und Gegennormen nahe, sich nicht nur auf deren Auffinden zu konzentrieren, sondern auch die nachfolgenden Rechtssätze zu lesen. Die nachfolgenden Rechtssätze können Ausnahmen beinhalten.

Die Regel-Ausnahme-Technik erfordert das vollständige Lesen von Vorschriften und die Suche nach Ausnahmen in Folgevorschriften

Verweisende Rechtssätze beinhalten keine eigene Regelung sondern verweisen auf andere Regelungen. § 515 *Auf den Tausch finden die Vorschriften über den Kauf entsprechende Anwendung.*

Der Gesetzgeber erspart sich mit Verweisungen die Schaffung weiterer zusätzlicher Rechtsnormen, die mit bestehenden Rechtsnormen - nahezu - inhaltsgleich wären. Dies trägt entscheidend dazu bei, dass der Umfang des Gesetzeswerkes reduziert wird, das Gesetzeswerk aus weniger Rechtsnormen besteht. Dienen Verweisungen der Verschlankung des Gesetzeswerkes, so bergen sie gleichwohl den Nachteil des umständlichen Suchens in sich.

Manche Verweisungsnormen bezeichnen die Bestimmungen ausdrücklich, auf die verwiesen wird wie § 467 *Auf die Wandelung finden die für das vertragsmäßige Rücktrittsrecht geltenden Vorschriften der §§ 346 bis 348, 350 bis 354, 356 entsprechende Anwendung...* Diese direkten Verweisungen lassen sich unmittelbar dem Gesetzestext entnehmen.

Es gibt daneben Verweisungen, in denen lediglich ein Begriff auf andere Normen hinweist. Diese andere Norm wird durch die Verwendung des Begriffs indirekt in Bezug genommen wie § 326 *Ist bei einem gegenseitigen Vertrage der eine Teil mit der ihm obliegenden Leistung in Verzuge...* nimmt auf die Regelungen über den Verzug nach §§ 284 ff Bezug. Erst wenn ein Verzug nach §§ 284 ff gegeben ist, kann § 326 eingreifen. Der Umgang mit diesen indirekten Verweisungen setzt eine aufmerksame Lektüre des Gesetzestextes voraus. Ansonsten besteht die Gefahr, dass die indirekten Verweisungen übersehen werden, die in Bezug genommenen Rechtsnormen nicht geprüft werden.

Bei den Verweisungen sind Rechtsfolgen- und Rechtsgrundverweisungen zu unterscheiden.

Die **Rechtsfolgenverweisung** bezieht sich nur auf die Rechtsfolge der Norm, auf die verwiesen wird. Deren Tatbestandsvoraussetzungen müssen nicht vorliegen: § 823 Abs. 2 ordnet wie § 823 Abs. 1 die Leistung von Schadensersatz an.

Die **Rechtsgrundverweisung** bezieht sich obendrein auf die Voraussetzungsseite - den Tatbestand - der in Bezug genommenen Rechtsnorm: § 951 verweist auf die Voraussetzungen des § 812. Trat der Rechtsverlust ohne rechtliche Verpflichtung ein, kann Ausgleich verlangt werden. Lag eine rechtliche Verpflichtung zugrunde, hat der Ausgleich nach den Regeln des Verpflichtungsgeschäfts zu erfolgen und nicht nach den Regeln der ungerechtfertigten Bereicherung.

Mit **Fiktionen** unterstellt der Gesetzgeber Tatsachen, die in Wirklichkeit nicht gegeben sind. § 1923 Abs. 2 *Wer zur Zeit des Erbfalls noch nicht lebte, aber bereits erzeugt war, gilt als vor dem Erbfalle geboren.* Der Gesetzgeber will mit der Fiktion sich nicht über Naturgesetze hinwegsetzen. Es handelt sich um ein rein rechtstechnisches Mittel. Die Fiktion erlaubt es, dem Ungeborenen ein Erbrecht einzuräumen, obwohl nach § 1 erst nach Geburt jemandem ein Recht oder eine Pflicht zukommen kann.

Widerspricht eine Fiktion der wahren Sachlage, so kann eine **Vermutung** richtig oder falsch sein. Die widerlegbare Vermutung des § 1006 Abs. 1 *Zugunsten des Besitzers einer beweglichen Sache wird vermutet, dass er Eigentümer der Sache ist* schafft eine Beweislastregel. Der wahre, nicht besitzende Eigentümer kann die Vermutung unter Beweisantritt widerlegen. Gelingt der Beweisantritt, ist die Vermutung entkräftet und verliert ihre Rechtswirkung.

Im Zivilrecht gilt der ungeschriebene Grundsatz, dass der Anspruchsteller - der Gläubiger- die Voraussetzungen seines Anspruchs beweisen muss, sollten diese bestritten werden. Von diesem Grundsatz machen **Beweislastregeln** wie §§ 282, 285 Ausnahmen. Zugunsten des Gläubigers wird das Verschulden des Schuldners vermutet. Den Schuldner trifft der Entlastungsbeweis. Auch die bereits erwähnten Vermutungen enthalten eine Beweislastregel. Die Vermutung kann durch Beweisantritt entkräftet werden.

Unvollständige Rechtssätze werden auch **Hilfsnormen** oder Ergänzungsnormen genannt. Der Einfachheit und Kürze halber werden sie in den nächsten Abschnitten als Hilfsnormen bezeichnet.

III. Das Entscheidungsprogramm

Literatur: *Früh* S. 12 ff; *Larenz / Canaris* S. 85 ff, *Schapp* S. 33 ff

Im Folgenden soll gezeigt werden, wie aus dem Zusammenwirken von vollständigen Rechtssätzen und Hilfsnormen Aussagen über eine Rechtslage, Antworten bei der Rechtssuche gefunden werden können. Es soll nun nicht mehr die einzelne Rechtsnorm untersucht werden auf ihre Ausgestaltung als vollständige oder unvollständige Rechtsnorm, sondern das Zusammenspiel der verschiedenen Rechtsnormen.

Stellt sich die Frage, ob jemand ein Recht, ein Anspruch zukommt, muss das Augenmerk auf eine Anspruchsgrundlage gerichtet werden. Nur den Anspruchsgrundlagen wie §§ 823 - 826, 433, 535 mit einem Wenn (Tatbestand) - Dann (Rechtsfolge) Konditionalprogramm kann entnommen werden, wem gegen wen ein Anspruch zukommt. Die Anspruchsgrundlagen zählen zu den vollständigen Rechtsnormen. Trotz dieser Bezeichnung handelt es sich streng genommen nur um Grundtatbestände, die im Einzelfall noch der Ergänzung und Ausfüllung durch unvollständige Rechtsnormen - Hilfsnormen - bedürfen. Dieses Zusammenwirken lässt sich anhand des § 823 Abs. 1 veranschaulichen:

§ 823 Abs. 1 Anspruchsgrundlage	+ § 227 Hilfsnorm Rechtswidrigkeit
	+ § 827 Hilfsnorm Verschuldensfähigkeit
	+ § 276 Hilfsnorm Fahrlässigkeit
	+ § 249 Hilfsnorm Schadensersatzleistung

Ausnahmsweise kann einer Anspruchsgrundlage trotz Vorliegen aller Tatbestandsmerkmale die Wirkung genommen sein, wenn eine Gegennorm eingreift.

§ 823 Abs. 1 Anspruchs-	+ § 362 Gegennorm Erfüllung
	- § 270 Hilfsnorm Erfüllungsort bei Geldschuld
	+ § 222 Gegennorm Verjährung
	- § 852 Hilfsnorm für Verjährungsfrist

Das Beispiel belegt, dass Hilfsnormen sowohl Anspruchsgrundlagen ausfüllen wie auch Gegennormen bestimmen können. Es gibt Hilfsnormen zu Anspruchsgrundlagen und zu Gegennormen. Zumeist beziehen sich die Hilfsnormen auf die Anspruchsgrundlagen. Hilfsnormen zu Gegennormen sind seltener.

Ein weiteres sehr anschauliches Beispiel für das Zusammenspiel zwischen Anspruchsgrundlage und Hilfsnormen bietet der Anspruch auf Wandelung oder Minderung nach § 462. Eine aufmerksame Lektüre des Gesetzestextes bietet Anhaltspunkte dafür, welche Hilfsnormen in Betracht kommen. § 462 ist ein Paradebeispiel für eine ausgeklügelte Verweisungstechnik: Es finden sich mehrere direkte und indirekte Verweisungen nebeneinander

Gesetzestext	**Verweisung**	**auf**
Wegen eines Mangels, den	Mangel	§ 459
der Verkäufer nach den	Verkäufer	§§ 145 ff
Vorschriften der §§ 459, 460	§§ 459, 460	§§ 459, 460
zu vertreten hat, kann der		
Käufer Rückgängigmachung	Käufer	§§ 145 ff
des Kaufes (Wandelung) oder	Wandelung	§§ 465
Herabsetzung des Kaufpreises		
(Minderung) verlangen.	Minderung	§§ 465, 472

Der Anspruch aus § 462 auf Wandelung kann durch Gegennormen aufgehoben werden. Gegennormen können dem Anspruch seine Wirkung nehmen. Es kommen eine Vielzahl von Gegennormen in Betracht. Aus dem Schuldrecht seien als Gegennormen zu § 462 nur erwähnt

§ 462 Anspruchsgrundlage	- §§ 467, 351 verschuldeter Untergang
	- § 466 Ausschlussfrist für Wandelung
	- § 477 Verjährung

Das Bestehen von Rechten und Pflichten, von Ansprüchen und Schulden lässt sich gelmäßig nicht aus einer Anspruchsgrundlage allein, sondern aus dem Zusammenwirken einer Vielzahl von Rechtsnormen, dem Entscheidungsprogramm, entnehmen. Die wesentliche Aufgabe bei einer jeden Falllösung ist die Erarbeitung und Zusammenstellung des Entscheidungsprogramms

Es gilt der Grundsatz, dass Ansprüche nur aus einem

Entscheidungsprogramm aus Anspruchsgrundlage + Gegennormen + Hilfsnormen

hergeleitet werden können.

Bei der Zusammenstellung eines Entscheidungsprogramms sind - vereinfacht ausgedrückt - drei Schritte zu bedenken:

Zuerst ist zu prüfen, ob eine Anspruchsgrundlage mit den dazugehörenden Hilfsnormen erfüllt ist und nicht durch eine rechtshindernde Gegennorm ausgeschlossen ist. Dieser Schritt lässt sich anschaulich darstellen mit

1. Frage: Ist der Anspruch entstanden?

Dann schließt sich die Prüfung an, ob der entstandene Anspruch nicht durch rechtsvernichtende Gegennormen untergegangen ist. Nur wenn beim ersten Schritt die Entstehung des Anspruchs bejaht wurde, braucht dieser zweite Schritt angeschlossen zu werden. Nur entstandene Ansprüche gehen unter. Ist ein Anspruch gar nicht entstanden, kommt es auf den Untergang nicht mehr an.

2. Frage: Ist der Anspruch untergegangen?

Zuletzt ist zu prüfen, ob der entstandene und nicht untergegangene Anspruch durch rechtshemmende Gegennormen in seiner Durchsetzung gehindert ist. Diese Prüfung hat erst zu erfolgen, wenn in den beiden oben erläuterten Schritten festgestellt wurde, dass ein Anspruch entstanden und nicht untergegangen ist. Nur ein bestehender Anspruch kann gehemmt sein.

3. Frage: Ist der Anspruch gehemmt?

Hinter dieser Prüfungsreihenfolge steckt eine **logische Priorität**, die sich vereinfacht zusammenfassen lässt

- Ist der Anspruch entstanden?

- Ist der Anspruch untergegangen?

- Ist der Anspruch gehemmt?

Als Beispiel für ein Entscheidungsprogramm kann das alltägliche Beispiel eines Kaufvertrages dienen

Anspruch entstanden	Anspruchsgrundlage	§ 433 Abs. 2
	+ Hilfsnormen	§§ 145 ff
	+ rechtshindernde Gegennormen	§§ 104 ff, 134, 138
Anspruch erloschen	rechtsvernichtende Gegennormen	§ 362, 142
	+ Hilfsnormen	§§ 119, 123
Anspruch gehemmt	rechtshemmende Gegennormen	§§ 222, 320

Die Unterscheidung von Rechtsnormen nach Anspruchsgrundlagen, Gegen- und Hilfsnormen ist erforderlich, um die Funktion und Reichweite von Rechtsnormen erfassen zu können. Diese Unterscheidung ist notwendig, um Rechtsnormen ihren Platz im Funktionsgefüge des Entscheidungsprogramms zuweisen zu können.

So gibt § 249 keinen Anspruch auf Schadensersatz sondern setzt einen Schadensersatzanspruch voraus. Es handelt sich um eine Hilfsnorm auf der Rechtsfolgenseite, die voraussetzt, dass ein Schadensersatzanspruch dem Grunde nach besteht. Die Norm besagt lediglich, wie die Schadensersatzleistung zu erfolgen hat. Gleichwohl wird § 249 von Studierenden häufig als Anspruchsgrundlage angeführt. Dahinter verbirgt sich die weit verbreitete Ansicht, wo ein Schaden entstanden sei, müsse es einen Schadensersatzanspruch geben.

Eine Zusammenstellung der *wichtigsten Gegennormen im BGB* und ihren unterschiedlichen Wirkungsgrad findet sich unter B. X Übersichten[3]. sondern setzt einen Schadenser-satzanspruch voraus. Es handelt sich um eine Hilfsnorm auf der Rechtsfolgenseite, die voraussetzt, dass ein Schadensersatzanspruch dem Grunde nach besteht. Die Norm besagt lediglich, wie die Schadensersatzleistung zu erfolgen hat. Gleichwohl wird § 249 von Studierenden häufig als Anspruchsgrundlage angeführt. Dahinter verbirgt sich die weit verbreitete Ansicht, wo ein Schaden ist, müsse es einen Schadensersatzanspruch

Diese theoretischen Grundkenntnisse über den Zusammenhang, das Zusammenspiel von Rechtsnormen ist neben profunden Rechtskenntnissen die Voraussetzung für die Fallbearbeitung. Diese Grundkenntnisse sind notwendig, um keine entscheidungsrelevanten Rechtsnormen zu übersehen und um ihnen den richtigen Platz im Entscheidungsgefüge zuzuweisen.

---

[3] S. 49 f

Die Fallbearbeitung

Im Folgenden sollen nun die einzelnen Schritte aufgezeigt und erläutert werden, die bei einer Fallbearbeitung einzuhalten sind. Es soll dargestellt werden, dass es ein Grundschema für die Fallbearbeitung gibt, das unabhängig von der Problematik des einzelnen Falles jeder Fallbearbeitung zugrunde liegt.

I. Sachverhalt und Fragestellung

Literatur: *Diederichsen* Die BGB-Klausur S. 18 ff; *Dörrschmidt / Metzler-Müller* S. 21 ff; *Früh* S. 2 ff; Quittnat S. 1 ff; *von Münchhausen / Bauchhenss* S. 8 ff

Die Bearbeiter haben sich zuallererst darum zu bemühen, den Sachverhalt exakt zu erfassen. Der Sachverhalt ist sorgfältig zu lesen. Er ist mehrmals zu lesen, um ihn vollständig erfassen zu können. Erscheinen Angaben wichtig, sind diese zu unterstreichen. In Stichworten sind mögliche Probleme und Schwerpunkte des Falles festzuhalten. Eine Skizze kann das Verständnis fördern. In der Skizze ist nach Personen und strittigen Gegenständen zu unterscheiden. Sind im Sachverhalt Datumsangaben enthalten, können diese von rechtlicher Relevanz sein. Datumsangaben können bedeutsam sein für das Wirksamwerden von Willenserklärungen nach §§ 121, 124, die Rechtzeitigkeit der Annahme eines Vertragsangebotes nach § 147 oder die Verjährung.

Diese Daten sind neben der Fallskizze festzuhalten. Vorüberlegungen wie Fallskizze und Übersicht der Datumsangaben gehören nicht in die Falllösung. Sie bereiten diese lediglich vor.

Nur der vorliegende Sachverhalt ist zu prüfen. Er ist als richtig und vollständig der Fallbearbeitung zugrunde zu legen, selbst wenn er lebensfremd und gekünstelt erscheint. Der Sachverhalt darf weder abgeändert, noch darf mit Unterstellungen gearbeitet werden.

Tun sich Fragen hinsichtlich der Vollständigkeit des Sachverhaltes auf, ist nach dem **Normalfall** und dem Normalverlauf im Alltag zu fragen. Fehlen Angaben zur Geschäfts- oder Deliktsfähigkeit, so ist davon auszugehen, dass diese wie im Alltag regelmäßig gegeben sind. Ist von einem bestehenden Mietvertrag die Rede, darf davon ausgegangen werden, dass dieser Mietvertrag in der Vergangenheit wirksam abgeschlossen wurde.

Würde eine Ausnahme vom Normalfall oder vom Normalverlauf vorliegen, wäre diese Abweichung im Sachverhalt sicherlich angegeben. Ist vom erfolgten Grundstückskauf die Rede, kann davon ausgegangen werden, dass das Formerfordernis des § 313 gewahrt wurde. Formulierungshilfe für die Klausur: Von der Einhaltung der in § 313 vorgeschriebenen Schriftform ist mangels abweichender Angaben im Sachverhalt auszugehen.

Mancher Sachverhalt weist Ähnlichkeiten mit bereits bekannten Fällen auf. Diese Ähnlichkeit verleitet gerne dazu, im vorliegenden Fall dasselbe Entscheidungsprogramm wie im bereits bekannten Fall aufzubauen und dieselben Probleme erörtern zu wollen. Dabei wird übersehen, dass schon minimale Abweichungen im Sachverhalt und in der Fragestellung die rechtliche Beurteilung erheblich verändern können, einen anderen Lösungsweg eröffnen. Deshalb ist jeder zu bearbeitende Fall eigenständig zu erfassen und einer Lösung zuzuführen.

Nur wer den Sachverhalt exakt erfasst, kann den gestellten Fall lösen

Die im Sachverhalt angegebenen Tatsachen sind als objektiv richtig zu unterstellen. Ein anderes gilt, wenn die behaupteten Tatsachen bestritten werden, in Frage gestellt werden. In diesem Fall ist nach den Regeln über die Beweislast für Tatsachen zu entscheiden.

Behauptet der Gläubiger, dass er den Schuldner durch ein Mahnschreiben in Verzug gesetzt hat und bestreitet der Schuldner, das Mahnschreiben erhalten zu haben gilt nach Beweislastregeln: Den Gläubiger des Anspruchs, d.h. den Anspruchsteller, trifft die Beweislast dafür, dass die Voraussetzungen seines Anspruchs vorliegen. Kann er diesen Beweis für eine bestrittene Tatsache nicht führen, gilt diese Tatsache als nicht gegeben. Kann der Zugang des Mahnschreibens nicht bewiesen werden, ist bei der weiteren Falllösung davon auszugehen, dass das Mahnschreiben nicht zugegangen ist.

Im Sachverhalt angegebene Rechtsansichten und Rechtsausführungen der Beteiligten stellen lediglich deren subjektive Ansicht dar ohne Anspruch auf Richtigkeit. Dasselbe gilt für die von den Beteiligten verwendeten Rechtsbegriffe. Die Fahrzeugleihe in der Alltagssprache ist in der Mehrzahl aller Fälle ein Mietvertrag nach § 535.

Rechtsansichten und verwendete Rechtsbegriffe sind zu überprüfen. Es verbirgt sich dahinter die Aufgabe, diese Rechtsansichten auf ihre Stichhaltigkeit und Einschlägigkeit im konkreten Fall zu untersuchen.

A hat den B niedergeschlagen und ihm seine wertvolle Rolex-Uhr weggenommen. A behauptet, er habe in Notwehr gehandelt, da B sich weigere, offene Zahlungspflichten zu erfüllen. Die Rechtsansicht Notwehrhandlung ist auf ihre Richtigkeit hin zu untersuchen. Die Notwehrregelung des § 227 wäre nur bei einem Angriff des B auf A einschlägig und nicht umgekehrt. Eher käme die Selbsthilferegelung des § 229 in Betracht. Hier fehlt es jedoch an der Gefahr einer Anspruchsvereitelung. Die Rechtsansicht des A ist unzutreffend.

Hinter solchen Rechtsansichten und Rechtsausführungen verbergen sich oftmals versteckte Hinweise und Fingerzeige auf wichtige Rechtsfragen, auf die es im konkreten Fall ankommen kann, selbst wenn sie im Einzelfall letztlich nicht zutreffend sind. Diese Rechtsansichten sind deshalb auf alle Fälle auf ihre Entscheidungsrelevanz hin zu überprüfen.

In seltenen Fällen sind diese Ausführungen für die weitere Bearbeitung des Falles bedeutungslos. Der Aufgabensteller wollte mit der Bemerkung lediglich testen, ob die Studierenden die für die Fallbearbeitung relevanten Fragen und Probleme von den irrelevanten Scheinproblemen zu unterscheiden vermögen.

Aus dem Sachverhalt ist die **Fallfrage** herauszuarbeiten. Die Fallfrage findet sich zumeist am Ende des Falles oder in den Sachverhalt eingearbeitet. Schon beim ersten Lesen ist die Fallfrage herauszuarbeiten. Das zweite Lesen und die Fallskizze hat sich an der Fallfrage zu orientieren. Es ist zu überlegen, wie sich der Sachverhalt im Lichte der Fallfrage darstellt. Die Bearbeiter dürfen nur auf die gestellte Frage eingehen. Die Fallfrage ist das Bindeglied zwischen Sachverhalt und Prüfung. Sie bildet den Ausgangspunkt für die Rechtsprüfung.

Die Fallfrage ist Ausgangspunkt und Begrenzung für die Falllösung

B hat seinem Bruder A ein wertvolles Schmuckstück entwendet und an den gutgläubigen C veräußert. Sind nur Herausgabeansprüche des A gegen C erfragt, darf nicht auf Ansprüche des A gegen B eingegangen werden. Das ist nicht Gegenstand der Fallfrage.

Fehlt es an einer konkreten Fragestellung nach Ansprüchen zwischen bestimmten Personen, nach Ansprüchen auf Schadensersatz, Herausgabe oder Vertragserfüllung ist die Fragestellung durch Auslegung des Sachverhaltes zu gewinnen. Dieses Problem stellt sich bei allgemeinen Fragestellungen der Art: Wie ist die Rechtslage? Welche rechtlichen Möglichkeiten gibt es? Welche Ansprüche bestehen? Es ist zu fragen, zwischen welchen Personen Interessengegensätze bestehen, welche Interessen diese untereinander verfolgen können. Es ist zu bedenken, welche natürlichen oder wirtschaftlichen Interessen die Beteiligten untereinander haben können.

Kunsthändler K hat dem A ein Bild von Marc Chagall verkauft. Später stellt sich heraus, dass es sich um eine von K gefertigte Fälschung handelt, die selbst wieder ein eigenständiges Kunstwerk darstellt. Auf die Frage, welche Ansprüche des A bestehen, sind dessen mögliche Interessen auf Rückforderung des gezahlten Kaufpreises und Ersatz eines entgangenen Gewinns oder auf angemessene Herabsetzung des Kaufpreises für gerade dieses Bild in Betracht zu ziehen.

Es darf keine Vorauswahl danach erfolgen, was der Fallbearbeiter als sinnvoll oder weniger sinnvoll erachtet. Selbst scheinbar sinnlose oder wenig zweckmäßig erscheinende Ansprüche sind zumindest kurz zu erörtern. Drängen sich offenkundig Ansprüche gegen eine bestimmte Person auf, darf sich die Betrachtung nicht auf diese Ansprüche beschränken. Es sind ebenso die weniger offenkundigen Ansprüche und Ansprüche gegen dritte Personen zu prüfen, soweit diese von der Fragestellung umfasst und im Sachverhalt angelegt sind. Selbst solch offenkundige Ansprüche gegen eine Person lassen sich in der Praxis nicht immer durchsetzen. Beweisprobleme vor Gericht, fehlende Leistungsfähigkeit und Leistungswilligkeit des Anspruchsgegners vermögen diese zu entwerten. Der Fragesteller hat ein Interesse daran, die Rechtslage umfassend in Erfahrung zu bringen. Erst wenn die Rechtslage vollständig durchleuchtet ist, kann sinnvoll abgewogen werden, welche Ansprüche gegen welche Person in der Praxis durchgesetzt werden sollen.

Der Sprengmeister S hat sich in der Hausnummer geirrt und das falsche Gebäude gesprengt. Die Frage nach Ansprüchen gegen seinen Arbeitgeber darf nicht damit abgetan werden, dass gegen den S zweifelsfrei Ansprüche auf Schadensersatz aus Deliktsrecht bestehen. Ansprüche gegen den Arbeitgeber sind im übrigen von großer wirtschaftlicher Bedeutung in der Praxis. Der Sprengmeister verfügt nicht unbedingt über ausreichende finanzielle Mittel oder setzt sich ab, um der Haftung zu entgehen.

Die Fallfrage ist Richtschnur für alle Überlegungen und Ausführungen. Über die Fallfrage hinausgehende Ausführungen sind weder erforderlich noch notwendig. Sie sind unökonomisch, liegen neben der Sache und sind damit falsch.

Enthält ein Fall verschiedene Fragen, so sind diese nacheinander zu beantworten. Wird gefragt, ob ein Kaufvertrag wirksam zustandegekommen ist und ob Kaufpreiszahlung verlangt werden kann, ist zuerst die Frage nach dem Kaufvertragsabschluss zu beantworten. Dies ist eine Vorfrage für die weitere Frage, ob ein Kaufpreisanspruch entstanden ist. Ohne Kaufvertragsabschluss gibt es auch keinen Kaufpreisanspruch. Trotz wirksam abgeschlossenen Kaufvertrag kann der Kaufpreisanspruch ausgeschlossen sein, weil eine rechtsvernichtende Gegennorm wie §§ 362, 387, 323 diesen ausschließt. Dies ist in einem zweiten Schritt zu klären.

Die Fallfrage ist nach dem Schema

Wer - will was - von wem

zu gliedern.

Die Ausarbeitung des Falles ist unter dem Gesichtspunkt **wer - von wem** nach Zwei - Personen - Verhältnissen zu gliedern. Es geht nicht an, die Ansprüche unter mehreren Personen in einem Zuge abzuhandeln. Dieses Vorgehen wäre verwirrend und unübersichtlich. Sind in einem Sachverhalt verschiedene Anspruchsteller oder Anspruchsgegner vorhanden, so können die jeweiligen Ansprüche unter ihnen ein unterschiedliches Schicksal erleiden.

Der geisteskranke A ermordet die E, deren Lebensgefährte B schaut tatenlos zu. Die Ansprüche der hinterbliebenen Kinder der E aus einer früheren Ehe nach § 844 Abs. 2 gegen A und B dürfen nicht in einem Zuge durchgeprüft werden. Beim Lebensgefährten B stellen sich zahlreiche Probleme aus Handlung durch Unterlassen, die für Ansprüche gegen A nicht relevant sind. Bei A hingegen ergeben sich Fragen wegen dessen Deliktsunfähigkeit nach § 827 Abs. 1. Diese Problemfelder müssen streng auseinandergehalten werden. Deshalb sind die Ansprüche gegen A und B nicht zusammen sondern getrennt zu prüfen.

Gliederung nach Zwei - Personen - Verhältnissen

Auch die Frage nach dem **Was** ist genau zu untersuchen. Ist nach Vertragserfüllung gefragt, läge es völlig neben der Fragestellung, sich Gedanken über eine möglich erscheinende aber nicht erklärte Vertragsanfechtung zu machen. Die Anfechtung führt nach § 142 zur Nichtigkeit des Vertrages und schließt damit Erfüllungsansprüche aus. Werden verschiedene Vorstellungen geäußert, Fragen gestellt, sind diese parallel zur Fallskizze festzuhalten. Auf jede der Fragen muss eine Antwort gegeben werden.

Tauchen in einem Sachverhalt verschiedene problematische Gegenstände und Problemkreise auf, ist auf diese Vorgaben und Unterschiede bei der Bearbeitung zu achten. A kauft von Kunsthändler K drei Bilder bekannter Maler. Später weigert sich K dem A ein Bild zu überlassen. Bei den beiden anderen Bildern, die K dem A ausgehändigt hat, stellt sich heraus, dass das eine gestohlen, das andere gefälscht ist. Es drängt sich auf, dass A bei jedem Bild ein anderes wirtschaftliches Interesse hat und jedes Bild ein anderes rechtliches Schicksal erleidet.

Diese Unterscheidung nach dem Was ist von Bedeutung für die Gliederung und den Aufbau der Falllösung. Da bei jedem der Gegenstände eine andere Leistungsstörung vorzuliegen vermag – wie Verzug, anfängliches Unvermögen, Mängelgewährleistung - ist jedem der Gegenstände eine gesonderte rechtliche Würdigung und Darstellung zu widmen. Die rechtlichen Erörterungen zu den verschiedenen Gegenständen dürfen nicht vermengt werden. Die Gliederung nach Gegenständen vermag den verschiedenen Rechtsproblemen den ihnen eigenen Platz zuzuweisen .

Gliederung nach Gegenständen

II. Anspruchsgrundlagen

Literatur: *Diederichsen* Die BGB-Klausur S. 36 ff; *Quittnat* S. 10 ff; *Wörlen* Anleitung S. 3, 10

Im Zivilrecht gilt der Grundsatz, dass der Anspruchsteller nur dann einen Anspruch geltend machen kann, wenn sein Begehren durch eine Anspruchsgrundlage gedeckt ist. Für einen Anspruch genügt es nicht allein, dass der Anspruchsteller etwas will. Sein Wollen muss vom Recht durch eine Anspruchsgrundlage gedeckt sein. Es empfiehlt sich für den weiteren Einstieg in den Fall folgende Merkregel zugrunde zu legen:

wer - will was - von wem - aufgrund welcher Anspruchsgrundlage

Die Bearbeiter haben geschriebene und ungeschriebene Anspruchsgrundlagen zu suchen, die das Begehren des Anspruchsstellers möglicherweise stützen. Es hat eine Vorauswahl der Anspruchsgrundlagen von der Rechtsfolgenseite her zu erfolgen.

Ist nach Schadensersatz gefragt, sind Anspruchsgrundlagen heranzuziehen, die auf der Rechtsfolgenseite Schadensersatz vorsehen wie §§ 122, 179, 463, 538, 823 ff. Falsch wäre, § 249 als Anspruchsgrundlage zu nennen. § 249 ist eine Hilfsnorm auf der Rechtsfolgenseite. § 249 setzt voraus, dass ein Anspruch auf Schadensersatz besteht und beschreibt wie die Schadensersatzleistung zu erbringen ist. Der Charakter als Hilfsnorm lässt sich dem Wortlaut des § 249 eindeutig entnehmen.

Das Auffinden der relevanten Anspruchsgrundlagen setzt Gesetzeskenntnis voraus. Es setzt Kenntnis voraus, welche Rechtsfolgen die einzelnen Anspruchsgrundlagen eröffnen. Als Anspruchsgrundlage ist eine Norm zu finden, in der das Gesetz das gesuchte Ergebnis, das Begehren abstrakt vorzeichnet. Zu den Anspruchsgrundlagen zählen neben den im Gesetz aufgeführten Anspruchsgrundlagen obendrein die von der Rechtsprechung zu Gewohnheitsrecht entwickelte positive Forderungsverletzung - pFV - und die culpa in contrahendo - cic -.

Wird allgemein gefragt, welche Ansprüche entstanden sind oder wie die Rechtslage ist, sind alle entscheidungserheblichen Anspruchsgrundlagen heranzuziehen, unabhängig von Art und Inhalt der Rechtsfolge. Ist der gekaufte Gebrauchtwagen mangelhaft, sind § 462 auf Wandelung bzw. Minderung und § 463 auf Schadensersatz zu prüfen. Zu bedenken ist auch eine Anfechtung mit der Möglichkeit der Rückforderung des gezahlten Kaufpreises bei arglistiger Täuschung nach §§ 142, 123.

Auf keinen Fall sollte bei der Zusammenstellung der möglichen Anspruchsgrundlagen bereits bedacht werden, ob diese überhaupt im konkreten Fall vorliegen. Diese Überlegungen sind der späteren Ausarbeitung vorbehalten und dort mit entsprechender Begründung abzuhandeln. Allenfalls ganz abwegige Anspruchsgrundlagen dürfen bei der Zusammenstellung von vornherein außer Acht gelassen werden oder sind ganz knapp abzutun.

Im Zivilrecht gilt der Grundsatz der **Anspruchsgrundlagenkonkurrenz**. Ein Anspruch kann aufgrund verschiedener Anspruchsgrundlagen hergeleitet werden. Die Anspruchsgrundlagen stehen selbständig nebeneinander. Bei einer vorsätzlichen Körperverletzung kann ein Schadensersatzanspruch wegen entstandener Heilungskosten aus §§ 823 Abs. 1, 823 Abs. 2 i. V. m. § 223 StGB und § 826 entspringen. Schadensersatz gibt es trotz dreifacher Begründung nur einmal.

Alle in Betracht kommenden Anspruchsgrundlagen sind zu prüfen. Die Prüfung darf nicht abgebrochen werden, wenn eine der möglichen Anspruchsgrundlagen eingreift. Eine andere Anspruchsgrundlage kann zu anderen Rechtsfolgen führen und damit neue Optionen eröffnen. Vor Gericht lassen sich manchmal die Voraussetzungen einer Anspruchsgrundlage nicht beweisen, während andere Anspruchsgrundlagen mit anderen Voraussetzungen sich beweisen lassen. Es ist deshalb von praktischer Relevanz, auf mehrere Anspruchsgrundlagen zurückgreifen zu können. Entfällt eine Anspruchsgrundlage, darf damit die Prüfung nicht abgebrochen werden. Eine andere Anspruchsgrundlage mit anderen Tatbestandsmerkmalen kann gleichwohl vorliegen. Da die Anspruchsgrundlagen unterschiedliche Tatbestandsmerkmale aufweisen, sind alle Anspruchsgrundlagen nacheinander Schritt für Schritt abzuprüfen.

Gliederung nach Anspruchsgrundlagen

Die Relevanz der Anspruchsgrundlagenkonkurrenz zeigt sich insbesondere, wenn vertragliche und deliktische Schadensersatzansprüche nebeneinander in Betracht kommen. Vertragliche und deliktische Schadensersatzansprüche weisen erhebliche Unterschiede bei der Haftung für fremdes Handeln, der Beweislast, beim Haftungsumfang und der Verjährung auf. Selbst unter deliktischen Ansprüchen gibt es wichtige Unterschiede bei den Tatbestandsmerkmalen. Erfasst § 823 Abs. 1 nicht den reinen Vermögensschaden, der nicht die Folge einer Rechtsgutsverletzung ist, kann dieser reine Vermögensschaden sehr wohl über § 823 Abs. 2 i.V.m. § 263 StGB oder § 826 abgedeckt sein.

Neben diesen rechtlichen Erwägungen sprechen auch praktische Überlegungen für das Gebot der vollständigen Abprüfung aller in Betracht kommenden Anspruchsgrundlagen. Anders als bei Klausurfällen ist in der Praxis die Feststellung des konkreten Lebenssachverhaltes oftmals streitig und deshalb beweisbedürftig. Lassen sich die Voraussetzungen einer Anspruchsgrundlage nicht beweisen, können die Voraussetzungen einer anderen Anspruchsgrundlage unstreitig sein oder zumindest eher beweisbar sein. Manchmal vermag die Begründung einer geprüften Anspruchsgrundlage nicht zu überzeugen. Dies verleitet vor Gericht zur Einlegung von Rechtsmitteln. Ist eine andere Anspruchsgrundlage überzeugend begründet, verleiht dies der Lösung mehr Überzeugungskraft und nimmt den Anreiz zur Einlegung von Rechtsmitteln.

Das Prinzip der Anspruchsgrundlagenkonkurrenz zwingt dazu, alle in Betracht kommenden Anspruchsgrundlagen zu prüfen. Es gilt das Vollständigkeitsprinzip und damit das

Gebot der vollständigen Abprüfung aller in Betracht kommenden Anspruchsgrundlagen

Es lässt sich nicht immer zweifelsfrei die Entscheidung treffen, ob eine Anspruchsgrundlage nahe liegt oder von vornherein abwegig ist und nicht erst angeprüft werden sollte. Liegt eindeutig nur eine fahrlässige Körperverletzung vor, erübrigt es sich, § 826 zu prüfen, der Vorsatz voraussetzt. Ansonsten genügt ein knapper Hinweis.

Im Zivilrecht ist die Anspruchsgrundlagenkurrenz, auch Anspruchskonkurrenz genannt, die Regel. Jede Anspruchsgrundlage steht gleichberechtigt neben der anderen und kann zur Begründung des Anspruchs herangezogen werden. **Gesetzeskonkurrenz**, bei der eine Anspruchsgrundlage eine andere ausschließt oder verdrängt, ist die Ausnahme.

Beispiele für Gesetzeskonkurrenz:

- Ansprüche aus pFV kommen nur zur Anwendung, soweit sich nicht schon Ansprüche aus Unmöglichkeit, Verzug oder Gewährleistung ergeben.
- Die Mängelgewährleistung der §§ 459 ff schließt nach Übergabe des Kaufgegenstandes die Anfechtung durch den Käufer wegen Eigenschaftsirrtum nach § 119 Abs. 2 aus.
- § 816 ist lex specialis zu § 812.
- § 325 ist im Gegenseitigkeitsverhältnis lex specialis zu § 280.
- § 326 ist im Gegenseitigkeitsverhältnis lex specialis zu § 286 Abs. 2

Es ist mit der Abprüfung der vorrangigen Anspruchsgrundlage zu beginnen. Ist die vorrangige Anspruchsgrundlage erfüllt, erübrigt sich die überflüssige Abprüfung der nachrangigen Anspruchsgrundlage. In der Falllösung genügt ein Hinweis auf die verdrängte Anspruchsgrundlage.

Der folgende Beispielsfall zeigt die Lösung eines Falles mit Anspruchskonkurrenz auf

Romeo und Julia

Deliktische Ansprüche – Anspruchsgrundlagenkonkurrenz

Sachverhalt

Julia hat ihren Lebensabschnittspartner Romeo verlassen. Aus verletzter Eitelkeit überschüttet Romeo sie mit Salzsäure. Julia verbringt mehrere Wochen in einer Fachklinik und kann längere Zeit ihren Beruf nicht ausüben. Als die schweren Verletzungen verheilt sind, bleiben Narben zurück. Hat Julia Schadensersatzansprüche gegen Romeo?

Lösung

1. § 823 Abs. 1	Anspruchsgrundlage
Julia könnte einen Schadensersatzanspruch aufgrund einer erlittenen Körperverletzung gegen Romeo haben. Mit der Salzsäure fügte Romeo ihr Verätzungen der Haut zu. Er griff damit in ihre körperliche Integrität ein. Ein Rechtfertigungsgrund liegt nicht vor. Romeo handelte mit Verletzungsabsicht	Tatbestand - Verletzung eines Rechtsguts - Rechtswidrigkeit - Verschulden
Nach §§ 249 ff hat er Julia den hieraus entstandenen Schaden zu ersetzen. Dies umfasst nach § 249 S. 2 die Behandlungskosten und nach § 252 den Verdienstausfall.	Rechtsfolge
2. § 823 Abs. 2 i. V .m. § 224 StGB	Anspruchsgrundlage
Romeo hat Julia vorsätzlich eine Körperverletzung zugefügt. Mit der Salzsäure benutzte er willentlich eine besonders gefährliche chemische Waffe.	Tatbestand
Nach §§ 249 ff ist Julia der materielle Schaden zu ersetzen.	Rechtsfolge
3. § 826	Anspruchsgrundlage
Romeo hat Julia vorsätzlich eine Körperverletzung zugefügt. Nach allgemeiner Lebenserfahrung wusste er darum, dass Verätzungen der Haut eine kostenintensive Behandlung und einen Verdienstausfall der verletzten	Tatbestand

Person zur Folge haben. Die planmäßige Körperverletzung aus verletzter Eitelkeit und die Zufügung bleibender Schäden verstoßen gegen das allgemeine Anstandsgefühl.

Nach §§ 249 ff sind die vorsätzlich zugefügten materiellen Schäden zu ersetzen. Rechtsfolge

4. § 847 Anspruchsgrundlage

Ein Anspruch auf Ersatz immaterieller Schäden könnte sich aus § 847 ergeben. § 847 setzt eine Körperverletzung durch unerlaubte Handlung voraus. Wie oben gezeigt sind § 823 Abs. 1 und 2 und § 826 erfüllt. Tatbestand

Die erlittenen Verletzungen, die erforderliche und lang dauernde Krankenhausbehandlung und die bleibenden Entstellungen haben eine erheblich Einschränkung des Wohlbefindens und der Lebensfreude zur Folge, wofür ein Ausgleich angemessen erscheint. Das vorsätzliche Verhalten des Romeo lässt im Rahmen der Genugtuungsfunktion ebenfalls ein Schmerzensgeld angezeigt erscheinen. Rechtsfolge

Julia erhält aus § 847 Ersatz ihrer immateriellen Schäden

Die Anspruchsgrundlagenkonkurrenz hat für Julia den Vorteil, dass sie neben den auf Ersatz materieller Schäden gerichteten Anspruchsgrundlagen der §§ 823, 826 einen Anspruch auf Schmerzensgeld aus § 847 erlangt. Die verschiedenen Anspruchsgrundlagen unterscheiden sich in Tatbestand und Rechtsfolge. Deshalb ist es wichtig, alle Anspruchsgrundlagen abzuprüfen.

III. Reihenfolge der Prüfung bei mehreren Anspruchsgrundlagen

Literatur: *Diederichsen* Die BGB-Klausur S. 97 ff; *Schmalz* S. 169

Kommen für einen Anspruch mehrere Anspruchsgrundlagen in Betracht, richtet sich die Reihenfolge ihrer Prüfung teilweise nach einer logischen Priorität, teilweise nach Zweckmäßigkeitserwägungen. Im Folgenden soll gezeigt werden, welche Arten von Anspruchsgrundlagen es gibt und welche Prüfungsreihenfolge zwischen diesen besteht.

1. Ansprüche aus Vertrag

Ansprüche aus Vertrag sind an erster Stelle zu prüfen. Es besteht eine logische Priorität, ein logischer Prüfungsvorrang der vertraglichen Ansprüche vor den gesetzlichen Ansprüchen. So können Ansprüche aus unerlaubter Handlung entfallen, weil eine Handlung durch Vertrag gerechtfertigt und damit nicht widerrechtlich ist. Aus Vertrag können sich Modifikationen des Haftungsmaßstabes ergeben, die auch für gesetzliche Ansprüche relevant sind. Es entfallen Bereicherungsansprüche, wenn ein Vertrag als Rechtsgrund in Betracht kommt. Deshalb sind die vertraglichen Ansprüche zu Beginn zu prüfen. Die Prüfung vertraglicher Ansprüche hat vorrangig zu erfolgen.

Bei den vertraglichen Ansprüchen sind zuerst

- Ansprüche auf Vertragserfüllung, dann
- Ansprüche wegen Nicht- oder Schlechterfüllung zu prüfen.

Wurde kein Erfüllungsanspruch begründet, gibt es keine Ansprüche wegen Nicht- oder Schlechterfüllung.

2. Ansprüche aus vertragsähnlichen Verhältnissen

Die Ansprüche aus vertragsähnlichen Verhältnissen stehen den Ansprüchen aus Vertrag nahe. Sie kommen in Betracht, sollten vertragliche Ansprüche gerade nicht entstanden sein. Zu den Ansprüchen aus vertragsähnlichen Verhältnissen zählen die §§ 307, 179 und culpa in contrahendo. Es ist zuerst die Entstehung vertraglicher Ansprüche zu prüfen. Ist ein Vertrag nicht wirksam abgeschlossen worden oder später untergegangen, kommen vertragsähnliche Ansprüche in Betracht. Hier ist auch die berechtigte Geschäftsführung ohne Auftrag zu prüfen. Diese kann einen Rechtsgrund für Vermögensverschiebungen nach §§ 812 ff und einen Rechtfertigungsgrund im Deliktsrecht bilden. Deshalb sind vertragsähnliche Ansprüche vor den gesetzlichen Ansprüchen wie §§ 812 ff, 823 ff zu prüfen.

3. Dingliche Ansprüche

Dingliche Ansprüche wie §§ 985, 1004 Abs.1 sind im Anschluss an vertragliche bzw. vertragsähnliche Ansprüche zu prüfen. Diese Reihenfolge empfiehlt sich, da sich aus Vertrag und vertragsähnlichen Verhältnissen ein Recht zum Besitz nach § 986 bzw. eine Pflicht zur Duldung nach § 1004 Abs.2 ergeben kann. Die §§ 987 ff enthalten für Schadensersatz, Nutzungen und Verwendungen spezielle Regelungen. Diese verdrängen weithin Delikts- und Bereicherungsansprüche. Deshalb sind dies gesetzlichen Ansprüche aus §§ 812 ff, 823 ff erst nach den dinglichen Ansprüchen zu prüfen.

4. Gesetzliche Ansprüche

Zu den gesetzlichen Ansprüchen, auch Ansprüche aus gesetzlichen Schuldverhältnissen genannt, zählen unberechtigte Geschäftsführung ohne Auftrag, Delikts und Bereicherungsrecht. Der Begriff gesetzliche Ansprüche ist missverständlich. Auch vertragliche Ansprüche wie § 433, 535 leiden sich aus dem Gesetz ab. Mit dem Begriff gesetzliche Ansprüche soll deutlich werden, dass sich diese Ansprüche automatisch aus dem Gesetz ergeben, ohne dass sie von einer Willensentscheidung, einem Rechtsgeschäft abhängen wie die vertraglichen Ansprüche.

§ 816 ist lex specialis zu § 812 und deshalb vorrangig zu prüfen. Bei den verschiedenen Ansprüchen aus § 812 ist mit der Leistungskondiktion zu beginnen. Soweit eine Leistung vorliegt, schließt dies eine Bereicherung in sonstiger Weise aus.

Zwischen den verschiedenen deliktischen Ansprüchen und Gefährdungshaftung besteht keine zwingende Reihenfolge. Die Reihenfolge bestimmt sich alleine nach Überlegungen der Zweckmäßigkeit. Es empfiehlt sich mit dem Anspruch zu beginnen, dessen Voraussetzungen am ehesten auf der Hand liegen.

Ansprüche aus Familienrecht und Erbrecht sind in dieser Aufstellung nicht berücksichtigt. Wegen ihres besonderen Regelungscharakters, ihrer Sonderfunktion sind diese regelmäßig vorab zu prüfen.

Besteht keine logische Priorität zwischen verschiedenen Anspruchsgrundlagen, ist die Reihenfolge nach Zweckmäßigkeitsgesichtspunkten zu bestimmen. An den Anfang kann die Anspruchsgrundlage gestellt werden, die den Interessen des Gläubigers am ehesten entspricht. An den Anfang kann die Anspruchsgrundlage gestellt werden, deren Tatbestandsmerkmale in anderen Anspruchsgrundlagen wieder auftaucht. Oder es wird die Anspruchsgrundlage vorangestellt, deren Abprüfung die geringsten Probleme aufwirft.

Überlegungen zum Aufbau haben der Falllösung voranzugehen. Sie sind nicht in der Falllösung zu erörtern. Der richtige Aufbau spricht aus sich heraus und für sich selber. Er bedarf keiner Begründung. Ist der Aufbau falsch oder unzweckmäßig, vermag eine Begründung daran nichts zu ändern.

Die oben dargestellte Prüfungsreihenfolge unter mehreren Anspruchsgrundlagen kann im übrigen als Check-Liste für den Einstieg in eine Falllösung dienen. Die Check-Liste zwingt zum schrittweisen Überlegen, welche Anspruchsgrundlagen in Betracht kommen. Sie bewahrt davon, Anspruchsgrundlagen zu übersehen. Dies soll der folgende Beispielsfall demonstrieren:

Mieter

befristeter Mietvertrag - Kündigung - Herausgabeansprüche

Sachverhalt

Herr Vogel (V) hat mit dem Studenten Maier (M) die Überlassung einer Einzimmerwohnung für die Dauer eines Jahres gegen Zahlung von monatlich 600 DM Mietzins zuzüglich Nebenkosten ab 01. 08. vereinbart. Nach gerade drei Monaten verlangt V Räumung der Wohnung und Rückgabe der Schlüssel. Er ist der Ansicht, dass ein solches Verlangen jederzeit zulässig sei, da kein schriftlicher Vertrag vorliege.

Lösung

1. § 556

vertragliche Anspruchsgrundlage

V könnte gegen M einen Herausgabeanspruch aus § 556 haben, Zwischen M und V müsste ein Mietvertrag nach §§ 145 ff abgeschlossen worden sein. V und M haben sich über die wichtigsten Punkte eines Mietvertrages wie Objekt, Mietzins, Nebenkosten geeinigt. V hat dem M die Mietsache überlassen. Das belegt, dass er selbst von einer bindenden Vereinbarung ausging. Ein Mietvertrag bedarf grundsätzlich keiner Schriftform. Er kann formfrei abgeschlossen werden. Im Mietrecht gibt es nur die Formvorschrift des § 566 S. 1 für befristete Mietverträge mit einer Vertragsdauer von mehr als einem Jahr. Im vorliegenden Fall beträgt die Vertragsdauer nur ein Jahr. § 566 greift nicht ein. Der Vertrag wurde wirksam abgeschlossen.

Hilfsnorm (§§ 145 ff)

Hilfsnorm (§ 566)

Der Vertrag müsste mittlerweile beendet worden sein. Beendigung könnte nach § 564 Abs. 1 eingetreten sein durch Fristablauf. Die Jahresfrist ist bei weitem noch nicht abgelaufen.

rechtsvernichtende Gegennorm

Beendigung könnte durch Kündigung nach § 564 Abs. 2 eingetreten sein. Ein befristetes Mietverhältnis kann nach § 564 Abs. 2 vor Ablauf der Befristung nicht ordentlich gekündigt werden.

rechtsvernichtende Gegennorm

§ 564 Abs. 2 lässt die fristlose Kündigung eines befristeten Mietverhältnisses unberührt. Aus dem Sachverhalt ergeben sich keine Anhaltspunkte für eine fristlose Kündigung nach §§ 553, 554, 554 a, 242.

rechtsvernichtende Gegennormen

Das Mietverhältnis ist nicht beendet. Der Herausgabeanspruch aus § 556 Abs. 1 besteht nicht.

2. § 985

dingliche Anspruchsgrundlage

Als Eigentümer der Wohnung kann V vom derzeitigen Besitzer M nach § 985 Herausgabe verlangen. Dem Herausgabeanspruch steht jedoch nach § 986 ein Recht des M zum Besitz aus dem wirksamen Mietvertrag entgegen.

rechtsvernichtende Gegennormen

3. § 861 Abs. 1

dingliche Anspruchsgrundlage

Ein Anspruch wegen Besitzentziehung entfällt. Der Anspruch setzt nach § 858 Abs. 1 eine verbotene

Hilfsnorm

Eigenmacht voraus. V hat dem M den Besitz freiwillig überlassen. Der Besitz wurde ihm nicht gegen seinen Willen entzogen.

4. § 823 Abs. 1

gesetzliche Anspruchsgrundlage

Aus demselben Grund kommt eine Eigentumsverletzung in der Form der Besitzentziehung nicht in Betracht.

5. § 812 Abs. 1 S. 1 oder S. 2

gesetzliche Anspruchsgrundlage

Ein Kondiktionsanspruch aus § 812 Abs. 1 S. 1, 1. Alt. scheidet aus, da M den Besitz aufgrund eines wirksamen Mietvertrages erlangt hat.

Da der Mietvertrag fortbesteht, fehlt es an einem Kondiktionsanspruch aus § 812 Abs. 1 S. 2, 1. Alt.

IV. Prüfung der einzelnen Anspruchsgrundlagen

Literatur: *Diederichsen* Die BGB-Klausur S. 101 ff

Die verschiedenen von den Bearbeitern aufgefundenen Anspruchsgrundlagen sind gesondert Schritt für Schritt zu prüfen. Die Tatbestandsmerkmale der Anspruchsnorm stecken die zu erörternden Einzelfragen ab. Damit wird die Prüfung von Fragen und Problemen vermieden, die nicht zur Lösung der Fallfrage beitragen. Die Anspruchsgrundlage ist der Aufhänger der Prüfung und gehört deshalb an den Anfang der Prüfung. Aus ihr sind die einzelnen Prüfungsschritte abzuleiten. Da die Anspruchsgrundlagen unterschiedliche Voraussetzungen aufweisen, verbietet es sich regelmäßig, mehrere Anspruchsgrundlagen gemeinsam abzuprüfen. Es verbietet sich auch eine bei Studierenden weit verbreitete, ganzheitliche Betrachtung dahin, greift eine Anspruchsgrundlage nicht ein, entfallen auch alle anderen Anspruchsgrundlagen. Da die Anspruchsgrundlagen unterschiedliche Tatbestandsmerkmale enthalten, können sehr wohl noch andere Anspruchsgrundlagen eingreifen.

Die Anspruchsgrundlage ist der Ausgangspunkt der Prüfung und steckt den Rahmen der Prüfung ab

Die zu prüfende Anspruchsgrundlage ist **exakt** zu **zitieren**. Sie ist nach Paragraph, Absatz, Satz, Buchstabe, Halbsatz, Alternative anzugeben. § 823 Abs. 1 nennt mit der Rechtsgutsverletzung andere Voraussetzungen als § 823 Abs. 2 mit der Schutzgesetzverletzung. § 538 Abs. 1, 1. Alt. setzt im Gegensatz zu § 538 Abs. 1, 2. Alt. bei anfänglichen Mängeln kein Verschulden voraus.

Wie unter verschiedenen in Betracht kommenden Anspruchsgrundlagen eine logische Reihenfolge bei der Prüfung vorgegeben sein kann, kommt dies auch bei den verschiedenen Tatbestandsmerkmalen einer Norm vor. Bei § 823 Abs. 1 ist zuerst die Rechtsgutsverletzung, dann die Rechtswidrigkeit und schließlich das Verschulden zu prüfen. Es kommt nicht auf irgendein Verschulden an, sondern auf das Verschulden hinsichtlich der von § 823 Abs. 1 geschützten Rechtsgüter. Deshalb ist zuerst die Rechtsgutsverletzung zu prüfen. Die Rechtsgutsverletzung muss obendrein rechtswidrig gewesen sein. Gegenüber rechtmäßigem Verhalten wird kein Schuldvorwurf erhoben. Fehlt es an der Rechtswidrigkeit, erübrigt sich die Prüfung des Verschuldens.

Auf keinen Fall darf allein aus dem Umstand, dass ein Schaden entstanden ist, die Schlussfolgerung gezogen werden, es sei aus § 823 Abs. 1 Schadensersatz zu leisten. Schadensersatz kann aus § 823 Abs. 1 nur geltend gemacht werden, wenn eine tatbestandsmäßige Rechtsgutsverletzung widerrechtlich und schuldhaft herbeigeführt wurde.

Die Struktur der Rechtsnorm schreibt den gedanklichen Weg vor. Der Tatbestand erzeugt die Rechtswirkung nicht durch eine bloße Summierung sondern durch ein Zusammenwirken seiner Elemente.

Tatbestandsmerkmale, von denen andere abhängen, sind vor diesen zu prüfen. Es liegt eine logische Priorität vor.

Leistungspflichten sind vor Leistungsstörungen zu prüfen. Ohne Leistungspflicht ist keine Leistungsstörung denkbar.

Es ist zu beachten, dass die Antwort auf die Fallfrage zumeist nicht der Anspruchsgrundlage allein entnommen werden kann sondern ein Entscheidungsprogramm zu entwickeln ist, wie oben unter A. III. gezeigt wurde. Die einzelnen Anspruchsgrundlagen werden regelmäßig durch Hilfsnormen ergänzt und je nach Sachverhalt durch Gegennormen nebst deren Hilfsnormen in ihrer Wirkung aufgehoben. Welche Hilfsnormen und Gegennormen heranzuziehen sind, ist immer in Hinblick auf den vorliegenden Sachverhalt zu entscheiden.

Die Anspruchsgrundlage des § 823 Abs. 1 wird ergänzt durch

- §§ 227 ff, 904 Rechtfertigungsgründe
- §§ 827 f Deliktsfähigkeit
- §§ 249 ff Schadensersatz.

Gibt der Sachverhalt keinen Anlass an der Deliktsfähigkeit zu zweifeln, ist auf diese nicht einzugehen.

Wurde in einem ersten Schritt festgestellt, dass die Anspruchsgrundlage mit ihren Hilfsnormen vorliegt, ist in einem zweiten Schritt zu prüfen, ob die Anspruchsgrundlage nicht durch Gegennormen ausgeschlossen oder eingeschränkt ist. Gegennormen sind erst nach der Anspruchsgrundlage zu prüfen. Greift die Anspruchsgrundlage nicht ein, kann sie nicht mehr durch eine Gegennorm ausgeschlossen sein. Die Gegennorm muss nicht mehr geprüft werden. Liegen die Tatbestandsmerkmale des § 823 Abs.1 nicht vor, entfällt ein Schadensersatzanspruch. Deshalb müssen Mitverschulden nach § 254 und Verjährung nach § 852 nicht mehr geprüft werden.

Ein Anspruch kann durch

- rechtshindernde Gegennormen wie §§ 134, 138, 306,
- rechtsvernichtende Gegennormen wie §§ 362, 275,
- rechtshemmende Gegennormen wie § 222

ausgeschlossen oder gehindert sein.

Zuerst sind rechtshindernde Gegennormen zu prüfen. Diese schließen die Entstehung des Anspruchs von vornherein aus.

Dann sind die rechtsvernichtenden Gegennormen zu prüfen. Diese bringen den zunächst entstandenen Anspruch im Nachhinein zum Erlöschen. Die rechtsvernichtenden Gegennormen stellen unter den Gegennormen die größte Gruppe dar.

1. Bei Unmöglichkeit ist die rechtshindernde Gegennorm des § 306 vor anderen Gegennormen wie § 275, 323 zu prüfen. Bei anfänglicher objektiver Unmöglichkeit ist der Vertrag nach § 306 nichtig. § 275 und § 323 setzen voraus, dass eine Leistungspflicht bzw. Gegenleistungspflicht ursprünglich bestand. Bei Nichtigkeit des Vertrages konnten aber weder eine Pflicht zur Leistung noch zur Gegenleistung aus dem Vertrag entstehen.

2. Ist ein Vertrag von vornherein nicht entstanden, weil er nach §§ 134, 138, 125 nichtig ist, darf die rechtsvernichtende Gegennorm des § 326 nicht mehr herangezogen werden. Ist der Vertrag von vornherein nichtig, konnte keine Leistungspflicht entstehen, mit der ein Schuldner in Verzug kommen konnte.

Zuletzt sind die rechtshemmenden Gegennormen zu prüfen. Nur ein entstandener und nicht bereits untergegangener Anspruch kann in seiner Durchsetzbarkeit noch gehindert sein.

Ist ein Kaufvertrag wegen arglistiger Täuschung durch den Käufer nach §§ 142, 123 angefochten worden, ist auch kein Kaufpreisanspruch entstanden. Eine Verjährung des Kaufpreisanspruchs kommt nicht in Betracht.

Eine Ausnahme gilt für die Anfechtbarkeit nach §§ 142, 119 von vornherein nichtiger Rechtsgeschäfte. Die Anfechtung ist nichts anderes als die in das Belieben des Anfechtungsgegners gestellte Nichtigkeit des Rechtgeschäfts.

Bei jeder Anspruchsprüfung ist gedanklich vereinfacht zu fragen:

ob die Anspruchsgrundlage vorliegt, dann ob die Anspruchsgrundlage nicht durch Gegennormen ausgeschlossen ist

Die Arbeit mit Gegennormen bereitet den Studierenden erfahrungsgemäß erhebliche Schwierigkeiten. Diese Schwierigkeiten rühren daher, dass im Studium und im Alltag das Augenmerk auf den Anspruchsgrundlagen liegt. Das Auffinden der Gegennormen wird erleichtert, wenn man sich in die Position des Anspruchsgegners versetzt. Aus der Sicht des Anspruchsgegners ist die Frage zu stellen, welche Bedenken er gegen den geltend gemachten Anspruch ins Feld führen kann.

Erst durch das Zusammenspiel von Anspruchsgrundlage, Gegennormen und die sie ergänzenden Hilfsnormen ergibt sich das einschlägige Entscheidungsprogramm. Dieses Entscheidungsprogramm ist für jeden Fall gesondert zu erstellen. In das Entscheidungsprogramm sind nur Normen einzustellen, die für den zu entscheidenden Fall von Bedeutung sind. Es wäre unsinnig, in ein Entscheidungsprogramm zu vertraglichen Ansprüchen § 362 einzustellen, wenn der Sachverhalt keinerlei Anhaltspunkte für eine Erfüllung der vertraglichen Ansprüche hergibt.

Bei jedem Fall taucht das Problem auf, gerade diesen Fall seiner speziellen Lösung systematisch zuzuführen, das fallspezifische Entscheidungsprogramm zu entwickeln. Manche Studierenden neigen dazu, möglichst alles im Zusammenhang mit den herangezogenenen Normen erlernte Wissen in die Lösung einzubringen. Dieses Vorgehen beweist, dass zwar vieles gelernt, aber das Erlernte nicht verstanden wurde. Zu den Aufgaben der Studierenden gehört es, Wesentliches von Unwesentlichem zu unterscheiden, zu erkennen, was im einzelnen Fall erheblich ist und was unerheblich ist.

Das Zusammenspiel zwischen Anspruchsgrundlagen und Gegennormen belegt der nachfolgende Beispielsfall:

Handwerksmesse

Mietvertrag - Vertragsabschluss - Aufhebung des Vertrages

Sachverhalt

Schreinermeister Sauer (S) besucht jedes Jahr die Bauhandwerkermesse in München. Während des Aufenthaltes übernachtet er immer im Hotel *Europa*. Er schreibt an das Hotel *Europa* und bittet um " Reservierung eines Zimmers vom 21. 03. bis 24. 03. des Jahres wie gehabt zum Besuch der Bauhandwerkermesse ". Er bittet in seinem Schreiben um Nachricht, sollte kein Zimmer frei sein. Hotelier Grau (G) trägt die Reservierung ins Hotelbuch ein. Eine Reservierungsbestätigung erfolgt nicht. G muss in der Folge anderen Interessenten absagen, die in demselben Zeitraum ein Zimmer suchen. Wegen eines Brandes in den Messehallen wird die Bauhandwerkermesse kurzfristig abgesagt. S benachrichtigt unverzüglich den G. G kann das Zimmer nicht mehr anderweitig vermieten. Er verlangt von S 3 x 200 DM Zimmermiete. Er hat hierbei ersparte Aufwendungen für Hotelservice und Frühstück hat G bereits in Abzug gebracht.

Lösung

G könnte einen Anspruch aus einem Beherbergungsvertrag nach §§ 305, 535 haben, einem gemischten Miet-, Dienst- und Werklieferungsvertrag mit Schwerpunkt Mietvertrag[1].

vertragliche Anspruchsgrundlage

a. Dies setzt einen wirksamen Vertragsabschluss nach den Regeln der §§ 145, 147 voraus. Das Reservierungsschreiben des S enthält ein Angebot zum Vertragsabschluss. Das Angebot müsste von G angenommen worden sein. Durch Eintrag ins Hotelbuch hat er konkludent die Annahme zum Ausdruck gebracht. Nach § 130 Abs. 1 bedürfen empfangsbedürftige Willenserklärungen neben der Abgabe noch des Zugangs für ihr Wirksamwerden. Dieses Zugangserfordernis gilt sowohl für das Angebot zum Vertragsabschluss wie die Annahme des Angebots. Dem S ging die Annahmeerklärung des G nicht zu. Der Zugang könnte nach § 151 entbehrlich sein. S wollte nur benachrichtigt werden, wenn er kein Zimmer bekommen könnte. Damit hat er schlüssig auf die Annahme seines Angebots verzichtet.

Hilfsnorm

Hilfsnorm

Hilfsnorm

b. Der Vertragsabschluss könnte unter einer auflösenden Bedingung nach § 158 Abs. 2 erfolgt sein. S hat ausdrücklich darauf hingewiesen, dass er das Zimmer für den beabsichtigten Besuch der Bauhandwerkermesse reservieren will. Damit hat er sein Motiv für die Reservierung offengelegt. Die Offenlegung eines einseitigen Motivs für den Vertragsabschluss stellt noch keine Bedingung für die Wirksamkeit des Vertrages dar. Das Motiv müsste darüber hinaus durch besondere Abrede, durch besondere Umstände bei Vertragsabschluss zum Vertragsinhalt erhoben worden sein. Diese Abweichung vom Grundsatz *Vertrag ist Vertrag* muss im Interesse des Vertragspartners und dessen Vertrauensschutz deutlich gemacht und einvernehmlich zum Vertragsinhalt erhoben werden. Aus der Sicht des Hoteliers besteht ein Interesse an einem unbedingten Vertragsabschluss. Er hat kein Interesse daran, andere Gäste wegen einer unsicheren Reservierung abzuweisen. Für ihn ist es von besonderem Interesse zu wissen, ob eine Reservierung unbedingt oder unter einer auflösenden Bedingung vorgenommen wurde, ob es sich um eine reine Motivschilderung oder eine Bedingung im

rechtsvernichtende Gegennorm

---

[1] BGH NJW 1963 S, 1449

rechtstechnischen Sinne handeln soll. Soll eine vom Normalfall der unbedingten Reservierung abweichende Vertragsgestaltung unter einer auflösenden Bedingung gewollt sein, muss dies deutlich gemacht werden. Dieser Gewissheit bedarf der Vertragspartner, um seinerseits sachgerecht auf ein Angebot zum bedingten Vertragsabschluss reagieren zu können. S hat jedoch nicht deutlich gemacht, dass die Reservierung vom Stattfinden der Messe abhängen soll, mit dieser stehen und fallen soll.

Zum Begriff der Bedingung zählt, dass es sich um ein in den Augen der Vertragsschließenden ungewisses Ereignis handelt. Das Ereignis muss nicht nur objektiv ungewiss sein, sondern nach dem im Rechtsgeschäft zum Ausdruck kommenden Willen auch als subjektiv ungewiss angesehen werden. S wie auch G gingen davon aus, dass die Bauhandwerkermesse nach alter Tradition durchgeführt werde. Beide hegten keinerlei Zweifel daran, dass die Messe stattfinden werde. Deshalb ist ein Vertrag abgeschlossen worden.

c. Die Zahlungspflicht könnte durch ordentliche Kündigung des Mietverhältnisses nach § 564 Abs. 2 vor Beginn der Mietzeit erloschen sein. § 564 Abs. 2 ist zu entnehmen, dass ein befristetes Mietverhältnis nicht ordentlich gekündigt werden kann. Die Zimmermiete wurde von S von vornherein auf 3 Tage befristet. Nach Ablauf der Frist sollte das Mietverhältnis ohne weiteres Zutun enden.

rechtsvernichtende Gegennorm

d. In Betracht könnte eine außerordentliche Kündigung kommen. § 564 Abs. 2 schließt nur die ordentliche und nicht die außerordentliche Kündigung aus. Es müsste ein Grund zur fristlosen Kündigung vorliegen. Einer der gesetzlich benannten Gründe für eine fristlose Kündigung gemäß §§ 542, 544, 544a liegt nicht vor. Daneben kann noch § 242 im Falle der Unzumutbarkeit vorliegen. Der Regelung des § 552 ist zu entnehmen, dass die persönliche Verhinderung des Mieters am Gebrauch der Mietsache den Bestand des Mietverhältnisses unberührt lässt. Dies muss erst recht gelten, wenn dem Mieter die Nutzung möglich ist jedoch nicht sinnvoll erscheint.

rechtsvernichtende Gegennorm

e. Die Vertragspflichten könnten durch Ausübung eines vertraglichen Rücktrittsrechts nach §§ 346, 349 entfallen sein. Es müsste ein Rücktrittsvorbehalt zum Vertragsinhalt

rechtsvernichtende Gegennorm

erhoben worden sein. Wie die auflösende Bedingung stellt der Rücktrittsvorbehalt eine Ausnahme vom Grundsatz *Vertrag ist Vertrag* dar. Es bedarf hierfür besonderer Umstände, einer besonderen Interessenlage und einer vom Normalfall abweichenden Vereinbarung. Wie oben gezeigt, genügt die einseitige Erwartung einer Vertragspartei nicht.

f. Eine Anfechtung des Vertrages nach §§ 142, 119 kommt nicht in Betracht. Es liegt keiner der abschließend aufgezählten Irrtumsgründe vor. S hatte exakt die Erklärung abgegeben, die er abgeben wollte. Es fehlt an keiner Eigenschaft des Hotelzimmers. Hingegen haben sich die Erwartungen des S hinsichtlich der sinnvollen Verwendung des Zimmers nicht erfüllt. Dieser Motivirrtum berechtigt nicht zur Anfechtung.

rechtsvernichtend Gegennorm

g. Es könnte ein Wegfall der Geschäftsgrundlage nach § 242 vorliegen. Erscheint wegen Veränderung der Umstände ein Festhalten am Vertrag für eine Seite unzumutbar, kann eine Vertragsanpassung oder eine Vertragsaufhebung geboten sein. Geschäftsgrundlage sind die Umstände, von deren Eintritt beide Seiten bei Vertragsabschluss ausgegangen sind. Dem G war das Motiv des S bekannt. Ein Wegfall der Geschäftsgrundlage scheidet gleichwohl aus, wenn der fragliche Umstand allein den Risiko- und Verantwortungsbereich einer Partei fällt. Da allein S als Hotelgast den Grund für den Hotelaufenthalt bestimmt, hat er alleine das Risiko für den Fortbestand eines sinnvollen Gebrauchs zu tragen. Will er kein Risiko eingehen, hat er dies entweder durch entsprechende vertragliche Gestaltung mit dem Hotelier abzuklären, soweit dieser dazu bereit ist oder von einer Reservierung abzusehen. Er kann nicht erwarten, dass der Hotelier in Hinblick auf die erfolgte Reservierung Gäste ablehnt und bei Wegfall des Reservierungszwecks das Entgeltrisiko trägt.

rechtsvernichtende Gegennorm

Auch ohne Besuch der Messe kann das Zimmer bestimmungsgemäß genutzt werden.

G kann nach §§ 305, 535 aus dem wirksam abgeschlossenen und fortbestehenden Vertrag das anteilige Entgelt verlangen. Die von ihm erhobenen Einwendungen sind unerheblich.

Dieser Beispielsfall zeichnet sich dadurch aus, dass eine Vielzahl von Gegennormen in Betracht kommen. Um die Gegennormen herzuleiten, sind einschlägige Gesetzeskenntnisse unverzichtbar. Bei der Abprüfung der Gegennormen ist darauf Bedacht zu nehmen, dass diese nicht miteinander vermengt werden. Es ist eine Gegennorm nach der anderen abzuprüfen, da diese sehr unterschiedliche Reichweite haben.

V. Subsumtion

Literatur: *Diederichsen* Die BGB-Klausur S. 160 ff; *Kohler-Gehrig* S. 59 ff; *Larenz/Canaris* S. 91 ff; *Quittnat* S. 21 ff; *Schmalz* S. 21 ff; *Schwab* S. 6 ff; *Zippelius* S. 90 ff

Haben die Studierenden eine Anspruchsgrundlage gefunden, die für die Lösung des Falles einschlägig erscheint, stellt sich die Frage, ob die Anspruchsgrundlage im konkreten Fall eingreift. Es ist zu prüfen, ob die in der Anspruchsgrundlage nebst den einschlägigen Hilfsnormen enthaltenen abstrakten Tatbestandsmerkmale auf den vorgegebenen Sachverhalt zutreffen. Der konkrete Lebenssachverhalt ist mit der abstrakt ausformulierten Anspruchsgrundlage abzugleichen. Dieser Schritt wird Subsumtion genannt. Für jedes einzelne Tatbestandsmerkmal der Anspruchsgrundlage muss ein entsprechendes Element im Sachverhalt gefunden werden.

Ausgangspunkt für die Subsumtion ist eine logische Schlussfolgerung. Diese Denkfigur aus der Logik wird syllogistischer Schluss, kurz Syllogismus genannt. Folgendes Schulbeispiel vermag dies zu veranschaulichen

Obersatz : Alle *Menschen* sind sterblich

Untersatz : Sokrates ist ein *Mensch*

Schlusssatz : Sokrates ist sterblich

Ober- und Untersatz enthalten einen gemeinsamen Mittelbegriff *Mensch*. Der Mittelbegriff erlaubt die Zusammenfassung von Ober- und Untersatz zu einer neuen Aussage im Schlusssatz, in dem der Mittelbegriff nicht mehr vorkommt.

Bei der Subsumtion eines Lebenssachverhaltes unter eine Rechtsnorm, ist die Rechtsnorm an die Stelle des Obersatzes zu stellen. Der Lebenssachverhalt nimmt die Stelle des Untersatzes ein, daraus wird die Rechtsfolge als Schlusssatz gewonnen.

Obersatz = Rechtsnorm § 985: Der *Eigentümer* kann von dem Besitzer die Herausgabe der Sache verlangen

Untersatz = Sachverhalt: A ist *Eigentümer*

Schlusssatz = Rechtsfolge: A kann von dem Besitzer die Herausgabe der Sache verlangen

Da jede Rechtsnorm mehrere Tatbestandmerkmale enthält, ist für jedes Tatbestandsmerkmal im Grunde genommen der Syllogismus aufzustellen und ist für jedes Tatbestandsmerkmal eine Subsumtion vorzunehmen, die Einzelsubsumtion. Diese Einzelsubsumtion ist sehr umständlich und zeitraubend. Vereinfacht lässt sich dies wie folgt bewerkstelligen:

Hat ein Gastwirt den Besucher absichtlich mit dem Stuhlbein ins Gesicht geschlagen und das Nasenbein zertrümmert, vollzieht sich die Subsumtion unter § 823 Abs.1 in folgenden Schritten:

- wer = der Gastwirt
- das Leben, den Körper... oder ein sonstiges Recht = Nasenbein ist Körper
- eines anderen = Besucher
- verletzt = das Schlagen ist eine adäquat kausale Verletzungshandlung für den Nasenbeinbruch
- widerrechtlich = Rechtswidrigkeit ist indiziert, wenn kein Rechtfertigungsgrund vorliegt
- vorsätzlich oder fahrlässig = Absicht ist Vorsatz
- Schaden = Kosten der Wiederherstellung des körperlichen Wohlbefindens

Bei der Anwendung eines Rechtssatzes ist der Tatbestand in seine einzelnen Tatbestandsmerkmale zu zerlegen. Im Anschluss daran ist durch Einzelsubsumtion zu prüfen, ob jedes abstrakte Tatbestandsmerkmal im Sachverhalt konkret verwirklicht ist. Auch die ungeschriebenen Tatbestandsmerkmale sind zu berücksichtigen. Jedes abstrakte Tatbestandsmerkmal muss eine konkrete Entsprechung im Sachverhalt haben. Der Sachverhalt ist auszuschöpfen.

Völlig eindeutig vorliegende Tatbestandsmerkmale bedürfen in der schriftlichen Ausarbeitung nicht der Einzelsubsumtion. Ein besonderes Augenmerk ist auf die Subsumtion unter unbestimmte Rechtsbegriffe wie die Sittenwidrigkeit in § 826 zu legen. Diese unbestimmten Rechtsbegriffe sind besonders ausführlich zu begründen.

Kommt man zum Ergebnis, dass ein Tatbestandsmerkmal nach dem Sachverhalt nicht vorliegt, greift die Anspruchsgrundlage nicht ein.

Füllt der Sachverhalt hingegen alle Tatbestandsmerkmale einer Anspruchsgrundlage aus, ist der Anspruch aus der geprüften Anspruchsgrundlage entstanden. Hat jedes Tatbestandsmerkmal eine Entsprechung im Lebenssachverhalt, dann sind die Voraussetzungen der Rechtsfolge gegeben. Im Anschluss daran ist der Sachverhalt unter die in Betracht kommenden Gegennormen wieder Schritt für Schritt zu subsumieren. Schließlich ist mit den weiteren in Anspruchskonkurrenz stehenden Anspruchsgrundlagen ebenso zu verfahren, die ebenfalls geeignet erscheinen, den geltendgemachten Anspruch zu begründen. Im Beispiel müssten noch § 823 Abs. 2 und § 826 sowie § 847 geprüft werden.

Abwandlung : Der Gast hatte vor der Schlägerei eine Hakennase und wollte sich deshalb einer kosmetischen Operation unterziehen. Der Gastwirt wendet zutreffend ein, dass die Nase nach Heilung des Nasenbeinbruchs eine klassische Form angenommen habe. Der Gast hatte den Gastwirt im übrigen mit einem langen Messer bedroht, weshalb der Gastwirt keine andere Möglichkeit hatte, als sich mit dem Stuhl dieser Gefahr zu erwehren. Der Vorgang liegt schon 5 Jahre zurück.

Nach dem Sachverhalt liegen Anhaltspunkte für eine Notwehr nach § 227 vor. Deshalb ist die Anspruchsgrundlage des § 823 Abs.1 um die naheliegende Hilfsnorm des § 227 zu ergänzen. Die Subsumtion unter §§ 823 Abs. 1, 227 verläuft nun in folgenden Schritten:

- wer = der Gastwirt
- das Leben, den Körper... oder ein sonstiges Recht = Nasenbein ist Körper
- verletzt = Schlagen ist eine adäquat kausale Verletzungshandlung für den Nasenbeinbruch
- widerrechtlich entfällt bei Vorliegen eines Rechtfertigungsgrundes wie § 227

  § 227 setzt voraus, dass

  + ein gegenwärtiger Angriff vorliegt = Bedrohen mit Messer
  + der Angriff rechtswidrig ist = Rechtswidrigkeit ist indiziert, da kein Rechtfertigungsgrund für den Angriff vorliegt
  + die Verletzungshandlung = Schlagen mit Stuhl
  + zur Verteidigung erforderlich = keine andere Möglichkeit der Abwehr

Da ein Rechtfertigungsgrund eingreift, endet bereits beim Tatbestandsmerkmal Widerrechtlichkeit die Prüfung des Entscheidungsprogramms. Auf die Frage, ob dem Gast überhaupt ein Schaden entstanden ist und ob Verjährung nach § 852 vorliegt, kommt es nicht mehr an. Es läge neben der Sache und wäre damit falsch, wenn diese Fragen als alleinentscheidend geprüft würden. Die Lösung hätte die Fallproblematik außer Acht gelassen, selbst wenn dies zufällig zum gleichen Ergebnis geführt hätte.

Das Beispiel erhellt die Notwendigkeit, die logische Prüfungsreihenfolge innerhalb einer Norm - ebenso wie unter verschiedenen Normen - einzuhalten. Wer direkt die vordergründigen Probleme des Schadens und der Verjährung lösen will, verkennt, dass gegen den Gastwirt mangels rechtswidriger Verletzungshandlung kein Anspruch bestehen kann, mangels Anspruchs die Verjährung keine Rolle spielt. Es sind nicht einzelne interessante Probleme zu lösen sondern ein komplexer Fall. Es wird deutlich, dass ein jeder Fall Schritt für Schritt zu lösen ist und mit dem ersten Schritt zu beginnen ist. Kein logisch vorrangiger Schritt darf übergangen werden.

Die Lösung des Falles ergibt sich aus der folgerichtigen Abprüfung des Entscheidungsprogramms mit allen Tatbestandsmerkmalen in ihrer logischen Reihenfolge. Die Erstellung des fallspezifischen Entscheidungsprogramms und die Subsumtion bedingen und beeinflussen sich gegenseitig. Für jeden zu lösenden Fall ist das spezifische Entscheidungsprogramm zu entwickeln. Es kann nur entwickelt werden, wenn unter Berücksichtigung des konkreten Lebenssachverhaltes die entscheidungsrelevanten Rechtsnormen herangezogen werden. Sachverhalt und Entscheidungsprogramm bedingen sich gegenseitig. Es gibt kein für alle Fälle passendes Entscheidungsprogramm.

VI. Auslegung

Literatur: *Diederichsen* Die BGB-Klausur S. 156 ff; *Kohler-Gehrig* S. 64 ff; *Larenz / Canaris* S. 133 ff

Oftmals sind die im Gesetz verwendeten Begriffe nicht eindeutig. Es lässt sich nicht zweifelsfrei ihre Bedeutung und Reichweite bestimmen, wie das *sonstige Recht* in § 823 Abs. 1. Es kann zweifelhaft sein, ob ein Ehebruch eine Rechtsgutsverletzung nach § 823 Abs. 1 als sonstiges Recht darstellt. Diese Zweifelsfragen im Vorfeld der Subsumtion des Sachverhalts sind im Wege der Auslegung der Rechtsnorm und ihrer Begriffe zu klären. Hierzu bedient man sich der

grammatikalischen Auslegung (nach dem Wortsinn)

systematischen Auslegung (aus dem Zusammenhang)

historischen Auslegung (aus der Entstehungsgeschichte und dem Willen des Gesetzgebers)

teleologischen Auslegung (nach Sinn und Zweck der Vorschrift)

Beispiel: Zur Frage, ob eine kalendermäßig bestimmte Leistungszeit nach § 284 Abs. 2 S. 1 durch einseitige Erklärung des Gläubigers oder nur durch Vereinbarung des Gläubigers oder Schuldners festgesetzt werden kann, führt das LG Ansbach[2] aus:

a) Der Wortlaut des § 284 Abs. 2 S. 1 BGB deutet darauf hin, dass auch eine einseitige Zeitbestimmung möglich ist. Vom Wortsinn " bestimmen " sind sowohl die einseitige als auch die zweiseitige Leistungszeitbestimmung umfasst ...

b) Auch die systematische Auslegung führt zu dem Ergebnis, dass § 284 Abs. 2 S. 1 BGB die einseitige Leistungszeitbestimmung durch den Gläubiger ausreichen lässt. § 284 steht im ersten Abschnitt " Inhalt der Schuldverhältnisse " des zweiten Buches. Der erste Abschnitt betrifft alle Schuldverhältnisse, während im zweiten Abschnitt die vertraglichen Schuldverhältnisse und dort im zweiten Teil speziell der gegenseitige Vertrag geregelt ist. § 284 Abs. 2 S. 1 gilt also auch für einseitige Schuldverhältnisse, bei denen generell nur eine einseitige Leistungzeitbestimmung in Betracht kommt.

c) Der oben gefundene objektivierte Wille des Gesetzgebers wird auch durch die historische Auslegung bestätigt. In den Motiven zum BGB heißt es in einem Klammerzusatz zu der Feststellung, dass der Grundsatz " dies interpellat pro homine " (" der Kalender mahnt anstelle des Gläubigers ") in allen Fällen ohne Rücksicht auf den Entstehungsgrund gelte, dies sei also dann der Fall, wenn der Termin durch Rechtsgeschäft, Gesetz oder Urteil

---

[2] NJW-RR 1997 S. 1479

festgesetzt sei (Mugdan, Materialien II, 1899, S. 31; Motive II, S. 56). Der Begriff " Rechtsgeschäft " beinhaltet gerade keine Beschränkung auf zweiseitige Rechtsgeschäfte, was sich z.B. aus § 111 BGB ergibt...

d) Schließlich stützt auch die teleologische Auslegung das gefundene Ergebnis. Nach der ratio legis ist es sachgerecht, dass die Verzugsfolgen mit Ablauf der auf der Rechnung angegebenen kalendermäßigen Frist eintreten. Im vorliegenden Fall des Kaufvertrages wird die Kaufpreisforderung mit Abschluss des Kaufvertrages gem. §§ 433 Abs. 2 , 271 BGB fällig, bis zur Übergabe des Kaufgegenstandes hat der Käufer ein Zurückbehaltungsrecht nach § 320 BGB. Nach Übergabe ist der Schuldner verpflichtet, den Kaufpreis zu bezahlen... . Gewährt der Gläubiger stattdessen - wie im vorliegenden Fall - Zahlungsaufschub durch das Setzen einer kalendermäßigen Frist, so gereicht dies zunächst zum Vorteil des Schuldners, weil der Fälligkeitszeitpunkt hinausgeschoben ist und vorher kein Verzug eintreten kann. Der Schuldner kennt nun einen genauen - zu seinen Gunsten hinausgeschobenen - Zahlungstermin...

Es kann vorkommen, dass die verschiedenen Auslegungskriterien zu unterschiedlichen Ergebnissen führen. In solch einem Fall ist durch Wertung zu bestimmen, welchem Ergebnis der Vorzug zu geben ist. Die Auslegung und die Begründung der Wertung sind in die Falllösung aufzunehmen.

VII. Gutachtenstil

Literatur : *Diederichsen* Die BGB-Klausur S. 191 ff; *Quittnat* S. 26 ff

Das geschilderte Vorgehen bei der Falllösung wird als Gutachten bezeichnet. Beim Gutachten wird das Ergebnis mit Blick auf die Fragestellung schrittweise aus dem Recht entwickelt. Ausgehend von der Fragestellung wird eine Anspruchsgrundlage gesucht, deren Rechtsfolge der Fragestellung korrespondiert. Beim Gutachten wird mit der Anspruchsgrundlage begonnen, die eine Antwort auf die Fallfrage zu geben scheint.

Darin unterscheidet sich das Gutachten vom Urteil. Beim Urteil wird das gefundene Ergebnis an den Anfang gestellt und dann begründet. Jedem Urteil geht gedanklich ein Gutachten voraus. Im Gutachten wird das Ergebnis schrittweise gewonnen, das später im Urteil dargestellt wird.

Ausgehend von der jeweiligen Anspruchsgrundlage als erstem Element des Entscheidungsprogramms wird geprüft, ob der konkrete Sachverhalt sich unter die abstrakten Tatbestandsmerkmale der Norm subsumieren lässt. Es muss bei jedem einzelnen Tatbestandsmerkmal gefragt werden, ob es nach dem Sachverhalt vorliegt. Der Weg führt zu dem Ergebnis, dass der Anspruch begründet bzw. nicht begründet ist.

Beispiel: B hat dem A gegen dessen Willen die Haare abgeschnitten. A sieht aus wie ein gerupftes Huhn. A muss unbedingt einen Frisör aufsuchen, um sein Erscheinungsbild wieder passabel erscheinen zu lassen. A möchte Schadensersatz.

Vorüberlegung: Die Anspruchsgrundlage des § 823 Abs. 1 sieht als Rechtsfolge einen Anspruch auf Schadensersatz vor und kommt deshalb zur Lösung der Fallfrage in Betracht. Diese Anspruchsgrundlage dient als Aufhänger für die Prüfung des Falles. Die Prüfung des Falles hat Schritt für Schritt diese Anspruchsgrundlage abzuprüfen. Diese Vorüberlegung eröffnet den Einstieg in das Gutachten:

Einleitung durch Fragesatz und Angabe der Anspruchsgrundlage	A könnte einen Anspruch auf Schadensersatz aus § 823 Abs. 1 haben.
Voraussetzungssatz	Die Haare müssten Teil des von § 823 Abs.1 geschützten Rechtsgutes Körper sein.
Subsumtionssatz	Die Haare sind Teil des menschlichen Körpers. Der Körper schützt die Körpersubstanz. Zum Körper zählen neben den belebten auch die unbelebten Hornteile wie Haare, Nägel. Diese Körperverletzung hat B ohne Rechtfertigungsgrund und vorsätzlich begangen.
Folgesatz	Deshalb liegt eine Körperverletzung nach § 823 Abs. 1 vor.

Beim Gutachten führt der Lösungsweg von der Anspruchsgrundlage über die Subsumtion des Sachverhalts unter die Anspruchsgrundlage und das weitere Entscheidungsprogramm zum Ergebnis. Die Prüfung der § 823 Abs. 2 i. V. m. § 229 StGB und § 847 hat zu folgen.

Das Gutachten beginnt mit der Frage und endet mit der Antwort.

Das Gutachten unterscheidet sich vom Urteil. Beim Urteil wird das Ergebnis an den Anfang gestellt. Im Anschluss daran wird begründet, wie dieses Ergebnis gefunden wurde. Jedem Urteil geht gedanklich ein Gutachten voraus. Im Gutachten wird das Ergebnis schrittweise entwickelt, das im Urteil an den Anfang gestellt wird. Wobei in der Falllösung aus Zeit- und Raumgründen der oben dargestellte Denkschritt von Fragesatz - Voraussetzungssatz - Subsumtionssatz - Folgsatz nur dort so ausführlich gehandhabt wird, wo die Problematik dies erfordert. Ansonsten kann die Darstellung knapp gehalten werden.

Anders als im Urteil arbeitet sich das Gutachten erst an das Ergebnis heran: Eine in Betracht gezogene Anspruchsgrundlage wird an den Anfang gestellt. Es wird die Möglichkeit geprüft, ob diese Anspruchsgrundlage eingreift. Diese Anspruchsgrundlage mit ihren Tatbestandsmerkmalen leitet die weitere Prüfung. Sie gibt den Rahmen für die erforderliche Subsumtion. Nicht umsonst heißt es *Das Gesetz leitet die Prüfung*[3]. Die Lösung ist aus dem Gesetz herzuleiten. Nur wer mit dem Gesetz als Aufhänger arbeitet, vermeidet ein Abschweifen der Gedanken, vermeidet die Erörterung von Gesichtspunkten, die für die Lösung unwichtig sein. Darin

---

[3] Schmalz S. 85

unterscheidet sich ein Rechtsgutachten von einem Besinnungsaufsatz. Das Gutachten gewinnt hierdurch an Überzeugungskraft.

Im Beispiel wurde dies durch den Fragesatz *Der Anspruch könnte sich aus § 823 Abs. 1 ergeben* verdeutlicht. Das Gutachten wird geleitet von der Hypothese, dass sich ein Anspruch aus der Anspruchsgrundlage ergeben kann. Diese Gutachtenshypothese kann stilistisch unterstrichen werden durch Formeln wie *Ein Anspruch könnte bestehen aufgrund... Ein Anspruch kommt in Betracht aus... Zu prüfen ist ein Anspruch aus...Zu überlegen ist, ob...Es ergibt sich möglicherweise ein Anspruch aus....*

Im Fragesatz wird bereits die Anspruchsgrundlage aufgeführt, die eine Antwort auf die Fragestellung zu geben vermag. Schrittweise ist die Anspruchsgrundlage und darüber hinaus das Entscheidungsprogramm zu entwickeln. Ist ein Tatbestandsmerkmal der Anspruchsgrundlage nicht erfüllt oder greift eine Gegennorm ein, wird die Rechtsfolge nicht ausgelöst. Der Folgesatz stellt fest, dass der Anspruch nicht besteht.

Ergibt die schrittweise Abprüfung hingegen, dass die Tatbestandsmerkmale der Anspruchsgrundlage vorliegen und keine Gegennorm zum Zuge kommt, greift die von der Anspruchsgrundlage vorgesehene Rechtsfolge ein. Im Folgesatz ist die Feststellung auszusprechen, dass der Anspruch besteht.

Diese Schlussfolgerungen von der Gutachtenshypothese, über die Anspruchsgrundlage hin zum Folgesatz kann stilistisch durch Formulierungen wie *somit, folglich, also, deshalb, danach, mithin, darum, weshalb* oder *es folgt daraus, ... es ergibt sich daraus...*hervorgehoben werden.

Beispiel: Der Zahlungsanspruch könnte sich aus § 433 Abs. 2 ergeben. Ein Anspruch auf Kaufpreiszahlung erfordert, dass der Anspruchsteller V mit dem Anspruchsgegner K einen Kaufvertrag abgeschlossen hat. Ein Vertrag setzt nach § 145 Angebot und Annahme voraus. V hat dem K beim gemeinsamen Gespräch die Lieferung des Fernsehgerätes für 1.000 DM angeboten. K hat das Angebot mit den Worten *Ich erwarte Ihre Lieferung alsbald* angenommen. Nach §§ 133, 157 sind diese Worte dahin zu verstehen, dass K das Gerät zu der von V genannten Zahlungsbedingung erwerben will. Der Kaufvertrag wurde wirksam abgeschlossen, weshalb der geltend gemachte Kaufpreisanspruch entstanden ist.

Der Gutachtenstil mit der Gutachtensypothese am Anfang verleitet gerne zur Verwendung des Konjunktivs *könnte, dürfte, müsste*. Die häufige Verwendung des Konjunktivs verleiht der Falllösung einen pathetischen Eindruck. Es wirkt sprachlich überzogen. Deshalb sollte vom Konjunktiv nur zurückhaltend Gebrauch gemacht werden.

Der Gutachtenstil betont die Rechtssuche, die Frage nach der Lösung des Falles. Ihm ist zugleich etwas Zweifelndes, Unsicheres eigen. Er verführt zu breiten Ausführungen. Breite Ausführungen sind bei den problematischen Schwerpunkten der Falllösung erforderlich und angezeigt. Es darf hingegen bei eindeutigen Ergebnissen und unproblematischen Feststellungen zum Urteilsstil gegriffen werden. Breite Ausführungen sind auf die Rechtsprobleme des Falles zu beschränken.

Wurde die gekaufte Sache vor Übereignung an den Käufer K von von einer dritten Person S zufällig zerstört, kann der Schadensersatzanspruch des Käufers K gegen S damit abgetan werden: *Ansprüche aus § 823 Abs. 1 des K gegen S entfallen, da K noch kein Eigentum erlangt hat.*

VIII. Darstellung

Literatur: *Diederichsen* Die BGB-Klausur S. 110 ff; *Wörlen* Anleitung S. 25 ff

In Klausuren ist ein Korrekturrand von einem Drittel der Seite freizulassen. Die Seiten sind nur einseitig zu beschriften. Es ist auf Leserlichkeit zu achten. Unleserlichkeit geht zu Lasten der Studierenden.

Die gedankliche Gliederung nach Zwei-Personen-Verhältnissen, Anspruchsgegenständen und Anspruchsgrundlagen ist durch eine optische Gliederung zu unterstreichen. Überschriften sind empfehlenswert, wenn Ansprüche gegenüber verschiedenen Personen zu prüfen sind. Die Prüfung verschiedener Anspruchsgrundlagen kann durch Bezifferung und Absätze optisch klar getrennt werden. Zunehmend bürgert sich als Gliederungshilfe die Angabe der zu prüfenden Anspruchsgrundlage in einer Zwischenüberschrift ein.

Die gedankliche Gliederung wird durch die optische Gliederung gefördert

Die Gliederung bietet eine wirksame Vorkehr gegen Ausführungen an unpassender Stelle und gegen Gedankensprünge. Aus der äußeren Form kann oftmals auf die Klarheit der Gedankenführung geschlossen werden.

Bestehen gegen einen Anspruch verschiedene Einwendungen sind diese ebenfalls durch Absätze, weitere Ziffernuntergliederungen oder ein alphabetisches System voneinander abzugrenzen. Das Ergebnis ist am Schluss zusammenzufassen.

Eine überzeugende Gedankenführung wird durch eine klare, prägnante Sprache wirkungsvoll unterstrichen. Rechtstechnische Begriffe sind richtig zu verwenden. Auf Genauigkeit des Ausdrucks ist zu achten. Statt Kauf eines Hauses muss nach § 94 Abs. 1 S. 1 vom Kauf eines Grundstücks gesprochen werden. Es ist verwirrend, wenn vom Leihwagenvertrag nach § 535 die Rede ist.

Die Subsumtion unter das Entscheidungsprogramm setzt die Abstimmung mit dem Sachverhalt voraus. Der Sachverhalt ist zur Begründung heranzuziehen und auszuschöpfen. Das bloße Nacherzählen des Sachverhalts ersetzt nicht die Begründung anhand des Sachverhalts.

Wie der Sachverhalt ist auch der Gesetzestext nicht wiederzugeben. Beide sind als bekannt vorauszusetzen. Zumeist es ist überflüssig, die Tatbestandsvoraussetzungen in Form eines Wenn-Satzes anzugeben. B hat einen Schadensersatzanspruch aus

§ 823 Abs. 1, wenn A ihn an einem geschützten Rechtsgut rechtswidrig und schuldhaft verletzt hat und dem A ein Schaden entstanden ist.

Dies bewirkt letztlich nur eine Gesetzeswiedergabe mit anderen Worten. Solche Ausführungen sind ohne eigenen sachlichen Gehalt. Sie belasten die Falllösung, ohne sie einen Schritt voranzubringen. Nur der Umfang der Falllösung wächst, ohne dass diese an Inhalt und Tiefe gewinnt.

Hinter jedem Tatbestandselement eines Entscheidungsprogramms verbergen sich theoretisch eine Vielzahl denkbarer Rechtsprobleme. Gleichwohl müssen und dürfen diese nicht in jedem Fall in aller Breite abgehandelt werden. Der Erörterung bedürfen nur die im konkreten Fall relevanten Probleme. Hierauf ist der Schwerpunkt der Ausarbeitung zu legen. Darin offenbart sich das Gespür, Wesentliches von Unwesentlichem zu unterscheiden. Es zeigt sich die Fähigkeit, erlerntes abstraktes Wissen auf einen konkreten Fall anzuwenden. Überflüssige Ausführungen zu unerheblichen Scheinproblemen sind Ausdruck einer Unsicherheit bei der Rechtsanwendung. Statt Qualität der Rechtsausführungen wird Quantität in Worten geboten.

Der Vater hat seinem Sohn mit Handschlag versprochen, ihm zu Weihnachten ein Auto zu schenken. Als das Versprechen an Weihnachten nicht erfüllt wird, fragt der Sohn nach seinen Ansprüchen. Aus der Fülle der möglichen Probleme bei der Wirksamkeit von Willenserklärungen und Verträgen wie

- Handlungs-, Erklärungs- und Geschäftswille
- Rechtsbindungswille
- Geschäftsfähigkeit
- Abgabe und Zugang von Willenserklärungen
- Gesetzes- und Sittenwidrigkeit von Rechtsgeschäften
- Form

ist die im konkreten Fall greifbare und entscheidungsrelevante Problematik zum Formerfordernis eines Schenkungsversprechens nach §§ 518, 125 abzuhandeln. Andere Erwägungen zur Problematik der Abgabe von Willenserklärungen finden im Sachverhalt keinerlei Anhaltspunkte. Sie wären abwegig und würden die Fallbearbeitung nur unnötig aufblähen.

Das Prinzip der Anspruchsgrundlagenkonkurrenz macht es erforderlich, alle in Betracht kommenden Anspruchsgrundlagen durchzuprüfen. Auch hier empfiehlt es sich, Schwerpunkte nach dem Wesentlichkeitsprinzip zu setzen. Wurde ein Anspruch bereits aus § 823 Abs. 1 hergleitet und liegt § 823 Abs. 2 auf der Hand, kann dieser Anspruch in aller Kürze, in einem Satz, dargestellt werden.

Bei der Abprüfung verschiedener Anspruchsgrundlagen kann ein Problem immer wieder auftauchen: Bei § 985 und § 823 Abs. 1 kann gleichermaßen die Frage bedeutsam werden, ob der Anspruchsteller Eigentümer ist. Wurde diese Frage bereits bei § 985 abgehandelt, kann bei der Prüfung des § 823 Abs. 1 hierauf verwiesen werden. Es ist überflüssig, das bei einer Anspruchsgrundlage bereits abgehandelte Problem nochmals in aller Breite zu erörtern, sollte es bei einer anderen Anspruchsgrundlage wiederum von Bedeutung sein. Es darf dann auf das bereits gefunden Ergebnis verwiesen werden.

Gerade bei einer umfangreichen Anspruchsgrundlagenkonkurrenz, wie sie bei den deliktischen Ansprüchen der §§ 823 ff anzutreffen ist, bietet sich hierüber die Möglichkeit zu einer straffen Darstellung der Falllösung. Eine straffe Darstellung dient der Übersichtlichkeit und fördert die Verständlichkeit und Überzeugungskraft der gefundenen Lösung.

Die Ausarbeitung der Lösung hat den Gesichtspunkten der

Wesentlichkeit - Klarheit - Prägnanz - Vollständigkeit

zu folgen.

An den Anfang der Ausarbeitung ist die exakt zitierte Anspruchsgrundlage zu stellen, und es ist daraus das Entscheidungsprogramm zu entwickeln. Das Entscheidungsprogramm mit seinen Tatbestandsmerkmalen aus Anspruchsgrundlage, Gegennorm und Hilfsnormen leitet die Prüfung. Die Anspruchsgrundlage ist der Aufhänger der Prüfung. Nur Ausführungen, die sich auf die Anspruchsgrundlage und das Entscheidungsprogramm beziehen, gehören in die Falllösung. Alle anderen Ausführungen sind unerheblich, fehl am Platz und damit falsch.

Wird die Anspruchsgrundlage an den Anfang der Abprüfung gestellt, vermittelt dies dem Leser von vornherein darüber Klarheit, was Gegenstand der Prüfung ist. Leser und Bearbeiter haben eine gemeinsame Zielvorgabe vor Augen. Es ist der Verständlichkeit abträglich, wenn erst nach langen Ausführungen klar wird, was das Ziel der Prüfung ist, um was es eigentlich geht.

Es gilt der Grundsatz, dass jeder Satz in der Ausarbeitung ein weiterer Schritt auf dem Weg hin zur Lösung des Falles sein muss. Dieses Vorgehen vermittelt der Lösung den Eindruck der Schlüssigkeit und Zwangsläufigkeit. Häufig spricht man vom roten Faden, der die Falllösung durchziehen muss. Jede unpassende, unnötige Erwägung unterbricht die Schlüssigkeit. Die Ausführungen sollen klar verständlich, knapp und sachlich sein. Komplizierte und unverständliche Darstellungen legen die Schlussfolgerung nahe, dass der Verfasser selbst nicht weiß, um was es geht und die Lösung nicht durchdacht ist.

IX. Zusammenfassung

Rechtsfälle können von ihrer Sachverhaltsgestaltung und Rechtsproblematik aus höchst unterschiedlich gestaltet sein. Dies darf nicht darüber hinweg täuschen, dass sich die Lösung von Rechtsfällen immer in derselben Schrittfolge vollzieht, so unterschiedlich sie vom Inhalt her sein mögen:

1. Der Sachverhalt ist exakt zu erfassen.
2. Aus dem Sachverhalt ist die Fragestellung zu erarbeiten.
3. Alle in Betracht kommenden Anspruchsgrundlagen sind heranzuziehen, die möglicherweise eine Antwort auf die Fragestellung geben können.

Beim Aufsuchen der möglichen Anspruchsgrundlagen hilft das Aufbauschema

- Ansprüche aus Vertrag
- Ansprüche aus vertragsähnlichen Verhältnissen
- Dingliche Ansprüche
- Gesetzliche Ansprüche

als Prüfungsraster. Das Prüfungsraster entbindet nicht von der Kenntnis der einzelnen Anspruchsgrundlagen sondern setzt diese voraus. Fundierte Gesetzeskenntnisse sind unverzichtbar. Anhand des Prüfungsrasters ist die Frage zu prüfen, ob Ansprüche aus den einzelnen Kategorien in Betracht kommen, damit keine Anspruchsgrundlagen übersehen werden. Es bietet obendrein ein Aufbauschema für die Reihenfolge, in der die verschiedenen Anspruchsgrundlagen abzuprüfen und im Gutachten darzustellen sind.
Zu jeder Anspruchsgrundlage sind die im konkreten Fall in Betracht kommenden Hilfsnormen und Gegennormen heranzuziehen.

4. Das Entscheidungsprogramm aus Anspruchsgrundlage, Gegennormen und Hilfsnormen ist zusammenzustellen
5. Dieses Entscheidungsprogramm ist für jede der in Betracht kommenden Anspruchsgrundlagen zu erstellen

Auch die Hilfsnormen und Gegennormen zu einer Anspruchsgrundlage sind untereinander in ein schlüssiges Aufbauschema zu gliedern.

Gerade bei den Gegennormen ist unter dem Gesichtspunkt der logischen Priorität die Reihenfolge

- rechtshindernde Gegennormen
- rechtsvernichtende Gegennormen
- rechtshemmende Gegennormen

zu beachten.

6. Zwischen mehreren Anspruchsgrundlagen und Gegennormen ist die logische Priorität zu wahren

Nach diesen Vorüberlegungen zur Falllösung beginnt die Arbeit an der eigentlichen Falllösung.

7. Die Falllösung ist in der Form eines Gutachtens darzustellen

Eine äußere Gliederung fördert die innere Klarheit. Eine äußere Gliederung nach

- Zwei-Personen-Verhältnissen
- Gegenständen
- Anspruchsgrundlagen

und eine klare, prägnante Formulierung fördern die Verständlichkeit des Gutachtens und die Akzeptanz der Darstellung.

8. Das Gutachten ist zu gliedern

Die äußere Gliederung weist den Ausführungen ihren Platz zu und vermeidet Gedankenkreisen sowie unnötige Wiederholungen. Die äußere Gliederung gewinnt durch Überschriften.

X. Übersichten

Um bei einer Fallbearbeitung das spezifische Entscheidungsprogramm aufzustellen, bedarf es Kenntnisse über die einschlägigen Anspruchsgrundlagen und die in Betracht kommenden Gegennormen. Die folgende Zusammenstellung der

- wichtigsten Anspruchsgrundlagen im BGB und
- wichtigsten Gegennormen im BGB

soll eine Orientierung über die im Studium und für die Praxis wichtigsten Normen geben. Die Anspruchsgrundlagen sind nach Arten gegliedert. Diese Gliederung nach Arten ist relevant für den Aufbau und die Prüfungsreihenfolge in der Falllösung: Vorrangig sind vertragliche, dann vertragsähnliche, dingliche und zuletzt gesetzliche Ansprüche zu prüfen.

Die Gegennormen sind nach ihrer Funktion gegliedert in

- rechtshindernde Gegennormen
- rechtsvernichtende Gegennormen und
- rechtshemmende Gegennormen.

Diese Gliederung ist ebenfalls für die Prüfungsreihenfolge von Bedeutung: Nur wenn ein Anspruch entstanden ist, kann eine rechtsvernichtende Gegennorm eingreifen. Eine rechtshemmende Gegennorm wird erst relevant, wenn der entstandene Anspruch nicht untergegangen ist.

Die Prüfungsreihenfolge ist nicht nur zwischen verschiedenen Anspruchsgrundlagen und Gegennormen zu bedenken. Selbst zwischen den Tatbestandsmerkmalen einer Rechtsnorm kann eine logische Prüfungsreihenfolge bestehen, wie in der Aufstellung über logische Prüfungsreihenfolge in Normen gezeigt wird.

1. Anspruchsgrundlagen

a. Ansprüche auf Erfüllung

aus typischen Verträgen

§ 433 Kaufvertrag

§ 444 Auskunftspflicht über den Kaufgegenstand

§ 515 Tausch

§ 516 Schenkung

§ 535 Miete

§ 598 Leihe

§ 607 Darlehen

§ 611 Dienstvertrag

§ 631 Werkvertrag

§ 662 Auftrag

§ 662 Auskunftspflicht des Beauftragten

aus atypischen Verträgen

§ 305 i. V. m. Vertragsklausel

b. Ansprüche auf Herausgabe

aus Vertrag

§ 281 des Surrogats

§ 444 Herausgabe von Beweisurkunden über den Kaufgegenstand

Beendigung vertraglicher Besitzverhältnisse

§ 556 Rückgabe der Mietsache

§ 604 Rückgabepflicht aus Leihe

§ 667 Herausgabepflicht des Beauftragten

§ 695 Rückforderungsrecht des Hinterlegers

Rückabwicklung vertraglicher Besitzverhältnisse

§ 346 i. V. m. §§ 327, 326, 325 vertraglicher und gesetzlicher Rücktritt

§§ 467, 462 Wandelung des Kaufvertrages wegen Mängelgewährleistung

§ 528 Rückforderung des Geschenkes wegen Verarmung des Schenkers

§ 634 Abs. 4 Wandelung des Werkvertrages wegen Mängelgewährleistung

dinglichem Recht

§ 985 Herausgabeanspruch des Eigentümers

§ 861 Anspruch wegen Besitzstörung

§ 1007 Ansprüche des früheren Besitzers

§§ 1368, 1369 Abs. 3 i. V. m. § 985 Herausgabeanspruch des Ehegatten

gesetzlichem Schuldverhältnis

§§ 812, 816 Kondiktion des Erlangten

§§ 823 ff Schadensersatz im Wege der Naturalrestitution

c. Ausgleichsansprüche

aus Vertrag

§ 304 Ersatz von Mehraufwendungen bei Annahmeverzug

§ 347 Verwendungsersatz beim Rücktritt

§§ 467, 347 Verwendungen auf den Kaufgegenstand bei Wandelung des Kaufvertrages

§ 450 Ersatz von Verwendungen auf die Kaufsache

§ 538 Abs. 2 Ersatz von Aufwendungen zur Mangelbeseitigung an der Mietsache

§ 547 Ersatz von Verwendungen auf die Mietsache

§ 601 Ersatz von Verwendungen auf die Leihsache

§ 633 Verzug des Unternehmers mit der Mangelbeseitigung

§ 642 Entschädigung wegen unterlassener Mitwirkung beim Werkvertrag

§ 670 Ersatz von Aufwendungen des Beauftragten

§ 693 Ersatz von Aufwendungen des Verwahrers

aus dinglichem Recht

§ 994 Verwendungsersatzanspruch im Eigentümer-Besitzer-Verhältnis

§ 1049 Verwendungsersatzanspruch des Nießbrauchers

§ 1216 Verwendungsersatzanspruch des Pfandgläubigers

aus Gesetz

§ 812 Verwendungskondiktion

d. Ansprüche auf Schadensersatz

aus Vertrag

§§ 463, 480 Abs. 2 Schadensersatz bei Mängeln der Kaufsache

§ 538 Schadensersatz wegen Mängel der Mietsache

§ 635 Schadensersatz wegen Nichterfüllung bei Mangel des Werkes

§ 286 Verzugsschaden

§ 326 Schadensersatz wegen Nichterfüllung bei Verzug

§§ 280, 325 Schadensersatz bei Unmöglichkeit

pFV Schadensersatz wegen Schlechterfüllung eines Schuldverhältnisses

aus vertragsähnlichem Verhältnis

§ 122 Ersatz des Vertrauensschadens bei Anfechtung

§ 304 Ersatz des Vertrauensschadens bei anfänglicher Unmöglichkeit

§ 309 Ersatz des Vertrauensschadens bei gesetzwidrigem Vertrag

§ 179 Haftung des Vertreters ohne Vertretungsmacht

cic Haftung aus Verschulden bei Vertragsschluss

dinglichem Recht

§ 989 Schadensersatzanspruch im Eigentümer-Besitzer-Verhältnis

aus Gesetz

§§ 823 ff

e. Ansprüche auf Unterlassen

aus typischem Vertrag

§ 550 vertragswidriger Gebrauch des Mieters

§ 590 a vertragswidriger Gebrauch der Pachtsache

aus atypischem Vertrag

§ 305 i. V. m. Vertragsklausel vertraglicher Unterlassungsanspruch

dinglichem Recht

§ 862 Besitzstörung

§ 1004 Beeinträchtigung des Eigentums

§ 1027 Beeinträchtigung der Grunddienstbarkeit

§ 1090 Abs. 2 Beeinträchtigung der beschränkt persönlichen Dienstbarkeit

§ 1227 Beeinträchtigung des Pfandrechts

aus Gesetz

§ 12 Verletzung des Namensrechts

§§ 823, 12, 862, 1004 analog Verletzung absoluter Rechte

2. Die wichtigsten Gegennormen im BGB

a. Rechtshindernde Gegennormen

Nichtigkeit

§ 105 Willenserklärung eines Geschäftsunfähigen

§ 111 einseitiges Rechtsgeschäft eines beschränkt Geschäftsfähigen

§ 117 Abs. 1 Scheingeschäft

§ 118 Mangel der Ernstlichkeit

§ 125 Formmangel

§ 134 Verstoß gegen ein gesetzliches Verbot

§ 138 sittenwidriges Rechtsgeschäft

§ 306 anfängliche Unmöglichkeit

§ 154 offener Einigungsmangel

schwebende Unwirksamkeit

§ 108 Abs. 1 Vertragsschluss des beschränkt Geschäftsfähigen ohne Einwilligung

§ 177 Abs. 1 Vertragsschluss des Vertreters ohne Vertretungsmacht

§ 181 Selbstkontrahieren

§ 185 Abs. 2 Verfügung eines Nichtberechtigten

relative Unwirksamkeit

§§ 135, 136 Verstoß gegen ein Veräußerungsverbot

b. rechtsvernichtende Gegennormen

Anfechtung

§ 142 Wirkung der Anfechtung

Erfüllung und Surrogate

§§ 362, 267 Erlöschen durch Leistung

§ 387 Aufrechnung

§ 397 Erlass

Rücktritt und Wandelung

§ 346 vertragliches Rücktrittsrecht

§§ 467, 462 Wandelung wegen Mängelgewährleistung im Kaufvertrag

§ 645 Wandelung wegen Mängelgewährleistung im Werkvertrag

Aufhebungsvertrag

§ 305 vertragliche Aufhebung eines Schuldverhältnisses

Zeitablauf

§ 158 Abs. 2 Befristung

§ 564 Abs. 1 befristeter Mietvertrag

§ 620 Abs. 1 befristeter Dienstvertrag

Ablauf von Ausschlussfristen

§§ 121 Abs. 1, 124 Abs. 1 Ablauf der Anfechtungsfrist

§ 626 Abs. 2 Ablauf der Ausschlussfrist für den Ausspruch der fristlosen Kündigung

§ 651 g Ausschlussfrist für Ansprüche aus Reisevertrag

Kündigung

§§ 564 Abs. 2, 542, 544, 553, 554, 554 a Kündigung des Mietvertrages

§§ 620 Abs. 2, 626 Kündigung des Dienstvertrages

§ 671 Kündigung des Auftrags

Unmöglichkeit

§ 275 Wegfall der Leistungspflicht bei Unmöglichkeit

§ 323 Abs. 1 Wegfall der Gegenleistungspflicht bei Unmöglichkeit

Verzug

§§ 286 Abs. 2, 326 Abs. 2 Ablehnung der Leistung wegen Interessewegfall bei Verzug

§ 326 Abs. 1 S. 2 Ausschluss des Erfüllungsanspruchs nach erfolgloser Fristsetzung mit Ablehnungsandrohung

Verwirkung

§ 242 rechtsmissbräuchliche Geltendmachung von Ansprüchen

c. Rechtshemmende Gegennormen

dauernde Einreden

§§ 222 i. V. m. Verjährungsfristen Erhebung der Verjährungseinrede

§ 478, 853 Erhaltung der Mängeleinrede

vorübergehende Einreden

§§ 273, 320 Zurückbehaltungsrechte

§ 271 Stundung

3. Beispiele für logische Prüfungsreihenfolge in Normen

§ 107	1. rechtlicher Vorteil 2. Zustimmung nur rechtlich nachteilige Geschäfte bedürfen der Zustimmung rechtlich vorteilhafte Geschäfte bedürfen keiner Zustimmung
§ 326 Abs. 1	1. Leistungspflicht aus gegenseitigem Vertrag im Gegenseitigkeitsverhältnis 2. Verzug mit Erfüllung der Leistungspflicht 3. Fristsetzung mit Ablehnungsandrohung
§ 462	1. Mangel nach § 459 2. Kenntnis des Käufers vom Mangel nach § 460
§ 538 Abs. 1, 1. Alt.	1. Mangel 2. Vorliegen des Mangels bei Abschluss des Vertrages
§ 538 Abs. 1, 2. Alt.	1. Mangel 2. Vorliegen des Mangels nach Abschluss des Vertrages 3. Vertretenmüssen des Mangels
§ 538 Abs. 1, 3. Alt.	1. Mangel 2. Vorliegen des Mangels nach Abschluss des Vertrages 3. Verzug mit Beseitigung des Mangels
§ 635	1. Mangel des Werkes 2. Mangel ist vom Unternehmer zu vertreten 3. Fristsetzung zur Mangelbeseitigung mit Ablehnungsandrohung
§ 812 Abs. 1 S. 1, 1. Alt.	1. Etwas erlangt 2. Erlangt durch Leistung 3. Leistung ohne Rechtsgrund
§ 823 Abs. 1	1. Tatbestandsmäßigkeit, d. h. Verletzung eines geschützten Rechtsguts 2. Rechtswidrigkeit rechtswidrig sind nicht Handlungen schlechthin, sondern nur Handlungen, die ein geschütztes Rechtsgut verletzen 3. Verschulden ein Schuldvorwurf trifft nur rechtswidrige Handlungen, nicht jedoch Handlungen, die von einem Rechtfertigungsgrund gedeckt sind 4. Schaden gedeckt ist nur der Schaden, der aus einer Rechtsgutsverletzung folgt

Fälle und Lösungen

Die Ausführungen zum **Umgang mit Rechtsnormen** zeigen auf, welche Arten von Rechtsnormen es gibt und wie diese zusammenwirken. Die Kenntnis über die Arten der Rechtsnormen und ihre Funktionen befähigt dazu, Probleme und Fälle systematisch einer Lösung zuzuführen.

Die Erläuterungen zur **Fallbearbeitung** zeigen auf, wie ein konkreter Fall Schritt für Schritt zu bearbeiten und einer Lösung zuzuführen ist. Es wird weiter beschrieben, wie die gefundene Falllösung überzeugend dargestellt wird. Die richtige Lösung gewinnt durch eine schlüssige und klare Darstellung.

Zur Vertiefung dieses theoretischen Rüstzeugs für die Fallbearbeitung folgen nun **Fälle und Lösungen**. Anhand der Fälle können die erworbenen Kenntnisse über die Fallbearbeitung angewandt werden. Die Musterlösungen zeigen den Lösungsweg auf. Sie zeigen Möglichkeiten auf, wie die gefundene Lösung schlüssig und verständlich dargestellt werden kann. Auf Ausführungen zu Theorienstreit und auf detaillierte Begründungen wurde bewusst verzichtet, damit die Leser und Leserinnen nicht die Übersicht über die verschiedenen Lösungsschritte und den Zusammenhang zwischen den einzelnen Ausführungen verlieren.

Den Fällen liegen examenswichtige Probleme zugrunde wie

- Abschluss von Verträgen
- Einbeziehung von AGB
- Nicht- und Schlechterfüllung
- Kaufvertrag
- Mietvertrag
- Darlehen
- Werkvertrag
- Leihe
- Eigentumserwerb
- Bestellung von Sicherheiten
- Ungerechtfertige Bereicherung

Die Falllösung setzt neben den Kenntnissen der Lösungstechniken Kenntnisse des materiellen Rechts voraus. Die Stichworte in den Fallüberschriften geben Anhaltspunkte auf die geforderten Kenntnisse und Hinweise zur Vertiefung.

Tod einer Hausfrau

Deliktische Ansprüche - Drittschäden - entgangene Haushaltsführung

Sachverhalt

Die 56-jährige Hausfrau Franziska Friedrich (F) wurde von dem stockbetrunkenen Radfahrer Herrn Richter (R) bei einem Spaziergang im Park angefahren. R war auf einem feuchten Kiesweg zu schnell gefahren. Trotz ausreichender Breite des Weges fuhr er wie magisch angezogen auf die F zu. Da er die Bremse nicht mehr finden konnte, kam es zu dem Zusammenstoß. F stürzte und erlitt schwere Kopf- und Rückenverletzungen. Einen Monat lang lag sie auf der Intensivstation einer Unfallklinik im Koma. Sie verstarb schließlich, ohne das Bewusstsein wieder erlangt zu haben.

Frau F hat den Haushalt für sich und ihren Ehemann Emil Friedrich (E) geführt. Nach dem Unfall von Frau F sieht ihre Schwester im Haushalt gelegentlich nach dem Rechten. Ansonsten behilft sich E mehr schlecht wie recht selbst.

E ist der Alleinerbe der F. E, ein selbständiger Geschäftsmann, hatte für sich und seine Ehefrau keine Krankenversicherung abgeschlossen.

Frage: E möchte wissen, welche Ansprüche er gegen R wegen des Unfallereignisses und dem Tod seiner Frau stellen kann?

Lösung

I. Ansprüche des E gegen R als Erbe der F

1. § 1922 Abs. 1, 823 Abs. 1

E kann als Erbe der F nach §§ 1922 Abs. 1, 1931 Abs. 2 die der F aus dem Unfallereignis erwachsenen deliktischen Schadensersatzansprüche geltend machen. Der Ehemann E ist Erbe seiner verstorbenen Frau. Im Wege der Erbfolge sind alle in der Person der F zu ihren Lebzeiten entstandenen Ansprüche auf ihren Erben E übergegangen.

Der F könnte ein Anspruch aus § 823 Abs. 1 zugestanden haben. R hat die F am Kopf und Rücken verletzt. Die Rechtswidrigkeit ist indiziert. Bedenken könnten hinsichtlich der Deliktsfähigkeit des R nach § 827 S. 1 bestehen. Seine Verantwortlichkeit könnte durch erheblichen Alkoholgenuss zum Zeitpunkt des Unfallereignisses ausgeschlossen sein. R war stockbetrunken. Nach § 827 S. 2 bleibt bei alkoholbedingter Einschränkung der Verantwortlichkeit die Geltendmachung von Schadensersatzansprüchen aus unerlaubter Handlung wegen Fahrlässigkeit bestehen. R handelte fahrlässig nach § 276 Abs. 1 S. 2. Er verstieß gegen die im Verkehr erforderliche Sorgfalt, als er die Geschwindigkeit nicht den schwierigen Verhältnissen auf dem Kiesweg anpasste. Er hätte der Fußgängerin ausweichen müssen. Gegen diese Pflicht zur Rücksichtnahme verstieß er, weil er sein Rad nicht beherrschte.

R hat die aus der Körperverletzung der F nach § 249 S. 2 entstandenen Krankenhauskosten zu tragen. Nach der Differenzhypothese errechnet sich der Schaden aus den der F entstandenen Nachteilen abzüglich der aus demselben Schadensereignis erwachsenen Vorteile. Es sind deshalb die ersparten Aufwendungen der F für ihre Lebensführung während des Krankenhausaufenthaltes in Abzug zu bringen.

Es stellt sich die Frage, ob der F nicht auch ein entgangener Gewinn nach § 252 zu erstatten war. Als Hausfrau erhielt die F kein Arbeitsentgelt, das ihr während ihres Krankenhausaufenthaltes entgehen konnte. Auch erwirtschaftete sie keinen Gewinn. Nach der Differenztheorie auf der Grundlage des natürlichen Schadensbegriffs führte der Wegfall ihrer Hausfrauentätigkeit für sie keinen konkreten wirtschaftlichen Nachteil in ihrem Vermögen herbei. Andererseits ist die Haushaltsführung eine geldwerte Tätigkeit, wie der Vergleich mit den Kosten einer Haushaltshilfe belegt. Dieser Vergleich wird bestärkt durch eine Betrachtung des § 1360. Die Hausfrau erfüllt durch die Haushaltsführung ihre Verpflichtung, zum Unterhalt der Familie beizutragen. Die Haushaltsführung durch den einen Ehegatten ist der Erwerbstätigkeit durch den anderen Ehegatten im Unterhaltsrecht gleichwertig und damit wie die Erwerbstätigkeit eine geldwerte Leistung. Die normative Wertung des § 1360 stellt die Haushaltsführung der Erwerbstätigkeit gleich, auch wenn für die Haushaltsführung traditionell kein Arbeitsentgelt entrichtet wird. Die Entscheidung über die Arbeitsteilung unter den Ehegatten, die Entscheidung für die Übernahme einer Erwerbstätigkeit bzw. die Übernahme der Haushaltsführung darf den Schädiger nicht entlasten[1]. F hatte einen Anspruch auf Ersatz für die unterbliebene Haushaltsführung vom Unfallereignis bis zu ihrem Tod. Dieser Anspruch ist auf ihren Erben E übergegangen

2. §§ 1922 Abs. 1, 823 Abs. 2 i. V. m. § 229 StGB

Ein weiterer Schadensersatzanspruch ergibt sich aus dem Verstoß gegen § 229 StGB *Fahrlässige Körperverletzung* als Schutzgesetz. § 229 StGB kommt drittschützende Wirkung zu. Es könnte eine Schuldunfähigkeit des R nach § 20 StGB vorliegen. Schuldunfähigkeit wegen seelischer Störungen, wie sie bei Trunkenheit vorzuliegen vermag, führt zum Ausschluss der Strafbarkeit. Der Ausschluss gilt anders als bei § 827 sowohl für Vorsatz- wie für Fahrlässigkeitstaten. § 20 StGB gilt alleine für die Frage der Strafbarkeit im Strafrecht [2]. Dies ergibt sich aus dem systematischen Zusammenhang der Vorschrift. Für die Frage der zivilrechtlichen Haftung und der erforderlichen Deliktsfähigkeit ist § 827 die einschlägige Regelung.

---

[1] BGHZ 1977 S. 117, 124; BGH NJW-RR 1990 S. 34, 35; Münchner Komm. - *Grunsky* Vor § 249 Anm. 23 m. w. N. und Anm. 28

[2] *Staudinger-Schäfer* Komm. § 823 Anm. 620

Für den Umfang der Schadensersatzansprüche gelten die oben unter I. 1. gemachten Ausführungen.

3. §§ 1922 Abs. 1, 847

F könnte ein Schmerzensgeldanspruch aus § 847 erwachsen sein. Durch eine unerlaubte Handlung nach § 823 Abs. 1 und nach § 823 Abs. 2 i. V. m. § 229 StGB erlitt F eine Körperverletzung. Der Anspruch könnte jedoch ausgeschlossen sein, weil F keine Schmerzen empfunden hatte, während sie im Koma lag. Entgegen der Überschrift des § 847 *Schmerzensgeld* setzt dieser Anspruch kein Schmerzempfinden voraus. Die Überschriften des BGB sind nicht-amtlicher Natur. Es sind reine Orientierungshilfen. Entscheidend ist der Gesetzeswortlaut, der von einem Nicht-Vermögensschaden spricht. F hat während ihres unfreiwilligen Krankenhausaufenthaltes die Möglichkeit zur freien Lebensgestaltung und zur Lebensfreude vollständig verloren. Dieser immaterielle Nachteil ist nach § 847 auszugleichen. § 847 hat nicht nur Ausgleichsfunktion für die Beeinträchtigung der Lebensqualität der Verletzten F. § 847 hat obendrein noch Genugtuungsfunktion für das Verhalten des R. Hier ist insbesondere dessen grob verkehrswidriges Verhalten zu berücksichtigen.

F hatte aufgrund des Unfallereignisses einen Anspruch auf Schmerzensgeld gegen R erlangt , der auf ihren Erben E übergegangen ist.

II. Ansprüche des E gegen R aus eigenem Recht

1. § 823 Abs. 1

Ein Anspruch des E scheidet aus, da er selbst an keinem seiner geschützten Rechtsgüter verletzt wurde. E hat einen reinen Vermögensschaden erlitten, der nicht von § 823 Abs. 1 gedeckt ist. Die Vorschrift gewährt nur Ersatz der Vermögensschäden, die aus der Verletzung eines eigenen geschützten Rechtsgutes erwachsen sind. An eigenen Rechtsgütern wurde die F verletzt. Deren, im Wege der Erbfolge auf E übergegangenen Ansprüche wurden oben dargestellt. E wurde nicht an seinen von § 823 Abs. 1 geschützten Rechtsgütern verletzt und hat deshalb keinen Anspruch aus § 823 Abs. 1.

2. § 844 Abs. 1

Für E könnte ein Anspruch auf Erstattung der Beerdigungskosten bestehen. § 844 Abs. 1 setzt voraus, dass ein Anspruch aus unerlaubter Handlung wegen einer Tötung besteht und Beerdigungskosten für die getötete Person erwachsen sind. R hat die F nach § 823 Abs. 1 an deren geschütztem Rechtsgut Leben verletzt. Dies geschah wie oben unter I. 1. gezeigt rechtswidrig und fahrlässig. Er haftet weiter nach § 823 Abs. 2 i. V. m. § 227 StGB wegen einer Schutzgesetzverletzung. Dem E müsste die Tragung der Beerdigungskosten obliegen haben. Nach § 1968 hatte E als Erbe der verstorbenen F die Beerdigungskosten zu tragen.

E hat hiernach einen Anspruch auf Ersatz der Beerdigungskosten.

3. § 844 Abs. 2

E könnte einen Anspruch auf entgangenen Unterhalt aus § 844 Abs. 2 haben. Die F müsste dem E zu Unterhaltsleistungen verpflichtet gewesen sein, die dem E durch ihren Tod entgehen. Nach § 1360 Abs. 1 war die F dem E zu Unterhaltsleistungen verpflichtet, die sie durch die Führung des Haushalts erbracht hat. E hat hiernach einen Anspruch auf Ersatz dieser entgangenen Unterhaltsleistung. Auf diesen wirtschaftlichen Nachteil muss er sich im Rahmen der Vorteilsausgleichung anrechnen lassen, was er seinerseits an Unterhaltsleistungen für die F nach § 1360 Abs. 1 erspart.

Damit hat E aus übergegangenem Recht als Erbe der F Anspruch auf die unterbliebene Haushaltsführung während des Krankenhausaufenthaltes der F und nach ihrem Tod Anspruch aus eigenem Recht wegen der entgangenen Unterhaltsleistungen.

4. § 845

Ein Anspruch hieraus entfällt. Die Ehefrau trifft keine gesetzliche Dienstleistungspflicht sondern eine Pflicht zur Unterhaltsleistung. Unterhaltsleistungen sind qualitativ und quantitativ verschieden von Dienstleistungen

Baustelle

Deliktsrecht- Verkehrssicherungspflicht - vertraglicher Haftungsausschluss - Mitverschulden

Sachverhalt

Herr Müller (M) will auf seinem Grundstück ein Eigenheim errichten. Die meisten Arbeiten erbringt er mit seinen Söhnen in Eigenleistung am Wochenende. Unter der Woche ruhen die Bauarbeiten. Die Baustelle bleibt in dieser Zeit unbewacht. M muss immer wieder feststellen, dass sich spielende Kinder auf dem Grundstück aufhalten. Er stellt deshalb ein Schild auf *Eltern haften für ihre Kinder*. Von der Errichtung eines Zaunes sieht er ab, um die Zufahrt für Lieferfahrzeuge nicht unnötig zu erschweren. Als der 6-jährige Karl (K) am Dienstag nachmittag vom nahe gelegenen Spielplatz nach Hause läuft, packt ihn die Neugier und er will die Baustelle erforschen.

Dabei stürzt er eine frisch ausgemauerte Regenwasserzisterne hinunter. Deren 1 m x 1 m große Öffnung war nach oben nicht abgedeckt. K hatte beim Herumstöbern auf der Baustelle die Öffnung übersehen. Er zieht sich einen komplizierten Beinbruch zu, dessen Heilung monatelang dauert.

Frage: Kann K Schmerzensgeld von M verlangen?

Lösung

Für K kommt ein Schmerzensgeldanspruch aus § 847 in Betracht, da er durch den Beinbruch eine erhebliche Körperverletzung erlitten hat.

a. M müsste den Tatbestand einer unerlaubten Handlung nach §§ 823 ff erfüllt haben.

Vorliegen könnte eine fahrlässige Körperverletzung nach § 823 Abs. 1 und § 823 Abs. 2 i. V. m. § 229 StGB. M hat den K nicht durch positives Handeln eine Körperverletzung zugefügt. Es könnte ein pflichtwidriges Unterlassen vorliegen. Ein Unterlassen ist nur von deliktsrechtlicher Bedeutung, wenn eine Rechtspflicht zum Handeln, eine Garantenpflicht, besteht, der nicht nachgekommen wurde.

M könnte eine Verkehrssicherungspflicht außer Acht gelassen haben. Die Verkehrssicherungspflicht erfordert es, alle objektiv erkennbaren Gefahren des eigenen Herrschafts- und Verantwortungsbereichs von Dritten fernzuhalten. M hat mit der Baustelle und der offenen Regenwasserzisterne eine Gefahrenquelle geschaffen. Gerade Baustellen mit offenen Gruben und Schächten bergen für Benutzer bekanntermaßen Gefahren. Es besteht das erkennbare Risiko, dass die Besucher die Grubenöffnung übersehen und in die Grube stürzen.

Verkehrssicherungspflichten bestehen jedoch grundsätzlich nur gegenüber den berechtigten Benutzern[1]. Unberechtigte Besucher und Benutzer haben sich von der Baustelle und deren Gefahrenquellen fern zu halten. Diese Einschränkung gilt nicht gegenüber spielenden Kindern[2]. Es ist allgemein bekannt, dass Baustellen auf Kinder anziehend wirken. Es müssen Sicherungsmaßnahmen gegen deren Forschungsdrang und Spieltrieb, deren Unerfahrenheit und Unbesonnenheit ergriffen werden, wenn bekannt oder zumindest erkennbar ist, dass Kinder das Grundstück zum Spielen benutzen. M wusste von der Anwesenheit spielender Kinder auf seinem Grundstück.

Mit dem Aufstellen des Schildes wollte M auf die spielenden Kinder reagieren, um diese von der Baustelle fern zu halten und Schadensereignisse zu vermeiden. Das Schild enthält keinen konkreten Warnhinweis. Es warnt vor keiner bestimmten drohenden Gefahr auf der Baustelle. Kleine Kinder wie der 6-jährige K können selbst Warnhinweise nicht verstehen und lassen sich erfahrungsgemäß durch Warnungen nicht von der Erforschung des Geländes abhalten. Spieltrieb und Neugier sind stärker als Warnungen. Die ergriffene Maßnahme war in Anbetracht des Aufenthaltes spielender Kinder auf der unbewachten Baustelle weder der Gefahrensituation angemessen noch ausreichend. Deshalb wären konstruktive Maßnahmen notwendig gewesen. Eine Abdeckung der Grube mit Bohlen u. a. hätte das konkrete Schadensereignis abzuwenden vermocht. K wäre beim Herumlaufen auf der Baustelle nicht in die Grube gestürzt. Eine solche Sicherungsmaßnahme wäre durch M ohne größeren Aufwand durchführbar gewesen.

M hat die Verkehrssicherungspflicht gegenüber Kindern auf der Baustelle verletzt. Die Rechtswidrigkeit ist indiziert. M handelte fahrlässig. Er wusste vom Aufenthalt spielender Kinder auf seinem Grundstück sowie der besonderen Gefahr, die von der offenen Regenwasserzisterne ausging.

b. Das aufgestellte Schild könnte zu einem vertraglichen Haftungsausschluss führen. Das Schild *Eltern haften für ihre Kinder* weist nur auf die Haftung der Eltern nach § 832 hin, sollte das Kind eine dritte Person widerrechtlich schädigen. Dies betrifft gerade nicht den Fall einer Schädigung des Kindes. Das Schild bringt keinen vertraglichen Haftungsausschluss nach §§ 133, 157 zum Ausdruck.

Im übrigen konnte der 6-jährige K keine Haftungsausschlussvereinbarung nach §§ 305, 104 Nr. 1 wirksam abschließen. Es fehlt ihm an der erforderlichen Geschäftsfähigkeit. Eine geschäftsunfähige Person kann keinerlei rechtserhebliche Willenserklärungen abgeben unabhängig von deren Inhalt. Er hat auch nicht als Erklärungsbote des M ein Angebot zum Abschluss einer Haftungsausschlussvereinbarung an seine Eltern übermittelt. Ein Haftungsausschluss mit K kam nicht zustande.

---

[1] BGH NJW 1966 S. 1456; BGH NJW 1985 S. 1078
[2] BGH NJW 1975 S. 108; OLG Stuttgart VersR 1977 S. 64 m. w. N.

c. Der Schmerzensgeldanspruch des K könnte nach § 254 Abs. 1 wegen eines eigenen Mitverschuldens des K bei der Schadensentstehung zu mindern sein. Beim Mitverschulden handelt es sich um kein Verschulden im technische Sinne nach § 276 sondern um einen Verstoß gegen eigene wohlverstanden Interessen. K hat seine eigenen Interessen außer Acht gelassen, als er sich in den Gefahrenbereich begab. Er hat selbst eine Ursache für das Unfallereignis und die erlittene Verletzung geschaffen. Die Anrechnung eigenen Mitverschuldens setzt gleichwohl Deliktsfähigkeit nach § 828 Abs. 1 voraus. Der 6-jährige K ist noch nicht deliktsfähig. Sein eigener Beitrag zur Schadensentstehung bleibt deshalb vollkommen außer Betracht.

Es könnte das Mitverschulden der Eltern des K zu seinen Lasten zur Anrechnung kommen gemäß §§ 254 Abs. 2 S. 2, 278. Bei der Bezugnahme des § 278 in § 254 Abs. 2 S. 2 handelt es sich um eine Rechtsgrundverweisung. Die Anwendung des § 278 setzt deshalb voraus, dass im Schadenszeitpunkt bereits ein Schuldverhältnis zwischen Schädiger und Geschädigtem besteht[3]. Zwischen dem 6-jährigen Kind K und dem M bestanden bis dahin keinerlei Rechtsbeziehungen. Eine Rechtsbeziehung entstand erst eine juristische Sekunde später mit dem eingetretenen Schaden und dem Schadensersatzanspruch aus unerlaubter Handlung. Dieser begründete ein gesetzliches Schuldverhältnis.

Außerhalb eines Schuldverhältnisses kann das Mitverschulden dritter Personen bei der Schadensentstehung analog §§ 254 Abs. 2 S. 2, 831 zur Anrechnung kommen. § 831 begründet die Haftung für das Verhalten eines Verrichtungsgehilfen. Verrichtungsgehilfen sind weisungsabhängige und sozial abhängige Personen. Die Eltern des K sind von diesem jedoch nicht weisungsabhängig und damit nicht dessen Verrichtungsgehilfen. Das Kind hat nach § 831 nicht für ein Mitverschulden seiner aufsichtspflichtigen Eltern einzustehen. Ein Mitverschulden des K kommt nicht zur Anrechung.

Ergebnis: K hat gegen M einen Anspruch auf Schmerzensgeld

---

[3] BGHZ 24 S. 325, 327; BGHZ 103 S. 338, 342

Feuchtes Eck

Gefälligkeitsfahrt - Deliktsrecht - Gefährdungshaftung - Beweislast

Sachverhalt

Herr Vogel (V) besucht jeden Freitag seine Stammkneipe *Feuchtes Eck*. Gemeinsam mit Freunden spielt er Karten und trinkt ein paar Bier. Heute hat er etwas mehr getrunken und ist am Tisch eingeschlafen. Sein Freund Herr Finger (F) bietet sich an, ihn heimzufahren. V ist froh, den Heimweg nicht zu Fuß antreten zu müssen, da er gewisse Gleichgewichtsprobleme verspürt. Schon an der nächsten Kreuzung kommt es zu einem folgenschweren Zusammenstoß des von F gelenkten Fahrzeugs mit dem Fahrzeug des Herrn Schmidt (S). Die Kreuzung ist durch Signalampeln gesteuert. Sowohl S wie auch F behaupten nach dem Unfall, die Ampel habe für sie grün gezeigt. V erleidet bei dem Unfall schwere Kopfverletzungen. Mehrere Tage lang liegt er im Koma und kann sich später nicht mehr an die Ereignisse des Abends erinnern. Zeugen für den Unfallablauf und die Behauptungen des S und des F gibt es keine. Die Untersuchungen eines Sachverständigen ergeben, dass beide Fahrzeuge mit knapp 50 km/h gefahren sind und die innerorts zulässige Geschwindigkeit eingehalten haben. Die Signalampeln funktionierten zum Unfallzeitpunkt einwandfrei. Deshalb ist es ausgeschlossen, dass beide Fahrzeuge gleichzeitig grün hatten. Bei einem technischen Defekt der Ampelschaltung hätten die Signalampeln im gesamten Kreuzungsbereich automatisch auf gelbes Blinklicht umgeschaltet

V verlangt Ersatz des ihm entgangenen Gewinns als selbständiger Handelsvertreter für die Dauer von 6 Monaten, während denen er nachweislich arbeitsunfähig war und ein angemessenes Schmerzensgeld von S oder F bzw. deren Haftpflichtversicherungen. S und F sind Halter der von ihnen im Unfallzeitpunkt gelenkten Kraftahrzeuge.

Lösung

I. Ansprüche gegen F

1. pFV

Für V kommen Ansprüche aus Schlechterfüllung eines unentgeltlichen Beförderungsvertrags nach § 631 in Betracht. F müsste sich mit Rechtsbindungswillen zur Beförderung des V verpflichtet haben. F wollte jedoch dem V nur eine Gefälligkeit unter Freunden erweisen. Er hatte keinerlei Interesse daran, sich zur Beförderung verbindlich zu verpflichten und die daraus erwachsenden vertraglichen Sorgfaltspflichten zu übernehmen. In diesen Fällen liegt regelmäßig eine reine Gefälligkeitsfahrt[1] ohne Rechtsbindung vor. Ansprüche wegen Schlechterfüllung eines Beförderungsvertrages entfallen.

2. § 823 Abs. 1

Dem V könnten Schadensersatzansprüche wegen der erlittenen Körperverletzung zustehen. Durch die Fahrt in dem von F gelenkten Fahrzeug kam es zur Verletzung des V. Ein Rechtfertigungsgrund liegt nicht vor. F müsste zumindest fahrlässig gehandelt haben. Ein Fahrfehler des F kann dem Sachverhalt nicht entnommen werden. Aus dem Umstand, dass es objektiv zu einem Schadensereignis gekommen ist, kann nicht geschlossen werden, dass das Schadensereignis von den Beteiligten subjektiv verschuldet wurde. Die Beweislast für ein Verschulden des F trifft V. Es gilt der allgemeine Grundsatz, dass die Beweislast für das Vorliegen von Tatbestandsmerkmalen den trifft, der sich auf diese berufen will[2]. Da F den Verschuldensnachweis nicht erbringen kann, entfällt ein Schadensersatzanspruch aus § 823 Abs. 1.

3. § 823 Abs. 2 i.V. m. §§ 37, 3 StVO, 229 StGB

a. V könnte einen Schadensersatzanspruch haben, weil F die Vorrangregelung der Lichtzeichenanlage nach § 37 Abs. 1, Abs. 2 StVO missachtet hat. Auch hier gilt der Grundsatz, dass den Anspruchsteller V die Beweislast trifft. Eine Erleichterung der Beweislast gilt bei § 823 Abs. 2 hinsichtlich des Verschuldens bei der Schutzgesetzverletzung[3]: Liegt ein Verstoß gegen ein Schutzgesetz vor, wird das Verschulden vermutet. Gleichwohl enthebt dies den V nicht davor, zuerst die Schutzgesetzverletzung zu beweisen. Nur bei bewiesener Schutzgesetzverletzung greift die Verschuldensvermutung ein. Nach dem Sachverhalt kann gerade nicht geklärt werden, ob F gegen die Vorrangregelung der Signalanlage verstoßen hat.

b. F könnte gegen § 3 Abs. 1 S. 1 StVO verstoßen haben, wonach er nur so schnell fahren darf, dass er sein Fahrzeug ständig beherrscht und innerhalb der Sichtweite anhalten kann. § 3 Abs. 1 S. 1 StVO darf nicht dahin verstanden werden, dass ein Fahrer ständig mit plötzlichen Hindernissen rechnen muss und seine Geschwindigkeit selbst ohne besondere zur Vorsicht mahnende Umstände hierauf einzustellen hat. Es ist zügig zu fahren und nicht ohne triftigen Grund langsam[4]im Interesse des fließenden Verkehrs. Der Fahrer muss sich an die erkennbaren Gegebenheiten halten. Bei grünem Ampelllichtzeichen darf der Fahrer im Rahmen der allgemein zulässigen Geschwindigkeit zügig durchfahren. Ohne besondere Anhaltspunkte muss er nicht damit rechnen, dass Fahrzeuge auf der kreuzenden Fahrspur durchfahren werden[5]. F hat die zulässigee Geschwindigkeit von 50 km/h nach § 3 Abs. 3 Nr. 1 StVO eingehalten. V kann nicht nachweisen, dass es nach der konkreten

---

[1] BGHZ 30 S. 40, 46
[2] *Palandt-Thomas* Komm. § 823 Anm. 167
[3] *Palandt-Thomas* Komm. § 823 Anm. 174
[4] *Jagusch/Hentschel* Komm. § 3 StVO Anm. 12
[5] *Jagusch/Hentschel* Komm. § 8 StVO Anm. 44

Verkehrslage trotzdem geboten war, langsamer zu fahren. Es gibt keinen Anscheinsbeweis dahin, dass die an einem Unfall beteiligten Fahrer gegen Verkehrsregelungen verstoßen haben. Der Anscheinsbeweis kann nur in bestimmten nach der allgemeinen Lebenserfahrung gefahrträchtigen Situationen mit im allgemeinen typischen Geschehensablauf eingreifen, in denen regelmäßig ein Verschulden des beteiligten Fahrers vorliegt. Bei einer Kollision auf einer durch Lichtzeichen geregelten Kreuzung spricht die allgemeine Lebenserfahrung dafür, dass einer der Fahrer grün hatte und damit gerade keinen Verkehrsverstoß begangen hat. Die allgemeine Lebenserfahrung liefert folglich keinen Hinweis darauf, welcher der Fahrer bei Rotlicht durchgefahren ist. Ein Verstoß des F gegen § 3 Abs. 1 S. 1 StVO ist nicht ersichtlich.

c. Wie schon oben gezeigt, kann V nicht nachweisen, dass F die Körperverletzung nach § 229 StGB schuldhaft begangen hat.

4. § 847

Ein Schmerzensgeldanspruch entfällt. § 847 enthält als ungeschriebenes Tatbestandsmerkmal, dass die Rechtsgutsverletzung durch eine unerlaubte Handlung nach §§ 823 ff erfolgt sein muss. Eine solche liegt wie oben erläutert nicht vor.

5. § 7 Abs. 1 StVG

Den F könnte die Halterhaftung aus § 7 Abs. 1 StVG treffen. Nach dem Sachverhalt ist F Halter des von ihm gelenkten Fahrzeugs. Bei der Fahrt mit dem Fahrzeug des F kam V zu Schaden. Anders als die Verschuldenshaftungstatbestände des § 823 setzt der Gefährdungshaftungstatbestand des § 7 StVG kein Verschulden voraus.

Gleichwohl ist die Haftung nach § 8 a Abs. 1 S. 1 StVG ausgeschlossen. Die Gefährdungshaftung entfällt bei einer unentgeltlichen, nicht geschäftsmäßigen Personenbeförderung. F beförderte den V weder entgeltlich noch geschäftsmäßig. Die strenge Haftung des § 7 StVG gilt nicht bei reinen Gefälligkeitsfahrten.

6. § 18 Abs. 1 StVG

F könnte aufgrund vermuteteten Verschuldens nach § 18 Abs. 1 StVG haften. § 18 StVG enthält eine Beweislastumkehr. Es wird das Verschulden des Fahrers vermutet, weshalb die Beweislast ausnahmsweise nicht den Geschädigten trifft. Die Haftung jedoch entfällt, wenn der Fahrer F nachweisen kann, dass ihn kein Verschulden am Schadensereignis trifft. Dem Fahrer kommt der Entlastungsbeweis zu. F kann den Entlastungsbeweis nicht führen. Hier trifft ihn die Unaufklärbarkeit des Unfallhergangs.

Gleichwohl entfällt die Haftung wieder aufgrund der Einschränkung des § 8 a Abs. 1 S. 1 StVG. Die Haftungsausschlüsse des § 8 a StVG kommen dem Fahrer und Halter zugute. Die Haftung des Fahrers ist nicht strenger als die Haftung des Halters. Es gelten für den Fahrer dieselben Haftungsausschlüsse.

II. Ansprüche gegen den Haftpflichtversicherer des F

§§ 3 Nr. 1, 1 PflVG

Ein Anspruch gegen den KFZ-Haftpflichtversicherer kommt nur in Betracht, soweit Fahrer und Halter des versicherten Fahrzeugs eine Haftung trifft. Da F selbst weder als Fahrer noch als Halter des am Unfall beteiligten Fahrzeugs haftet, haftet auch seine Haftpflichtversicherung nicht. Die Einstandspflicht einer Haftpflichtversicherung setzt eine Haftung der versicherten Personen - hier Fahrer oder Halter - voraus.

III. Ansprüche gegen S

1. § 823 Abs. 1

S könnte aus § 823 Abs. 1 haften. Durch sein Einfahren in die Kreuzung kam es zum Unfall und zur Verletzung des V. Gleichwohl kann dem S kein Verschulden nachgewiesen werden. Nach dem Sachverhalt kann nicht nachgewiesen werden, dass der Fahrer S verkehrswidrig die Lichtzeichenanlage überfahren hat. Es gelten hier dieselben Erwägungen, die bereits zur Frage des Verschuldens des F angestellt wurden.

2. § 823 Abs. 2 i. V. m. §§ 229 StGB, 37, 3 StVO

Wie schon bei F unter I. 3. dargestellt, kann auch dem S kein Verkehrsverstoß nachgewiesen werden und damit besteht keine Vermutung für ein Verschulden an der Körperverletzung des V. Eine Haftung entfällt hiernach.

3. § 847

Ein Schmerzensgeldanspruch entfällt wie unter I. 4. erläutert, weil die Körperverletzung nicht durch eine unerlaubte Handlung nach §§ 823 ff begangen wurde.

4. § 7 Abs. 1 StVG

Als Halter des von ihm selbst beim Unfall gelenkten Fahrzeugs haftet S für die dem V zugefügte Körperverletzung. Ein Verschulden ist nicht erforderlich. Der Haftungsausschluss des § 8 a Abs. 1 S. 1 StVG gilt nicht für S, da V nicht in seinem Fahrzeug befördert wurde. § 8 a Abs. 1 S. 1 StVG privilegiert nur Fahrer und Halter des Fahrzeugs, in dem der Geschädigte gefälligkeitshalber befördert wird.

S haftet nach § 11 StVG für den dem V entstandenen Erwerbsnachteil. Ein Schmerzensgeld kennt das Gesetz im StVG anders als bei unerlaubter Handlung nach § 847 nicht. Nach der Regel des § 253 ist ein solches dann nicht geschuldet.

Die Haftung aus § 11 StVG könnte durch ein Mitverschulden nach § 9 StVG gemindert sein. § 9 StVG setzt kein Verschulden im technischen Sinn voraus. Es genügt ein Verschulden gegen sich selbst. Der Geschädigte muss sich obendrein anrechnen lassen, wenn eine für den Erfolgseintritt wesentliche Ursache von ihm mitgeschaffen wurde. Der S hat nicht in irgendeiner Weise das Schadensereignis mitverursacht. Alleine der Umstand, dass er in einem unfallbeteiligten Fahrzeug saß, genügt nicht für ein Mitverschulden.

Jedoch könnte er sich die Mitverursachung des Fahrers F, in dessen Fahrzeug er saß, anrechnen lassen müssen. Eine Zurechnung kommt bei der Schadensentstehung in Betracht analog § 254 Abs. 2 S. 2, 278. F müsste im Unfallzeitpunkt Erfüllungsgehilfe des V in einem zwischen V und S bestehenden Schuldverhältnis gewesen sein. Zwischen S und V bestand im Unfallzeitpunkt kein Schuldverhältnis, in das F als Erfüllungsgehilfe des V eingeschaltet war.

Außerhalb eines Schuldverhältnisses kann nur die analoge Heranziehung des § 831 S. 1 zur Anrechnung eines Mitverschuldens führen[6]. F müsste Verrichtungsgehilfe des V gewesen sein. F stand jedoch in keinem Weisungsverhältnis zu V, da zwischen beiden ein reines Gefälligkeitsverhältnis bestand wie unter I. 1. gezeigt. Somit ist dem V eine etwaige Mitverursachung durch F nicht zuzurechnen[7].

5. § 18 Abs. 1 StVG

Als Führer des am Unfall beteiligten Fahrzeugs trifft den S die Haftung aus vermutetem Verschulden. Die Haftung entfällt nur, soweit S den Entlastungsbeweis führen kann. Dies ist ihm nicht möglich, da der Unfallhergang nicht aufgeklärt werden kann. Der Haftungsausschluss des § 8 a StVG greift wie unter III. 4. ausgeführt nicht zugunsten des S ein. Den S trifft die Fahrerhaftung

Für den Schadensersatzanspruch gilt das unter III. 4. Gesagte gleichermaßen. Die Haftung nach StVG eröffnet keinen Schmerzensgeldanspruch.

IV. Ansprüche gegen den Haftpflichtversicherer des S

§ 3 Nr. 1 PflVG

Der Haftpflichtversicherer des S haftet nach § 3 Nr. 1 PflVG in demselben Umfang wie S. Sie hat für den von S verursachten Schaden einzustehen.

---

[6] BGH VersR 1978 S. 366, 368; BGHZ 73 S. 190, 192

[7] Greger § 8 a StVG Anm. 4

[7] Greger § 8 a StVG Anm. 4

Einbrecher

Eigentumserwerb an gestohlenen Sachen - Herausgabeansprüche – Verfügung eines Nichtberechtigten

Sachverhalt

Herr Greiner (G) entdeckt beim Antiquitätenhändler Schnell (S) drei alte Stiche. Diese Stiche waren dem G zusammen mit fünf weiteren Stichen bei einem Einbruch in seine Wohnung vor acht Jahren entwendet worden. S hat alle acht Stiche von einer älteren Dame erworben. Sie hat ihm glaubhaft versichert, die Stiche von einer Tante geerbt zu haben. Die Tante habe diese Stiche vor mehreren Jahren in einem bekannten Kunsthaus erworben.

S hat die anderen fünf Stiche an Kunden zu einem Preis von insgesamt 5.000 DM weiterveräußert.

Welche Ansprüche hat G gegen S?

Lösung

I. Ansprüche wegen der bei S noch vorhandenen Stiche.

1. § 985

Es kommt ein Herausgabeanspruch aus § 985 in Betracht. Dies setzt voraus, dass G noch Eigentümer ist, sein Eigentum nicht verloren hat.

a. Der Einbrecher hat mangels Einigung und Übergabe kein Eigentum nach § 929 S. 1 erlangt.

b. Die verstorbene Tante könnte Eigentum nach §§ 929 S. 1, 932 erlangt haben durch gutgläubigen Erwerb vom Nichtberechtigten. Es ist an abhanden gekommenen Sachen ein rechtsgeschäftlicher Eigentumserwerb jedoch ausgeschlossen. Die Stiche waren dem G durch Diebstahl gegen seinen Willen weggenommen worden. Damit sind sie ihm abhanden gekommen. Die Tante konnte nur Besitz aber kein Eigentum an den Stichen erlangen.

c. Die Erbin rückt nach § 1922 lediglich in die Rechtsposition der Erblasserin ein. Sie erlangt nicht mehr als der Erblasserin selbst zustand. Deshalb konnte sie von der Erblasserin nur den Besitz und nicht das Eigentum erhalten.

d. Wegen § 935 konnte S von der Erbin ebenfalls kein Eigentum nach §§ 929, 932 erlangen. An abhanden gekommenen Sachen ist ein rechtsgeschäftlicher Eigentumserwerb nicht möglich.

e. Eine Ersitzung des Eigentums nach § 937 scheidet aus. Die 10-jährige Ersitzungsfrist ist noch nicht verstrichen. Dem G ist der Besitz erst vor 8 Jahren abhanden gekommen.

G ist noch Eigentümer. Er kann die vorhandenen drei Stiche von S herausverlangen. Ein Recht zum Besitz, das S nach § 986 dem Herausgabeverlangen entgegenhalten kann, ist nach dem Sachverhalt nicht ersichtlich. Schadensersatzansprüche analog §§ 440 Abs. 1, 325 wegen des nichterfüllten Kaufvertrages hat er nur gegen die ältere Dame. Diese vermögen kein Zurückbehaltungsrecht gegen G nach § 273 zu begründen, da sie nicht demselben rechtlichen Verhältnis entspringen.

2. § 861

G könnte einen Herausgabeanspruch aus § 861 haben. G müsste den Besitz durch verbotene Eigenmacht verloren haben nach § 858 Abs. 1 und S müsste nach § 858 Abs. 2 ihm gegenüber fehlerhaft besitzen. Dem G wurde der unmittelbare Besitz an den in seiner Wohnung befindlichen Sachen gegen seinen Willen weggenommen. Eine gesetzliche Gestattung gibt es nicht hierfür. Eine verbotene Eigenmacht liegt vor. Da S die verbotene Eigenmacht nicht selbst begangen hat, führt nur Kenntnis von der verbotenen Eigenmacht seines Besitzvorgängers zu fehlerhaftem Besitz. Nach dem Sachverhalt hatte S keine positive Kenntnis und musste die Seriosität seiner Vorbesitzerin nicht ernsthaft in Zweifel ziehen. Ein Anspruch aus § 861 entfällt.

3. § 1007 Abs. 2

Als früherer Besitzer der Stiche könnte dem G ein Herausgabeanspruch aus § 1007 Abs. 2 zustehen. Der Besitz des G an den Stichen war ohne seinen Willen gebrochen worden. Die Stiche waren ihm abhanden gekommen. Er kann von gutgläubigen Besitzer S Herausgabe verlangen. Ein Ausschlussgrund liegt nicht vor.

4. § 812 Abs. 1 S.1, 2. Alt.

Dem G könnte ein Anspruch aus einer Eingriffskondiktion nach § 812 Abs. 1 S. 1, 2. Alt. zustehen. S hat die Stiche durch Leistung der älteren Dame erlangt. Die alte Dame hat das Vermögen des G um die Stiche bewusst und zweckgerichtet vermehrt[1]. Liegt eine Leistung vor, schließt dies eine Eingriffskondiktion aus nach dem Grundsatz der Subsidiarität der Eingriffskondiktion[2]. Da G noch immer Eigentümer der abhanden gekommenen Stiche ist und seinen Herausgabeanspruch aus § 985 geltend machen kann, besteht kein Bedürfnis für eine Ausnahme vom Subsidiaritätsprinzip.

5. § 823 Abs. 1

Ein Anspruch aus § 823 Abs. 1 entfällt, da S keine Verletzungshandlung begangen hat. Als er die Stiche erwarb, war die Eigentumsverletzung bereits abgeschlossen.

---

[1] BGH DB 1974 S. 1009

[2] Münchner Komm. *Lieb* § 812 Anm. 232

Im übrigen handelte er weder vorsätzlich noch fahrlässig. Deshalb entfallen wietere deliktische Ansprüche aus §§ 823 Abs. 2, 826.

II. Ansprüche wegen der weiterveräußerten Stiche

1. § 687, 684

Ansprüche aus Geschäftsführung ohne Auftrag entfallen nach § 687 Abs. 1. Mit der Veräußerung der dem G gehörenden Stiche hat S ein objektiv fremdes Geschäft geführt. S nahm das Geschäft subjektiv in der Vorstellung vor, dass es sich um sein Eigentum und seine Angelegenheit handelte. Der Wille, ein eigenes Geschäft vorzunehmen, schließt die Regeln über die Geschäftsführung ohne Auftrag aus.

2. § 816 Abs. 1 S. 1

§ 816 Abs. 1 S. 1 könnte einen Anspruch auf Herausgabe des erzielten Weiterveräußerungserlöses gewähren. S müsste über Gegenstände des G als Nichtberechtigter eine wirksame Verfügung getroffen haben und hierfür ein Entgelt erlangt haben. S hat als Nichteigentümer, wie oben unter. I. 1. erläutert, eine Verfügung getroffen und hierfür ein Entgelt in Höhe von 5.000 DM erlangt. Die Verfügung des S nach §§ 929, 932 an die Erwerber konnte wegen § 935 nicht wirksam erfolgen. G kann diese Verfügung nach § 185 Abs. 2 S. 1 genehmigen, da er noch immer Eigentümer ist[3]. Die Verfügung erlangt dann Wirksamkeit und G kann das von S erlangte Entgelt herausverlangen.

Dieser Anspruch mindert sich nicht nach § 818 Abs. 3 um die von S aufgebrachte Gegenleistung für den Erwerb der Stiche von der älteren Dame[4]. Dies ergibt sich daraus, dass nach Weiterveräußerung der Anspruch aus § 816 Abs. 1 S. 1 an die Stelle des Herausgabeanspruchs nach § 985 tritt. Die von S aufgewandte Gegenleistung könnte dem Herausgabeanspruch aus § 985 nicht entgegengehalten werden.

Im übrigen hat S die Gegenleistung im Rahmen des mit der älteren Dame abgeschlossenen Kaufvertrages aufgebracht. Der Ausgleich für S ist sachgerecht im Gewährleistungsrecht aus Kaufvertrag zu suchen. Der Ausgleich ist im Verhältnis zwischen S und der älteren Dame und nicht zwischen S und G vorzunehmen.

3. § 823 Abs. 1

Ein Anspruch auf Schadensersatz nach §§ 823 Abs. 1, 251 entfällt, da S wie unter I. 4. gezeigt, keine Eigentumsverletzung begangen hat und im übrigen nicht schuldhaft gehandelt hat. Deshalb entfallen auch andere deliktische Schadensersatzansprüche aus §§ 823 Abs. 2, 826.

---

[3] BGHZ 107 S. 340, 341

[4] BGH NJW 1995 S. 3315, 3317 m. w. N.

Freundschaftsdienst

Abtretung - Scheingeschäft - Auskunftsvertrag - Schadensersatzansprüche

Sachverhalt

Paul Glück (G) befindet sich in großen finanziellen Schwierigkeiten. Er ist seit Jahren arbeitslos und hat überall Schulden. Nur ein Bankdarlehen kann ihm weiterhelfen. Ohne Nachweis eines Arbeitsverhältnisses ist ein Bankkredit kaum zu bekommen, wie G leidvoll in Erfahrung gebracht hat. Er bittet seinen Freund, den selbständigen Bäckermeister Helge Bertram (B) ihm gefälligkeitshalber eine Arbeitsbescheinigung auszustellen. B weiß, zu was G die Arbeitsbescheinigung braucht. Mit der Arbeitsbescheinigung sucht G verschiedene Banken auf. Er will bei der Bank ein Darlehen aufnehmen, die bereit ist, die höchste Darlehenssumme auszuzahlen. Die D-Bank ist zur Gewährung eines Darlehens von 20.000 DM bereit nach Vorlage einer Arbeitsbescheinigung. Sie lässt sich zur Sicherheit das pfändbare Einkommen des G schriftlich abtreten. Der Darlehensvertrag wird unter Wahrung des Verbraucherkreditgesetzes abgeschlossen. Schon nach kurzer Zeit ist das Geld verbraucht und G kann die laufenden Darlehensraten nicht aufbringen. Schließlich kündigt die D-Bank das Darlehen und verlangt Rückzahlung. Die D-Bank muss bald erkennen, dass sie in absehbarer Zeit mit Zahlungen des G nicht rechnen kann und G niemals bei B beschäftigt war.

Frage: Kann die D-Bank Zahlungen von B verlangen?

Lösung

1. §§ 398, 611

Es kommt ein Anspruch der D-Bank auf Auszahlung des abgetretenen Arbeitseinkommens in Betracht. Im Rahmen des Darlehensvertrages wurde sicherungshalber eine Gehaltsabtretung nach § 398 zwischen G und der D-Bank vereinbart.

Es fragt sich, ob durch die Kündigung des Darlehensvertrages nicht auch die Gehaltsabtretung als Bestandteil des Darlehensvertrages weggefallen ist. Die Kündigung berührt nicht den wirksamen Abschluss des Darlehensvertrages. Die Kündigung wirkt nur für die Zukunft und bewirkt die vorzeitige Rückforderung der Darlehenssumme nach §§ 11, 12 VerbrKrG. Die dafür gewährten Sicherheiten wie eine Gehaltsabtretung sollen gerade bestehen bleiben. Sinn und Zweck der Sicherheitenbestellung ist es, dem Gläubiger eines notleidenden und deshalb gekündigten Darlehens Befriedigung aus den Sicherheiten zu gewähren. Die Kündigung des Darlehensvertrages lässt die Sicherungsabrede unberührt.

Die Abtretung setzt jedoch voraus, dass die abgetretene Forderung besteht oder künftig entstehen wird. Abgetreten wurden Gehaltsansprüche. Es stellt sich die

Frage, ob ein Arbeitsverhältnis nach § 611 zwischen G und B zustandekam, aus dem Gehaltsansprüche erwachsen konnten. Das Zustandekommen eines Rechtsgeschäfts erfordert, die wirksame Abgabe von Willenserklärungen. Im vorliegenden Fall wurde zwar nach außen eine Erklärung manifestiert. Der nach außen verlautbarten Erklärung mangelt es am zugrunde liegenden inneren Rechtsbindungswillen. Damit besteht eine Diskrepanz zwischen der objektiven Erklärung und dem subjektiven Willen.

Es könnte ein nach § 117 Abs. 1 unwirksames Scheingeschäft gegeben sein. Ein Scheingeschäft liegt vor, wenn die Parteien einverständlich nur den äußeren Schein eines Rechtsgeschäfts nicht jedoch dessen Rechtsfolgen wollen[1]. G und B wollten nur gegenüber Banken den Eindruck erwecken, es bestünde ein Arbeitsvertrag. Keinesfalls wollten sie die mit einem Arbeitsvertrag verbundenen Verpflichtungen auf sich nehmen. Das einvernehmlich abgeschlossene Scheinarbeitsverhältnis zwischen G und B begründet nach § 117 Abs. 1 kein wirksames Arbeitsverhältnis und folglich keine Forderungen hieraus.

Ein gutgläubiger Erwerb einer abgetretenen Forderung kennt das Gesetz nach § 405 nur bei Abtretung unter Vorlage einer Schuldurkunde. Die Arbeitsbescheinigung stellt jedoch keine Schuldurkunde dar, die Zeugnis über die zukünftig entstehenden Gehaltsansprüche des Arbeitnehmers gegenüber dem Arbeitgeber ablegen kann. Eine Arbeitsbescheinigung besagt nur, dass im Zeitpunkt ihrer Ausstellung ein Arbeitsverhältnis bestand. Die Arbeitsbescheinigung besagt nichts darüber aus, ob in der Zukunft Gehaltsansprüche hieraus erwachsen werden und B dem G etwas schuldet. Ein Arbeitsverhältnis kann nach Ausstellung einer Arbeitsbescheinigung gelöst werden.

Aus der Abtretung hat die D-Bank keine Forderungen gegen B erlangt.

2. pFV

Vorliegen könnte ein Anspruch aus Schlechterfüllung eines Auskunftsvertrages. Der Auskunftsvertrag ist gesetzlich nicht geregelt. Er könnte nach den Grundsätzen der Vertragsfreiheit gemäß §§ 305, 241zulässig sein.

Der Rechtsgültigkeit von Auskunftsverträgen könnte jedoch § 676 entgegenstehen. Nach § 676 begründet die bloße Erteilung eines Rats oder einer Auskunft noch keine Haftung. Dem liegt die Einsicht und Erfahrung zugrunde, dass Auskünfte regelmäßig der außerrechtlichen, rein gesellschaftlichen Sphäre angehören. Dies lässt es gleichwohl offen, im Einzelfall einen rechtsverbindlichen Auskunftsvertrag abzuschließen, der zu einer Haftung wegen Falschauskunft führen kann.

Die von B ausgestellte Gehaltsbescheinigung könnte ein konkludentes Angebot zum Abschluss eines Auskunftsangebots darstellen, das von der D-Bank nach § 151 angenommen wurde. Einem Auskunftsvertrag zwischen D und B könnte

---

[1] BGH NJW 1980 S. 1573; *Palandt-Heinrichs* Komm. § 117 Anm. 7

entgegenstehen, dass B die Gehaltsbescheinigung dem G ausgehändigt hat. Gleichwohl kann es für ein Angebot an die D-Bank genügen, wenn der Auskunftgeber B die Bescheinigung dem G als Übermittlungsboten übergeben hat, der die Bescheinigung wie dem B bekannt, an die D-Bank weitergeleitet hat. Für den wirksamen Zugang einer Willenserklärung nach § 130 Abs. 1 S. 1 spielt es keine Rolle, ob diese direkt oder mittels eines Übermittlungsboten zugeht.

Eine wirksamer Auskunftsvertrag setzt weiter voraus, dass das Angebot zum Abschluss des Auskunftsvertrages mit Rechtsbindungswillen abgeben wurde. Dem B fehlte es nach dem Sachverhalt am Rechtsbindungswillen. Die Gehaltsbescheinigung wurde nach dem Willen des B nur zum Schein ausgestellt. Nach §§ 133, 157 ist nicht auf den subjektiven Willen abzustellen, wenn nach dem objektiven Empfängerhorizont eine rechtsverbindliche Erklärung vorliegt. Solche rechtsverbindlichen Auskunftserklärungen hat die Rechtsprechung in zwei Fallgruppen anerkannt:

a. Auskünfte von Banken sind rechtsverbindlich, wenn sie für den Erklärungsempfänger erkennbar von erheblicher Bedeutung sind und er sie zur Grundlage wesentlicher Vermögensentscheidungen machen will.

b. Testaten von Personen mit besonderer Sachkunde wie bei Steuerberatern und Gutachtern sind rechtsverbindlich, wenn es dem Empfänger auf deren Sachkunde ankommt und das Testat ebenfalls zur Grundlage wesentlicher Vermögensentscheidungen verwendet werden soll[2].

Aufgrund ihrer besonderen Stellung und Funktion im Rechtsverkehr und des von ihnen in Anspruch genommenen Vertrauens wird den Auskünften dieser Personenkreise objektiv eine besondere Sachkunde und Verlässlichkeit beigemessen. Der Rechtsverkehr geht davon aus, dass diese Auskünfte mit Rechtsbindungswillen abgegeben wurden.

Da B nicht zu diesem eng umschriebenen Personenkreis zählt, bleibt es beim Rechtsgedanken des § 676. Ein Auskunftsvertrag kam mangels Rechtsverbindlichkeit nicht zustande.

3. cic

Ansprüche aus cic setzen voraus, dass bei Anbahnung einer Geschäftsbeziehung besondere Schutzpflichten entstanden sind oder ein besonderer Vertrauensschutz erwachsen ist. Jedoch wollte B keine eigene Geschäftsbeziehung zu D begründen. Auch hat B hat gegenüber D keine besondere Vertrauensstellung eingenommen wie unter 2. bereits erläutert. Es wäre widersprüchlich, einen Auskunftsvertrag mangels besonderer Vertrauensstellung abzulehnen, um dann über die cic eine Haftung wegen Missbrauch einer Vertrauensstellung anzunehmen.

---

[2] BGH NJW 1991 S. 352; BGH NJW-RR 1998 S. 1343, 1344

4. § 823 Abs. 1

Eine Eigentumsverletzung scheidet aus. Die D-Bank hat ihr Eigentum am Geld selbst aufgegeben. Es erfolgte keine Verletzung. Es liegt ein reiner Vermögensschaden vor, der sich nicht aus der Verletzung eines von § 823 Abs. 1 geschützten Rechtsgutes ergibt. Der reine Vermögensschaden ist von § 823 Abs. 1 nicht gedeckt.

5. §§ 823 Abs. 2, 830 i. V. m. § 263 StGB

B hat vorsätzlich den G bei einem vorsätzlichen Betrug zu Lasten der D-Bank unterstützt. G hat sich durch Vorspiegeln falscher Tatsachen einen Vermögensvorteil zu Lasten der D-Bank erschlichen, den die D-Bank bei Kenntnis von der Arbeitslosigkeit des G nie gewährt hätte. B hat den G hierbei vorsätzlich unterstützt. Es spielt keine Rolle, dass B nicht wusste, welcher Bank die Gehaltsbescheinigung vorgelegt werden sollte. Es genügt die generelle Kenntnis, dass eine Bank getäuscht werden sollte. B schuldet der D Schadensersatz für den erlittenen Vermögensnachteil.

6. § 826

Mit der Ausstellung der Arbeitsbescheinigung könnte B eine vorsätzliche sittenwidrige Schädigung begangen haben. B wusste darum, dass die Arbeitsbescheinigung zur Darlehenserschleichung dienen sollte. Es kommt für den Vorsatz nicht darauf an, ob er die Einzelheiten der Darlehenserschleichung und die geschädigte Bank kannte. Es ist genügend, dass B aufgrund allgemeiner Erfahrungssätze[3] mit dem weiteren Geschehensablauf rechnen musste und diesen in Kauf nahm. B wusste aus dem Gespräch mit G, dass dieser die Arbeitsbescheinigung zur Vorlage bei einer Bank brauchte. Er nahm dabei in Kauf, dass die Bank einen Schaden erleiden würde. Er wusste, dass die Bank dem B ohne Arbeitsbescheinigung kein Darlehen gewährt hätte. Das hinterlistige und rücksichtslose Vorgehen des B ist sittenwidrig.

B haftet auf Schadensersatz.

---

[3] BGH NJW 1963 S. 148, 150; BGH NJW 1987 S. 1758, 1759

Darlehen

Darlehensvertrag mit einem Minderjährigen - Genehmigung - cic – Kondiktions- und Deliktsrecht

Sachverhalt

Der 17-jährige Schüler Stefan (S) besucht das Gymnasium. Er liest von günstigen Krediten der B-Bank für Jugendliche. Da er schon lange einen Segelurlaub im Mittelmeer machen möchte, aber nicht über die erforderlichen Mittel verfügt und seine Eltern wegen des Erwerbs einer Eigentumswohnung ebenfalls knapp bei Kasse sind, wendet er sich an die B-Bank. Die B-Bank gewährt dem S ein Darlehen in Höhe von 4.000 DM zu einem günstigen Zinssatz von 8, 5 %. Die Formalitäten des Verbraucherkreditgesetzes werden gewahrt. Das Darlehen will er in monatlichen Raten von 150 DM aus seinem Taschengeld und diversen Nebenjobs zurückzahlen. S meldet sich zu dem Segelkurs an und bezahlt die Kosten aus den Mitteln des Darlehens. Erst im Nachhinein erfahren seine Eltern von beiden Geschäften. Zähneknirschend erklären sie S ihre Zustimmung, nachdem sie sich vor vollendete Tatsachen gestellt sehen. Als S jedoch im Sommer die Versetzung in die nächste Schulklasse nicht schafft, verlangen die Eltern von ihm die Stornierung des Segelurlaubs und des Darlehensvertrages. Der Reiseveranstalter hat ein Einsehen und erstattet die gesamten Reisekosten zurück, ohne die üblichen Stornokosten zu berechnen. Die erstatteten Reisekosten werden dem Darlehenskonto gutgeschrieben.

Frage 1: Kann die B-Bank Zinsen von S verlangen ?

Frage 2: Kann die B-Bank Zahlung von den Eltern (E) des S verlangen?

Lösung

Frage 1: Kann die B-Bank Zinsen von S verlangen?

1. § 607

Die B-Bank könnte aus einem nach § 607 vereinbarten Darlehensvertrag einen Zinsanspruch gegen S haben.

a. Da S bei Abschluss des Darlehensvertrages gemäß §§ 106, 2 beschränkt geschäftsfähig war, bedarf er grundsätzlich der Zustimmung seiner Eltern. § 107 nimmt von der Zustimmungspflicht nur solche Geschäfte aus, die für den Minderjährigen rechtlich vorteilhaft sind. Ob es sich um ein wirtschaftlich günstiges Darlehen handelt, spielt keine Rolle. Es kommt nach dem eindeutigen Wortlaut des § 107 darauf an, ob das Geschäft rechtlich vorteilhaft ist. Rechtlich vorteilhaft sind Rechtsgeschäfte für Minderjährige, wenn ihnen hieraus keine rechtlichen

Verpflichtungen erwachsen. Aus dem Darlehensvertrag verpflichtet sich S jedoch zur Rückzahlung nebst Zinszahlung. Es sind damit rechtliche Verpflichtungen und damit rechtliche Nachteile verbunden.

b. Die Zustimmung könnte nach § 110 entbehrlich sein. S hat die vertragsgemäße Leistung, Rückzahlung nebst Zinsen, nicht aus seinem Taschengeld bewirkt. Es ist nicht genügend, dass er die Leistungen aus seinem Taschengeld erbringen will.

c. Die Eltern könnten den Vertrag nach §§ 108 Abs. 1, 182 Abs. 1 dem S gegenüber nachträglich genehmigt haben. Die Wirksamkeit der Genehmigung hängt vom Umfang der gesetzlichen Vertretungsbefugnis der Eltern ab. Ihre Vertretungsbefugnis aus § 1629 Abs. 1 darf nicht eingeschränkt sein. Die Vermögensverwaltung der Eltern ist hinsichtlich gewisser außergewöhnlicher Geschäfte im Kindesinteresse durch eine vormundschaftsgerichtliche Genehmigungspflicht beschränkt. Nach §§ 1643 Abs. 1, 1822 Nr. 8 bedürfen die Eltern zu Kreditgeschäften auf Rechnung des Kindes der Genehmigung durch das Vormundschaftsgericht. Der ohne Genehmigung des Vormundschaftsgerichts abgeschlossene Darlehensvertrag des S ist unwirksam. Aus dem unwirksamen Darlehensvertrag kann kein Zinsanspruch hergeleitet werden.

2. cic

Ein Anspruch könnte aus cic folgen. Scheitert ein Geschäft mit einem Minderjährigen wegen seiner beschränkten Geschäftsfähigkeit, widerspricht es dem Minderjährigenschutz, gegen ihn Schadensersatzansprüche wegen Scheiterns des Vertrages eingreifen zu lassen.

Ansprüche aus cic entfallen obendrein bei fehlendem Vertrauensschutz[1] des Geschäftspartners. Die B-Bank hat allein das Risiko zu tragen, wenn sie sich nicht über das Alter des Kunden versichert. Sie hat alleine das Risiko zu tragen, wenn sie bei Geschäften mit Minderjährigen nicht deren beschränkten Geschäftsfähigkeit Rechnung trägt.

3. §§ 812 Abs. 1 S 1, 818 Abs. 1

Ein Anspruch könnte aus §§ 812 Abs. 1 S. 1, 818 Abs. 1 folgen. S hat jedoch keinerlei Nutzen aus der ihm überlassenen Darlehenssumme gezogen. Er hat weder einen Zinsvorteil erlangt noch den Betrag zinssparend zur Ablösung eigener Schulden eingesetzt [2].

4. § 823 Abs. 2 i. V. m. § 263 StGB und § 826

Ein deliktischer Anspruch aus §§ 823 Abs. 2 i. V. m. § 263 StGB bzw. § 826 entfällt. Es fehlt an einer Bereicherungsabsicht wie auch an einer Schädigungsabsicht des S. Er hatte die Absicht, den Darlehensvertrag zu erfüllen.

---

[1] Zum Vertrauensschutz Münchner Komm. *Emmerich* Vor § 275 Anm. 55
[2] BGH NJW 1998 S. 2354

2. Frage: Kann die B-Bank auch Zahlung von den Eltern E des S verlangen?

1. cic

Die B-Bank könnte gegen die Eltern einen Anspruch aus cic haben wegen Scheiterns des Darlehensvertrages. Die Eltern müssten eine Aufklärungs- oder Rücksichtnahmepflicht bei Vertragsabschluss verletzt haben. Die Haftung aus cic trifft grundsätzlich nur die Partner des angebahnten Vertrages. Dritte sind ausnahmsweise nur haftbar, wenn sie am Vertragsabschluss ein unmittelbar eigenes wirtschaftliches Interesse haben oder ein persönliches Vertrauen in Anspruch genommen haben[3]. Die Eltern wollten nicht selbst Vertragspartner der B-Bank werden. Sie hatten kein eigenes Interesse oder Vorteile aus dem Vertragsabschluss. Die Eltern haben keine besondere Vertrauensstellung bei Vertragsabschluss eingenommen. Sie waren bei Vertragsabschluss gar nicht zugegen. Die B-Bank kann sich auch nicht auf Vertrauensschutz in das Zustandekommen des Vertrages berufen. Sie hat sich im eigenen Geschäftsinteresse über die Besonderheiten von Vertragsabschlüssen mit Minderjährigen kundig zu machen und sie hat im eigenen Interesse dafür zu sorgen, dass Verträge mit beschränkt Geschäftsfähigen ordnungsgemäß zustandekommen. Die B-Bank verdient keinen Vertrauensschutz.

2. § 1664

Aus § 1664 folgen keine Pflichten der Eltern, die der B-Bank gegenüber zu erfüllen sind. Diese Vorschrift betrifft alleine Pflichten gegenüber dem Kind.

3. § 832 Abs. 1 S. 1

Die Eltern haften nicht aus § 832 Abs. 1 S. 1. S hat wie oben gezeigt, die B-Bank nicht widerrechtlich geschädigt.

---

[3] BGHZ 88 S. 67 ff

Umzug

Leihe - Unmöglichkeit der Rückgabe - Verzug - Kondiktions- und Deliktsrecht

Sachverhalt

Herr Sommer (S) hat für seine Familie ein Reihenhaus erworben. Um die mit dem Umzug verbundenen Kosten gering zu halten, leiht er sich von Donnerstag bis Freitag einen Lastwagen von seinem Freund, dem selbständigen Zimmermann Herrn Hermann (H). H legt besonderen Wert darauf, dass der LKW am Freitag bis 18 Uhr, dem Betriebsschluss, auf den Betriebsparkplatz abgestellt und die Schlüssel zurückgegeben werden. Er muss am Samstag im Holzwerk Balken abholen und benötigt hierzu den LKW. S verspricht ausdrücklich die pünktliche Ablieferung des Fahrzeugs. Er ist sehr froh darüber, dass ihm H für die Dauer des Umzugs das Fahrzeug kostenlos überlässt.

Dem S hilft sein Bruder Bertram (B) beim Umzug. B hat die erforderliche Fahrerlaubnis und reichlich Erfahrung mit dem Lenken von Lastwagen. Spät am Freitag Nachmittag ist der Umzug geschafft. Der LKW wird nicht mehr benötigt. S bittet seinen Bruder B, den LKW noch zu H zu bringen, dessen Betriebsgelände sich nicht weit von der Wohnung des B entfernt befindet. B sagt dies zu. Er fährt zuerst bei sich zu hause vorbei. Er will rasch duschen, eine Kleinigkeit essen und trinken. In Anbetracht der Mühen und Strapazen des Umzugs verspürt er anschließend keine Lust mehr, nochmals weg zu gehen. Er möchte sich ausruhen und bald schlafen gehen. Er versucht am späteren Abend vergeblich, den H zu erreichen und ihm mitzuteilen, dass er den LKW ganz früh am Samstag morgen vorbeibringen werde.

In der Nacht wird der vor dem Wohnhaus des B abgestellte und ordnungsgemäß verschlossene LKW von einer dreisten Diebesbande aufgebrochen und gestohlen. B wie auch andere Nachbarn waren vom Lärmen der Diebe geweckt worden. Als B und die Nachbarn schlaftrunken auf die Straße liefen, fuhren die Diebe mit dem LKW gerade weg. Der LKW blieb für immer verschwunden.

S bedauert den Diebstahl. Er fühlt sich jedoch nicht verantwortlich dafür. Zum einen hat er seinen stets zuverlässigen Bruder gebeten, den LKW zum Betriebsparkplatz zu bringen. Sein Bruder habe dem H keinen Schaden zufügen wollen. Wäre der Diebstahl nicht passiert, hätte er das Fahrzeug noch rechtzeitig am nächsten Morgen zurückgebracht. H ist sehr ärgerlich. Nach seiner Ansicht kommt es einzig und allein darauf an, dass sich S nicht an die getroffene Abrede gehalten hat.

Frage: Kann H Wertersatz für den gestohlenen LKW von S oder B verlangen?

Lösung

I. Ansprüche des H gegen S

1. § 280 Abs. 1

H könnte ein Schadensersatz aus § 280 Abs. 1 zustehen. Zwischen H und S müsste ein Schuldverhältnis bestehen. Es könnte ein Leihvertrag nach § 598 abgeschlossen worden sein. Nicht genügend ist es, wenn zwischen H und S ein reines Gefälligkeitsverhältnis besteht. Die Unentgeltlichkeit schließt nicht schon ein Schuldverhältnis aus wie §§ 598, 516, 662 belegen. Entscheidend ist, ob ein Rechtsbindungswille zugrundeliegt oder eine unverbindliche Gebrauchsüberlassung gegeben ist. Die Entscheidung über die Zuordnung ist im Wege der Auslegung nach §§ 133, 157 der im Zusammenhang mit dem Entleihvorgang abgegebenen Erklärungen zu treffen. Bei einer kostenlosen Gebrauchsüberlassung unter Freunden liegt im Regelfall ein reines Gefälligkeitsverhältnis vor. Gleichwohl gibt es in besonders gelagerten Fällen auch Ausnahmen zu dieser Regel[1]. Dem Sachverhalt ist sowohl auf Seiten des H wie auch des S ein Rechtsbindungswille zu entnehmen. S benötigte den Lastwagen für einen bestimmten Zeitraum für den Umzug. Den Umzug hätte er ohne den Lastwagen nicht kurzfristig und kostengünstig bewerkstelligen können. Er hatte ein Interesse daran, dass sich sein Freund H an die Abrede gebunden fühlte und ihm das Fahrzeug für den vorgesehen Zeitraum überließ. Aber auch der H wollte sich auf die Einhaltung der Abrede verlassen können. Er benötigte am Samstag den Lastwagen zurück. Ein Lastwagen verkörpert einen hohen wirtschaftlichen Wert. Dies begründet ein entsprechendes Interesse des Eigentümers an Einhaltung der Abrede über die Gebrauchsüberlassung. Es ist von einem echten schuldrechtlichen Leihverhältnis nach § 598 zwischen H und S auszugehen.

§ 280 Abs. 1 kommt bei nachträglicher Unmöglichkeit und nachträglichem Unvermögen der Erbringung einseitiger Leistungspflichten zur Anwendung. Bei Unmöglichkeit der Erbringung einer Leistung aus einem gegenseitigen Vertrag, die im Gegenseitigkeitsverhältnis steht, geht § 325 als Sonderregelung vor. Beim Leihvertrag handelt es sich um ein einseitiges Leistungsverhältnis. § 325 kommt nicht zur Anwendung.

Dem Schuldner S müsste die Erbringung einer Verpflichtung aus dem Leihvertrag unmöglich geworden sein. Nach § 604 Abs. 1 war S zur Rückgabe des LKW verpflichtet gewesen. Diese Rückgabe wurde durch den Diebstahl nach § 275 Abs. 2 subjektiv unmöglich. § 275 Abs. 2 kommt bei unverschuldetem und analog bei verschuldetem Unvermögen in Betracht.

S müsste die Unmöglichkeit zu vertreten haben. Zu vertreten hat der Schuldner nach §§ 276, 278 eigenes Verschulden und das Verschulden eines Erfüllungsgehilfen an der Unmöglichkeit der Rückgabe. S hat die Rückgabe rechtzeitig in die We-

---

[1] BGHZ 21 S. 102, 107

ge geleitet. Ihn selbst trifft kein eigenes Verschulden nach § 276. Ihm könnte nach § 278 das Verhalten des B als seiner Hilfsperson zuzurechnen sein. S hat den B willentlich mit der Erbringung der Rückgabepflicht beauftragt. Es kommt dabei nicht darauf an, aus welchem Grund B die Erfüllung der Hilfspflicht für S übernahm und ob zwischen S und B eine Rechtsbeziehung bestand[2]. S hat den B zur Erfüllung seiner Rückgabepflicht aus § 604 Abs. 1 eingeschaltet. Damit war B sein Erfüllungsgehilfe. Das Verhalten des B war kausal für die konkret erfolgte Entwendung des LKW. Wäre der LKW nicht vor seinem Wohnhaus abgestellt worden, wäre er dort nicht gestohlen worden. Gleichwohl kann aus dem Sachverhalt kein Verschulden des B entnommen werden. Er hat den LKW ordnungsgemäß gesichert in der Wohnstraße abgestellt. Gerade in einer Wohnstraße musste er nicht damit rechnen, dass Diebe einen verschlossenen LKW in Anbetracht der hohen Entdeckungsgefahr entwenden.

Ohne Verschulden hat der Schuldner nach § 287 S. 2 während des Verzugs zufällig eintretendes Unvermögen zu vertreten. Verzug setzt nach §§ 284, 285 voraus, dass die Rückgabe fällig war. Die Rückgabe sollte gemäß der Vereinbarung am Freitag bis 18 Uhr erfolgen und war damit fällig. Der Anruf des B bei H hat die Fälligkeit nicht hinausgeschoben, da H nicht erreichbar war und der Änderung der Fälligkeitsabrede nicht zugestimmt hat. Einer Mahnung bedarf es nicht, da die Fälligkeit kalendermäßig bestimmt war. Nach § 285 wird das Verschulden vermutet. S kann sich nicht dadurch entlasten, dass er seinen Schwager B um die rechtzeitige Rückgabe gebeten hat. Er hat sich nach § 278 das Verhalten des B zurechnen zu lassen, der wissentlich und gewollt den Rückgabetermin überschritten hat. Damit befand sich S bei Eintritt der Unmöglichkeit in Schuldnerverzug und haftet selbst für zufällig eintretende Unmöglichkeit. S ist zum Schadensersatz verpflichtet.

2. §§ 812 Abs. 1 S. 2, 1. Alt. , 818 Abs. 2

S hat durch die Leistung des H den Besitz am LKW erlangt. Mit Beendigung des Leihvertrages am Freitag entfiel für die Zukunft der Rechtsgrund für die Gebrauchsüberlassung[3]. Das Erlangte, der Lastwagen, ist zurückzugeben. Da sich der LKW nicht mehr im Besitz des S befindet, ist nach § 818 Abs. 2 dessen Wert zu ersetzen. Dem könnte nach § 818 Abs. 3 der Wegfall der Bereicherung entgegenstehen. Dem S sind nach Diebstahl des LKW keine Vermögensvorteile aus der Gebrauchsüberlassung des LKW verblieben. Die Anwendung des § 818 Abs. 3 könnte wegen verschärfter Haftung nach §§ 819 Abs. 1, 818 Abs. 4 ausgeschlossen sein. S hat sich das Wissen seines Erfüllungsgehilfen B um die Überschreitung des Rückgabetermins nach § 278 anrechnen zu lassen. Er ist deshalb bösgläubig im Sinne von § 819 Abs. 1. Nach §§ 819 Abs. 1, 818 Abs. 4 bestimmt sich die Haftung des S nach den allgemeinen Vorschriften. Diese Regelung verweist auf die Regelungen im Allgemeinen Teil des Schuldrechts. Gemäß § 287 S. 2 haftet er für

---

[2] BGHZ 98 S. 330, 334

[3] *Palandt-Thomas* Komm. § 812 Anm. 76

das während des Verzugs eintretende Unvermögen der Herausgabe des Bereicherungsgegenstandes. Der Wegfall der Bereicherung entlastet S folglich nicht. S hat Wertersatz zu leisten.

3. § 831

S könnte für das Verhalten seines Verrichtungsgehilfen B haftbar sein. B müsste Verrichtungsgehilfe des S sein. Verrichtungsgehilfe ist nur, wer weisungsabhängig ist. B hilft dem S aus reiner Gefälligkeit. B hat aus seiner Hilfeleistung keinerlei Vorteile, deshalb hat er offenkundig auch kein Interesse daran, nach Auftragsrecht verantwortlich zu sein. Deshalb ist S nicht nach § 665 weisungsabhängig. B war nicht Verrichtungsgehilfe des S.

II. Ansprüche des H gegen B

Ansprüche des H gegen B aus § 823 Abs. 1 entfallen. Wie unter I. 1. bereits gezeigt, war das Verhalten des B zwar kausal für den Diebstahl des Lastwagen von der Straße. Vom Betriebsgelände wäre der LKW sicherlich nicht zur selben Zeit gestohlen worden. Sein Verhalten war nicht durch einen Rechtfertigungsgrund gedeckt. Gleichwohl kann ein Verschulden des B nicht festgestellt werden. Er hat den LKW ordnungsgemäß gesichert in seiner Wohnstraße abgestellt. Die schuldhafte Überschreitung des Rückgabetermins begründet noch kein Verschulden am Diebstahl. Ein Schadensersatzanspruch des H scheidet mangels Verschulden des B aus.

Bibliothek

Einbeziehung von AGB - Rahmenvereinbarung - Inhaltskontrolle – Auslegung von Generalklauseln

Sachverhalt

Die Stadt S betreibt eine Bibliothek. Die Benutzung ist privatrechtlich geregelt. Jeder neue Benutzer muss ein Anmeldeformular ausfüllen und unterschreiben. Auf der Vorderseite der Anmeldekarte findet sich ein fettgedruckter Hinweis auf die Geltung der ausgehängten Allgemeinen Geschäftsbedingungen. Die Allgemeinen Geschäftsbedingungen hängen am Eingang zur Bibliothek aus. In diesen heißt es: *Liebe BesucherInnen, wir bitten Sie höflich, Ihre Taschen in den Schließfächern in der Vorhalle einzuschließen; andernfalls sind Sie verpflichtet, Ihre Taschen kontrollieren zu lassen...*

Der Rentner Herr Richard (R) ist seit vielen Jahren ständiger Benutzer der Bibliothek. Die Allgemeinen Geschäftsbedingungen hat er nie gelesen, obwohl sie deutlich sichtbar neben dem Eingang am Anmeldeschalter hängen. Seine Tasche nimmt er immer mit in die Bibliothek. Als er eines Tages um die Kontrolle der Tasche gebeten wird, ist er empört.

Frage: Ist R verpflichtet, seine Tasche kontrollieren zu lassen?

Lösung

Der Anspruch der S auf Duldung der Taschenkontrolle könnte sich aus der Klausel in den AGB ergeben. Diese müssten Bestandteil einer Rahmenvereinbarung nach § 305 über die Bibliotheksbenutzung geworden sein.

a. Es stellt sich die Frage, ob im Vorfeld der jeweiligen Entleihvorgänge ein eigenständiges Benutzungsverhältnis entstehen sollte oder nur eine unverbindliche Beziehung ohne verpflichtenden Charakter besteht[1]. Aus letzterer lassen sich keine Duldungspflichten mangels rechtsverbindlichem Charakter herleiten. Die Verwendung eines Anmeldeformulars mit Hinweis auf AGB legt den Rechtscharakter nahe. Trotz der höflichen Formulierung in den AGB wird aus der Wendung... *andernfalls sind Sie verpflichtet, Ihre Taschen kontrollieren zu lassen...* der Regelungscharakter deutlich, der über eine höfliche Bitte hinausgeht[2].

Diese Regelung müsste Teil einer Rahmenvereinbarung sein, deren Inhalt nicht nur für einen einzigen Anwendungsfall sondern für alle zukünftigen Anwendungsfälle

[1] BGH NJW 1994 S. 188, 189
[2] OLG Frankfurt NJW-RR 1995 S. 1330

vereinbart wird[3]. Ansonsten würde sich die Vereinbarung nur auf den Geschäftskontakt beziehen, bei dem es zum Abschluss der Vereinbarung kam und nicht mehr auf spätere Geschäftskontakte. Solche Rahmenvereinbarungen können bei gleichartig wiederkehrenden Geschäftsbeziehungen abgeschlossen werden. Rahmenvereinbarungen sind bei Bankgeschäften üblich. Sie sollen der Vereinfachung der Abwicklung dienen. Gerade bei der Bibliotheksbenutzung wird dieser Vereinfachungseffekt bei wiederkehrenden gleichartigen Besuchen, Benutzungsvorgängen und Abwicklung der Entleihgeschäfte deutlich. Durch das Ausfüllen der Anmeldekarte und der hierbei gegebene Hinweis auf die AGB soll die Abwicklung in allen zukünftigen Benutzungsfällen geregelt werden.

b. Die diese Duldungsklausel umfassende Rahmenvereinbarung müsste nach § 145 wirksam zwischen R und S abgeschlossen worden sein. Mit dem Ausfüllen und Abgeben des Anmeldeformulars erfolgte ein konkludentes Angebot des R zum Abschluss des Benutzungsvertrages. Für die Rechtsverbindlichkeit des Angebots spielt es keine Rolle, sollte R den rechtsverbindlichen Charakter seiner Erklärung und deren Reichweite nicht erkannt haben. Eine Willenserklärung erzeugt Rechtswirkungen, wenn diese mit Handlungswillen abgegeben wurde. Hat R den Inhalt der Anmeldekarte nicht vollständig oder nicht richtig erfasst, ändert dies nichts an der Wirksamkeit der abgegebenen Willenserklärung.

Dieses Angebot des R wurde seitens der Mitarbeiter der S nach § 164 Abs. 1 angenommen. Soweit die Rahmenvereinbarung AGB umfasst, müssen die besonderen Wirksamkeitsvoraussetzungen des § 2 AGBG gewahrt sein, damit die AGB Vertragsbestandteil werden:

Da die Benutzungsregelungen für zahllose Benutzungsfälle seitens der S vorformuliert wurden, liegen AGB i. S. von § 1 AGBG vor.

§ 24 S. 1 Nr. 2 AGBG macht die besonderen Einbeziehungsvoraussetzungen des § 2 AGBG nicht entbehrlich. Die AGB werden von der Stadt S gegenüber einer Privatperson und nicht gegenüber der Stadt S als Körperschaft des öffentlichen Rechts verwendet.

Die Einbeziehung bestimmt sich nach § 2 AGBG. R wurde bei Abschluss des Bibliotheksbenutzungsverhältnisses entsprechend § 2 Abs. 1 Nr. 1 AGBG durch ausdrücklichen und drucktechnisch deutlich hervorgehobenen Hinweis auf der Vorderseite des Anmeldeformulars auf die Geltung der AGB aufmerksam gemacht.

Da die AGB am Ort der Leistung aushängen, kann sich R ohne weiteres die nach § 2 Abs. 1 Nr. 2 AGBG erforderliche Kenntnis von ihrem Inhalt verschaffen. Es kommt nicht darauf an, ob er von dieser Möglichkeit Gebrauch macht und die AGB zur Kenntnis nimmt.

---

[3] BGH NJW 1987 S. 112

R müsste mit der Geltung der AGB nach § 2, 2. H. S. AGBG einverstanden gewesen sein. Hierfür ist es genügend, dass er der Geltung der AGB nicht widersprochen hat.

Nach § 2 Abs. 2 AGBG können AGB durch Rahmenvereinbarung für zukünftige Benutzungsverhältnisse vereinbart werden. Es ist nicht erforderlich, dass sie ein jedes Mal erneut vereinbart werden.

Die AGB sind nach § 2 AGBG in den Vertrag einbezogen worden.

c. Jedoch könnte der Einbeziehung der Klausel über die Taschenkontrolle § 3 AGBG entgegenstehen. § 3 AGBG schließt ungewöhnliche Klauseln von der Einbeziehung in den Vertrag aus. Ausgeschlossen werden Klauseln mit denen nach der äußeren Gestaltung oder mangels innerem Zusammenhang nicht zu rechnen ist. Die fragliche Klausel ist jedoch deutlich sichtbar hervorgehoben und steht in innerem Zusammenhang mit einer problemlosen Abwicklung der Bibliotheksbenutzung.

d. Die Duldungsklausel muss den inhaltlichen Anforderungen der §§ 9 - 11 AGBG genügen. Ein Klauselverbot nach §§ 10, 11 AGBG liegt nicht vor. Es kommt nur ein Verstoß gegen die Generalklausel des § 9 AGBG in Betracht.

Die Duldungsklausel könnte nach § 9 Abs. 1 AGBG unwirksam sein. Eine Taschenkontrolle stellt einen Eingriff in die Individualsphäre dar. Das BGB kennt keine ähnlich gelagerten Vertragsgestaltungen, die als Vergleichsmaßstab herangezogen werden können. Entsprechende Befugnisse gibt es hingegen bei den Rechtfertigungsgründen der §§ 229, 859. Diese Rechtfertigungsgründe gestatten Eingriffe in die Rechtssphäre dritter Personen. Sie setzen die Gefahr einer Anspruchsvereitelung oder eine erfolgte Besitzstörung durch diese Person voraus. Damit tragen sie der verfassungsrechtlichen Stellung der Würde und der persönlichen Freiheit des Einzelnen gemäß Art. 1 und 2 GG Rechnung. Diese verfassungsrechtlichen Wertungen sind bei der Auslegung der Generalklauseln im Zivilrecht zu berücksichtigen. In den AGB wird die Taschenkontrolle allein daran geknüpft, dass eine Tasche in die Bibliotheksräume mitgenommen wird. Eine Gefahr oder Störung für die Rechtsgüter der S wird nicht vorausgesetzt. Den Schutz der Rechtsordnung können vertraglich vereinbarte Eingriffsbefugnisse nur genießen, wenn sie den Stellenwert der persönlichen Freiheit und Individualsphäre achten. Eingriffe ohne konkreten Verdacht, ohne Gefahr für die Rechtsgüter der S, sind unangemessen und verstoßen gegen § 9 Abs. 1 AGBG[4].

Die Klausel ist nach § 6 AGBG unwirksam. R muss die Taschenkontrolle nicht dulden.

---

[4] OLG Frankfurt NJW-RR 1995 S. 1330, 1331

Offene Rechnung

Kaufvertrag - Wandelung - Verwirkung - Verjährung, Stundung

Sachverhalt

Elektrohändler Ehrmann e. K. (E) lieferte Frau Kehrer (K) am 15. 03. 1996 eine Waschmaschine und einen Wäschetrockner aufgrund eines Kaufvertrages. Der Kaufvertrag war bereits am 03. 03. 1996 abgeschlossen worden. Der Kaufpreis betrug zusammen 2. 300 DM. Er wurde bis zum 15. 06. 1996 gestundet, ohne dass hierfür Mehrkosten berechnet wurden. Es wurde ein Eigentumsvorbehalt an den Geräten vereinbart. Als K in der Folgezeit nicht zahlte, schickte E im Februar 1997 eine Mahnung. K behauptete später, diese Mahnung nie erhalten zu haben. E legte die Rechnung falsch ab und vergaß diese. Erst am 14. 11. 1998 mahnte E die K erneut. Am 01. 12. 1998 suchte K den E auf und bat um eine letzte Stundung bis 30. 06. 1999, womit sich E widerstrebend einverstanden erklärte. K leistete nach Fristablauf wiederum nicht. Auf eine erneute Mahnung des E hin entgegnete K, gerade sei die Heizung des Trockners kaputt gegangen und die Schleuderleistung der Waschmaschine sei von Anfang an unzureichend gewesen. E solle die Geräte abholen und die Rechnung vergessen. Diese sei verwirkt und verjährt. An der Rücknahme der Geräte hat E mittlerweile kein Interesse mehr.

Frage: Hat eine Klage des E im Juli 1999 noch Aussicht auf Erfolg?

Lösung

1. § 433 Abs. 2

Es kommt ein Zahlungsanspruch des E aus § 433 Abs. 2 in Betracht. Der Kaufvertrag wurde am 03. 03. 1996 wirksam zwischen E und K vereinbart. Auf die Einhaltung des Verbraucherkreditgesetzes kommt es nach § 1 Abs. 2 VerbrKrG nicht an, da kein entgeltlicher Kredit vorlag. Der Zahlungsaufschub war nicht mit Mehrkosten verbunden.

a. Der Zahlungsanspruch könnte durch Wandelung des Kaufvertrages nach §§ 462, 467, 346 untergegangen sein. Die K behauptet Mängel beider Kaufgegenstände.

aa. Eine defekte Trocknerheizung stellt einen Mangel nach § 459 Abs. 1 dar. Der Defekt oder zumindest seine Ursache müssten schon bei Gefahrübergang vorhanden gewesen sein. Der Gefahrübergang erfolgte nach § 446 bei Lieferung des Gerätes vor mehr als drei Jahren. Es wird von K nicht behauptet, dass bei Gefahrübergang der Defekt in der Form eines versteckten Mangels schon vorlag. Für ein Wandelungsrecht ist es nicht genügend, dass der Defekt zu einem späteren Zeitpunkt auftrat. Ein Anspruch auf Wandelung entfällt.

bb. Eine unzureichende Schleuderleistung stellt ebenfalls einen Mangel nach § 459 Abs. 1 dar. Die Schleuderleistung bestimmt wesentlich die Verkehrserwartungen an die Tauglichkeit einer Waschmaschine. Nach der Behauptung der K lag dieser Mangel schon bei Gefahrübergang vor.

Der Anspruch auf Wandelung könnte nach § 477 Abs. 1 S. 1 verjährt sein. Die Verjährungsfrist beträgt sechs Monate seit Ablieferung am 15. 03. 1996. Sie endete bereits mit Ablauf des 15. 09. 1996 gemäß §§ 188 Abs. 2, 1. Alt., 187 Abs. 1 .

Ein Erhalt der Mängeleinrede nach § 478 durch Geltendmachung des Mangels vor Ablauf der Verjährungsfrist scheidet aus. Die Verjährungsfrist lief am 15. 09. 1996 ab. Die Anzeige der Mangeleinrede ist erst nach Ablauf der Verjährungsfrist im Sommer 1999 erhoben worden.

Der Zahlungsanspruch ist nicht im Wege der Wandelung untergegangen.

b. Der Anspruch könnte nach § 242 verwirkt sein. Die Verwirkung führt zum Erlöschen eines Anspruchs. Sie setzt voraus, dass ein Anspruch längere Zeit hindurch nicht geltend gemacht wurde. Neben dieses Zeitmoment muss noch ein Umstandsmoment treten. Der Verpflichtete musste sich aufgrund des Verhaltens des Anspruchsberechtigten darauf einrichten dürfen und darauf eingerichtet haben, dass dieser das Recht auch in der Zukunft nicht geltend machen wird[1]. Neben dem Zeitablauf müssen noch weitere Umstände hinzukommen, die die Rechtsausübung durch E treuwidrig erscheinen lassen und einen Vertrauenstatbestand zugunsten der K geschaffen haben. Solche Umstände sind nicht ersichtlich. Im übrigen könnten die Mahnungen vom Februar 1997 und November 1998 der Berufung auf ein berechtigtes Vertrauen entgegenstehen. Jedoch ist der Zugang der Mahnung vom Februar 1997 nicht bewiesen. Das Verhalten der K auf die Mahnung vom November 1998 belegt hingegen, dass sie selbst nicht darauf vertraute, die Rechnung nicht mehr bezahlen zu müssen. Mit der Bitte um Stundung der Rechnung bekundigte sie selbst die Auffassung, die Rechnung noch bezahlen zu müssen.

Des weiteren gilt der Grundsatz, dass für eine Verwirkung um so weniger Raum sein kann, je kürzer die Verjährungsfrist ist. Gerade bei den kurzen Verjährungsfristen des § 196 Abs. 1 kommt die Verwirkung nur ausnahmsweise in Betracht, wenn besondere Umstände im Verhalten des Anspruchsberechtigten die berechtigte Erwartung schüren, er werde die Forderung nicht mehr geltend machen[2]. Für solche besonderen Umstände außer dem Zeitablauf enthält der Sachverhalt keinerlei Anhaltspunkte. Es fragt sich, ob die kurze Verjährungsfrist des § 196 Abs. 1 hier einschlägig ist. E firmiert mit e. K. - eingetragener Kaufmann - nach §§ 1, 2 HGB. Von seiner Kaufmannseigenschaft ist auszugehen. Für Lieferungen eines Kaufmanns an Privat gilt die kurze Verjährungsfrist des § 196 Abs. 1 Nr. 1.

---

[1] BGH NJW-RR 1989 S. 818
[2] BGH NJW-RR 1989 S. 818, 819

c. Der Anspruch könnte nach §§ 196 Abs. 1 Nr. 1, 222 Abs. 1 verjährt sein. Für die Lieferung von Kaufleuten an Privat beträgt die Verjährungsfrist zwei Jahre. Bei den kurzen Verjährungsfristen beginnt der Lauf der Verjährungsfrist nicht schon mit Fälligkeit des Anspruchs am 15. 06. 1996 sondern nach § 201 erst am Jahresende zu laufen. Die Verjährungsfrist wäre somit am 31. 12. 1998 abgelaufen, der Anspruch verjährt.

Diesem Ablauf der Verjährungsfrist könnte eine Hemmung oder Unterbrechung entgegenstehen.

aa. Die Mahnungen vom Februar 1997 und November 1998 könnten eine Unterbrechung bewirkt haben. Einer Mahnung kommt keine unterbrechende Wirkung zu. Die Unterbrechung wird nach § 209 Abs. 2 Nr. 1 nur durch gerichtliche Mahnbescheide ausgelöst.

bb. Das Stundungsgesuch der K vom 01. 12. 1998 könnte den Verjährungslauf nach § 208 unterbrochen haben. Als Anerkenntnis genügt ein tatsächliches Verhalten der E, aus dem sich klar und eindeutig das Bewusstsein vom Bestehen der Forderung ergibt. Die Bitte um Stundung stellt ein Anerkenntnis in sonstiger Weise dar[3]. Die Verjährung wurde unterbrochen. Die Unterbrechung führt nach § 217 dazu, dass die Verjährung neu zu laufen beginnt, ohne Rücksicht auf die bislang verstrichene Zeit.

Die zusätzliche Gewährung einer Stundung am 01. 12. 1998 bis zum 30. 06. 1999 bewirkt eine Hemmung nach § 202. Gemäß § 205 wird der Stundungszeitraum nicht in die neue Verjährungsfrist eingerechnet. Die neue zweijährige Verjährungsfrist begann somit erst mit Ablauf der Stundung am 30. 06. 1999 wieder zu laufen. § 201 gilt insoweit nicht[4].

Die Forderung ist im Juli 1999 noch nicht abgelaufen. Eine Klageerhebung ist aussichtsreich.

---

[3] BGH NJW 1978 S. 1914; BGH NJW-RR 1994 S. 373
[4] BGHZ 93 S. 287, 294

Rohre

Kaufvertrag - Gattungssache - Gewährleistung - Schadensersatz wegen Nichterfüllung - Verjährung

Sachverhalt

Die Bauer-Kondensatoren GmbH (B) bestellte bei der Stahl AG (S) Ende Juni 1999 geschweißte Rohre aus der laufenden Produktion. Die bestellten Rohre wurden am 04. 07. 1999 geliefert. Mit Telefax vom 02. 10. 1999 unterrichtete die B die Herstellerin S von Undichtigkeiten, die nach Einbau der Rohre in den Kondensatoren aufgetreten seien. Auch eine danach vorgenommene stichprobenweise Überprüfung noch nicht eingebauter Rohre habe durch die Reihe feine Undichtigkeiten an den Schweißnähten ergeben, die nicht erkennbar seien und erst nach einer längeren Beanspruchung auftreten. Die B verlangte deshalb eine unverzügliche kostenlose Ersatzlieferung einwandfreier Rohre. Am 09. 10. 1999 erinnerte die B an die Ersatzlieferung. Die S wies die Rüge als verspätet zurück. Mit Telefax vom 13. 10. 1999 forderte B die S auf, der ersatzweisen Lieferung einwandfreier Rohre bis zum 29. 10. 1999 nachzukommen. Widrigenfalls werde die B einen Deckungskauf vornehmen und Mehrkosten im Rahmen eines Schadensersatzanspruches geltend machen. Eine Ersatzlieferung zu einem späteren Zeitpunkt als dem 29. 10. 1999 werde abgelehnt. Die S reagierte auf diese Aufforderung nicht. Mit Telefax vom 22. 01. 2000 verlangt die B Schadensersatz in Höhe der Mehrkosten eines Deckungskaufs. S beruft sich auf Verjährung.

Es stellt sich die Frage, ob die B am 22. 01. 2000 den Schadensersatzanspruch noch geltend machen kann.

Lösung

1. § 480 Abs. 2

B könnte einen Anspruch auf Schadensersatz wegen Nichterfüllung aus § 480 Abs. 2 haben. Es müsste ein Gattungskauf vorliegen. Bei der Lieferung von Rohren aus der laufenden Produktion liegt ein Gattungskauf vor. Diese zeichnet sich dadurch aus, dass beliebige Leistungsgegenstände geschuldet sind, die gewisse gemeinsame Merkmale aufweisen und nach dem Parteiwillen austauschbar sind. Anders als bei der Stückschuld wird nicht auf bestimmte Einzelstücke Wert gelegt. Werden Rohre nur nach Maß, Qualität und Preis spezifiziert, liegt eine Gattungsschuld vor.

Der Schadensersatzanspruch setzt weiter voraus, dass der Verkäufer eine Eigenschaft zusicherte oder einen Fehler arglistig verschwieg.

Der Sachverhalt enthält keinen Anhaltspunkt dafür, dass S um die Mängel der Rohre wusste oder eine bestimmte Eigenschaft zugesichert hat. Eine Eigenschaft ist zugesichert, wenn der Verkäufer durch ausdrückliche oder schlüssige Erklärung dem Käufer zu erkennen gibt, dass er für das Vorliegen einer Eigenschaft und alle Folgen ihres Fehlens einstehen will. Eine solche Erklärung der S kann dem Sachverhalt weder ausdrücklich noch konkludent entnommen werden. Die Erwartungen der Käuferin B begründen alleine keine Zusicherung.

Schadensersatzansprüche aus § 480 Abs. 2 entfallen.

2. § 326 Abs. 1 S. 2

Der Schadensersatzanspruch könnte sich aus dem Verzug der S mit Erfüllung des Nachlieferungsanspruchs der B ergeben.

Es stellt sich die Frage, ob § 326 nach Abnahme der mangelhaften Sache durch § 480 Abs. 1 S. 1 als Sonderregeln ausgeschlossen ist.

Beim Nachlieferungsanspruch aus § 480 Abs. 1 handelt es sich um die Geltendmachung des ursprünglichen Lieferungsanspruchs. Dieser Anspruch ist nicht im Wege der Erfüllung nach § 362 durch die Abnahme seitens des Käufers untergegangen. Bei Gattungssachen schuldet der Verkäufer Sachen mittlerer Art und Güte. Mangelhafte Sachen erfüllen diesen Anspruch nicht. Die Lieferung mangelhafter Sachen führt nicht zur Erfüllung des Lieferanspruchs. Die Geltendmachung der Ansprüche aus § 326 wird nicht durch die Abnahme ausgeschlossen[1]

§ 326 setzt voraus, dass S mit dem Nachlieferungsanspruch in Verzug gekommen ist.

a. Der Nachlieferungsanspruch der B folgt aus § 480 Abs. 1 S. 1. Die Rohre waren nach dem Sachverhalt undicht. Ihre tatsächliche Beschaffenheit weicht von der vertraglich geschuldeten Beschaffenheit ab. Es liegt ein Fehler nach § 459 Abs. 1 vor, der die Tauglichkeit erheblich einschränkt

b. Der Fehler war beim Kaufvertragsabschluss nicht erkennbar. Deshalb scheidet ein Anspruchsausschluss nach § 460 aus.

Auch bei Abnahme war der Mangel nicht bekannt, weshalb ein Ausschluss des Anspruchs nach § 464 nicht in Betracht kommt.

Ein Ausschluss der Geltendmachung wegen unterlassener Mängelrüge nach § 377 HGB entfällt gleichsam. Der Sachverhalt lässt offen, ob die Rohre nach Anlieferung auf Mangelhaftigkeit geprüft wurden. Darauf kommt es nicht an, da die Undichtigkeiten sich erst nach einer gewissen Beanspruchung zeigten.

c. S müsste mit der Nachlieferung in Verzug geraten sein nach §§ 284, 285. Der Anspruch wurde am 02. 10. 1999 fällig, als B den Mangel reklamierte und Nachlieferung verlangte. Die nach § 284 Abs. 1 erfolgte Mahnung ist im Telefax vom 09. 10. 1999 zu sehen. Hierin kommt das Leistungsverlangen der B zum Ausdruck. S befand sich seit 09. 10. 1999 in Verzug.

---

[1] BGH NJW 1999 S. 2885 m. w. N.

d. B müsste der S eine angemessene Frist für die Nachlieferung mit Ablehnungsandrohung gesetzt haben. Im Telefax vom 13. 10. setzte B eine letzte Frist bis zum 29. 10. 1999. B erklärte, nach Ablauf des 29. 10. eine spätere Lieferung nicht mehr abzunehmen. Es war damit eindeutig, dass es sich um eine letzte Aufforderung handeln sollte. Die Nachfrist von mehr als zwei Wochen war angemessen. Es handelte sich um eine Lieferung aus der laufenden Produktion.

e. Zum Zeitpunkt des Fristablaufs muss der Verzug mit der Nachlieferungspflicht noch bestehen. Er darf nicht durch Verjährung des Anspruchs beendet sein[2]. Verzug setzt einen durchsetzbaren Leistungsanspruch voraus. Ist der Anspruch verjährt, kann er nach § 222 nicht mehr geltend gemacht werden. Die 6-monatige Verjährungsfrist des Nachlieferungsanspruchs nach § 477 begann mit der Lieferung am 04. 07. 1999 Die Verjährung wäre erst am 05. 01. 2000 eingetreten. Die Nachfrist nach § 326 Abs. 1 S. 1 am 29. 10. 1999 abgelaufen, als der Anspruch noch nicht verjährt war. Ein Schadensersatz konnte erwachsen.

f. Jedoch könnte der Schadensersatzanspruch aus § 326 Abs. 1 S. 1 mittlerweile verjährt sein. Es stellt sich die Frage, ob für den Schadensersatzanspruch die spezielle Verjährungsfrist des § 477 Abs. 1 gilt oder die allgemeine Verjährungsfrist des § 195. §§ 480 Abs. 1 S. 2, 477 Abs. 1 beziehen sich nach ihrem Wortlaut nicht ausdrücklich auf den Schadensersatzanspruch aus § 326 Abs. 1. Sie beziehen sich nur auf den Nachlieferungsanspruch. Nach dem Zweck des § 477 Abs. 1 soll der Streit der Vertragsparteien über Mängel der Kaufsache nach Ablauf einer gewissen Zeit wegen der dadurch begründeten Beweisschwierigkeiten ausgeschlossen sein. Deshalb wird die Vorschrift über ihren Wortlaut hinaus auf alle kaufvertraglichen Ansprüche erstreckt, sofern sie eine Folge der Mangelhaftigkeit sind. § 477 Abs. 1 S. 1 gilt auch für den Schadensersatzanspruch aus § 326 Abs. 1 S. 1 wegen nicht genügender Erfüllung einer Gattungsschuld.

Eine Verjährung des Schadensersatzanspruchs wäre eingetreten, wenn dieser bereits mit Ablieferung der Rohre am 04. 07. 1999 zu laufen begann. Grundsätzlich beginnt ein Anspruch nach § 198 S. 1 erst mit seiner Entstehung zu laufen. Der Schadensersatzanspruch entstand mit dem Ablauf der Nachfrist am 29. 10. 1999. Nach § 198 ist dies der maßgebende Zeitpunkt für den Beginn des Laufs der Verjährungsfrist. Eine Anrechnung der für den Nachlieferungsanspruch bereits verstrichenen Verjährungsfrist vom 04. 07. bis 29. 10. 1999 auf die Verjährungsfrist des Schadensersatzanspruchs ist mit dem Wortlaut des § 198 nicht zu vereinbaren. § 198 geht eindeutig von der Entstehung des Anspruchs aus[3] Dies führt zwar zu einem Hinausschieben der Verjährung über den Zeitraum von sechs Monaten seit Ablieferung hinaus. Dieser Zeitraum bleibt jedoch überschaubar. Der Schadensersatzanspruch ist nicht verjährt und kann am 22. 01. 2000 noch geltend gemacht werden.

---

[2] BGH NJW 1999 S. 2884 f

[3] BGH NJW 1989 S. 1854 f; BGH NJW 1999 S. 2884, 2886

Vorschaden

Kaufvertrag - Mängelgewährleistung - Anfechtung - cic – Kondiktions-und Deliktsrecht

Sachverhalt

Autohändler Anton (A) verkauft Rechtsanwalt Renner (R) einen Gebrauchtwagen. Auf Nachfrage des R erklärt A, das Fahrzeug sei unfallfrei, obwohl er von einem umfangreichen Vorschaden im Frontbereich weiß. Schon nach kurzer Zeit stellt R fest, dass mit der Spur etwas nicht stimmt. Er fragt bei A nach, was es damit auf sich haben könne. A tut die Feststellungen und Bedenken des R als unerheblich ab. R schaltet einen Gutachter ein, der den Vorschaden einwandfrei feststellt. R bringt auf der Stelle das Fahrzeug dem A zurück und erklärt die Anfechtung des Kaufvertrages. Bei Kenntnis des Vorschadens hätte er das Fahrzeug nie erworben.

Frage: Kann R Rückzahlung des Kaufpreises und Ersatz der Gutachterkosten von A verlangen?

Lösung

1. § 463

Ansprüche auf Schadensersatz wegen Nichterfüllung setzen einen bestehenden Kaufvertrag voraus. Nach dem Sachverhalt haben A und R den Vertrag gemäß §§ 145 ff wirksam abgeschlossen. Der Vertrag ist nicht wegen Sittenwidrigkeit nach § 138 unwirksam. Soweit Sittenwidrigkeit in Betracht kommt, haftet sie dem Verhalten des A nicht jedoch dem Vertrag an.

a. Der Vertrag könnte durch Anfechtung nach §§ 142, 119 Abs. 2, 121 unwirksam geworden sein. R befand sich in einem Irrtum hinsichtlich der Unfallfreiheit des Fahrzeugs und damit einer Eigenschaft. Nach Übergabe der Kaufsache ist die Anfechtung wegen eines Eigenschaftsirrtums jedoch durch die speziellen Gewährleistungsregeln des Kaufvertragsrechts ausgeschlossen[1].

b. Nicht ausgeschlossen ist hingegen die Anfechtung wegen arglistiger Täuschung nach §§ 142, 123, 124. Die Arglistanfechtung wird durch das spezifische Gewährleistungsrecht nicht ausgeschlossen. Es besteht kein sachlicher Grund, die Ansprüche des getäuschten Käufers zum Vorteil des arglistig handelnden Verkäufers einzuschränken. A hat wider besseres Wissen in R einen Irrtum über die Unfallfreiheit des Fahrzeugs hervorgerufen. Dies geschah arglistig, da er als Autohändler um

---

[1] BGHZ 34 S. 32, 34

die Bedeutung dieser Eigenschaft für den Kaufentschluss wusste. Der Käufer eines Gebrauchtwagens misst der Frage eines Vorschadens und dessen Tragweite in Anbetracht der Gefahr eines technischen und merkantilen Minderwerts besondere Bedeutung zu[2]. Ein erheblicher Vorschaden eines Fahrzeugs wirkt sich regelmäßig nachteilig auf die Preisgestaltung für den Verkäufer aus. R hat diese Bedeutung durch seine ausdrückliche Frage noch unterstrichen. Die Verneinung der Frage war deshalb arglistig.

R hat nach § 143 Abs. 1 die Anfechtung ausdrücklich erklärt. Es stellt sich die Frage, ob die Erklärung nach §§ 133, 157 rechtstechnisch als Anfechtung zu verstehen ist oder nicht eher als Geltendmachung von Gewährleistungsansprüchen aufzufassen ist. Sowohl die Wandelung nach § 462 wie auch die Geltendmachung des Großen Schadensersatzes nach § 463 führen wie die Anfechtung im wesentlichen zur Rückabwicklung von Leistung und Gegenleistung. Der juristische Laie hat bei Verwendung des Begriffs Anfechtung in erster Linie die Rückabwicklung im Auge. Er übersieht nicht die Unterschiede und Vor- und Nachteile, die mit der Geltendmachung von Wandelung, Schadensersatz oder Anfechtung im einzelnen verbunden sind. Spricht eine Laie von Anfechtung, ist dies nach §§ 133, 157 eher als Bekundung eines allgemeinen Rückabwicklungswillens auszulegen[3]. Die Erklärung wird nicht nach ihrem Wortlaut sondern nach dem dahinterstehenden Interesse ausgelegt. R ist jedoch Rechtsanwalt. Er ist mit der rechtstechnischen Bedeutung des Begriffes *Anfechtung* vertraut und die Unterschiede zwischen den verschiedenen Rückabwicklungsmöglichkeiten sind ihm bekannt. Es ist davon auszugehen, dass er den verwendeten Ausdruck wortwörtlich und im rechtstechnischen Sinne verstanden hat und eine Anfechtung wollte. R hat den Kaufvertrag angefochten.

Der Vertrag ist unwirksam. Mangels wirksamen Kaufvertrages scheiden Ansprüche aus § 463 aus.

2. § 462

Ansprüche aus Wandelung entfallen ebenfalls. Auch die Wandelung setzt einen Kaufvertrag voraus. Der Kaufvertrag ist durch Anfechtung unwirksam geworden.

3. cic

Ansprüche aus cic können bei Leistungsstörungen außerhalb eines Schuldverhältnisses eingreifen. Eine Schutzpflicht aus rechtsgeschäftlichem Kontakt muss rechtswidrig und schuldhaft verletzt worden sein. Nach erfolgter Anfechtung liegt kein Schuldverhältnis mehr vor. Bei der Anbahnung des Kaufvertrages hat A eine Aufklärungspflicht rechtswidrig und vorsätzlich verletzt. Die subsidiäre cic kann eingreifen, da der dem R entstandene Schaden weder durch vertragliche noch vertragsähnliche Ansprüche gedeckt ist. § 122 kommt nicht als vorrangige Anspruchs-

---

[2] OLG Saarbrücken NJW-RR 1998 S. 1273, 1274
[3] *Palandt-Putzo* Komm. Vorbem. § 459 Anm. 8

grundlage in Betracht. Diese Vorschrift sieht keinen Schadensersatzanspruch für den vor, der wegen Irrtums die Anfechtung erklärt. Sie gewährt dem Anfechtungsgegner einen Schadensersatzanspruch und nicht dem wegen arglistiger Täuschung Anfechtenden. § 122 verdrängt nicht die subsidiäre cic. Es besteht für den arglistig Getäuschten eine Lücke im Gesetz.

Ansprüche aus cic gehen bei der Verletzung von Aufklärungs- und Offenbarungspflichten in erster Linie auf Ersatz des Vertrauensschadens. Die cic wurde in Analogie zu §§ 122, 304, 179 entwickelt. Diese Vorschriften beschränken den Ersatzanspruch auf den Vertrauensschaden. Gerade im Vertrauen auf die Wirksamkeit des Kaufvertrages hat R den Kaufpreis bezahlt.

Die Gutachterkosten sind ebenfalls als Schaden aus cic zu ersetzen. R hatte in die Erklärung des A über die Unfallfreiheit vertraut. Es bestand eine Aufklärungspflicht gegenüber dem R über den Vorschaden. Entgegen dieser Pflicht hat A trotz der Feststellungen und der Nachfrage des R wegen der verzogenen Spur den Vorschaden bestritten. Zur Aufdeckung des Vorschadens mussten die Gutachterkosten aufgewendet werden. Ohne den erschlichenen Vertragsschluss und das Bestreiten des A wären diese Unkosten dem R nicht erwachsen.

4. § 812 Abs. 1 S. 1, 1. Alt.

R müsste dem A ohne Rechtsgrund eine Leistung erbracht haben. R hat den Kaufpreis erbracht, obwohl der Kaufvertrag durch die Anfechtung rückwirkend unterging. Nach § 142 ist der Kaufvertrag von Anfang an wirksam. A hat den ohne vertragliche Grundlage erlangten Kaufpreis zurückzuzahlen.

Ein Anspruch auf Ersatz der Gutachterkosten lässt sich aus Bereicherungsrecht nicht herleiten, da A insofern nichts erlangt hat. Darin offenbart sich der Unterschied zwischen Bereicherungs- und Schadensersatzrecht.

5. § 823 Abs. 1

Eine Eigentumsverletzung am Fahrzeug des R kommt nicht in Betracht. Das Fahrzeug hatte schon vor Eigentumserwerb des R den Vorschaden.

Eine Eigentumsverletzung am Geld durch Substanzeingriff oder Sachentzug entfällt ebenfalls. R hat den Geldbetrag freiwillig hergegeben. Es liegt ein reiner Vermögensschaden vor, da er nicht den gewünschten Gegenwert für sein Geld erhielt. Dieser reine Vermögensschaden ist nicht von § 823 Abs. 1 gedeckt.

6. § 823 Abs. 2 i. V. m. § 263 StGB

Der Anspruch setzt voraus, dass A dem R durch Betrug einen Schaden zugefügt hat. Um den R zum Erwerb des Unfallwagens und zur Zahlung des Kaufpreises zu bewegen, täuschte A über die Unfallfreiheit des Fahrzeugs. Dies geschah in der Absicht, das Entgelt zu erlangen. Hierdurch erlitt R einen Vermögensnachteil. Nach § 249 sind alle adäquat kausal entstandenen Nachteile auszugleichen wie die Kaufpreiszahlung und die Gutachterkosten.

7. § 826

Der Schadensersatzanspruch gegen A setzt voraus, dass Vorsatz hinsichtlich der eingetretenen Schadensfolgen hatte[4]. Der Vorsatz muss sich auf jede einzelne Schadensposition beziehen.

A fügte dem R mit positivem Wissen und gewollt einen Vermögensnachteil in Höhe des Kaufpreises zu. R hätte bei Kenntnis vom Vorschaden sein Vermögen nicht um den entrichteten Kaufpreis gemindert.

Es stellt sich die Frage, ob sein Vorsatz auch die Gutachterkosten umfasste. Der Sachverhalt enthält hierzu keine Angaben. Wer einen Autokäufer arglistig über einen Vorschaden täuscht, muss damit rechnen, dass dieser misstrauisch wird und sich Gewissheit zu verschaffen sucht. Diese Aufklärung kann regelmäßig nur durch einen Fachmann erfolgen und ist mit Unkosten verbunden. A musste nach allgemeiner Lebenserfahrung und obendrein aufgrund seiner Berufserfahrung mit der Möglichkeit weiterer Vermögensnachteile im Zusammenhang mit der Aufdeckung und Feststellung des Vorschadens rechnen. Auch wenn ihm dies nicht gelegen kam, musste er mit der Einschaltung eines Gutachters durch R rechnen und hat diesen Folgeschaden in Kauf genommen. Es liegt bedingter Vorsatz vor.

Das Verhalten des A war sittenwidrig, hat er doch den R durch Betrug geschädigt. Der Betrug wird durch das StGB geahndet, der die allgemeine Sittenordnung verkörpert.

Ergebnis: R hat einen Anspruch auf Rückzahlung des Kaufpreises und auf Ersatz der Gutachterkosten.

---

[4] BGH NJW 1963 S. 148, 150

Möbelkauf

Kaufvertrag - Lieferfristen - Fixgeschäft - Verzug - Fristsetzung mit Erfüllungsablehnung - Individualabrede und AGB

Sachverhalt

Herr Winter (W) kauft im Möbelhaus Ludwig Anfang Oktober eine neue Wohnzimmereinrichtung. Mit dem Geschäftsinhaber Herrn Ludwig (L) persönlich trifft er die Vereinbarung, dass die Lieferung bis 15. 12. des Jahres erfolgen soll. Er will die Weihnachtsfeiertage und vor allem die Feierlichkeiten zu seinem 60. Geburtstag gleich nach Weihnachten unbedingt im neu eingerichteten Wohnzimmer verbringen. Noch vor der Anlieferung der neuen Möbelstücke will er die gesamte alte Einrichtung entfernen und den Raum neu tapezieren. L versichert, dass sich W zweifellos auf die pünktliche Lieferung verlassen könne. Er zeigt Verständnis für die Vorstellungen und Wünsche des W. Die Vereinbarung wird auf Wunsch des W ausdrücklich in den schriftlichen Kaufvertrag aufgenommen. Der Passus lautet: *Die Lieferung hat bis spätestens 15. 12. zu erfolgen.* Als die Möbel bis zum 15. 12. immer noch nicht geliefert wurden, fühlt sich L nicht mehr an den Vertrag gebunden. Er teilt L am 17. 12. mit, der Vertrag sei wegen der Fristüberschreitung hinfällig. Er deckt sich kurzfristig bei einem anderen Möbelgeschäft noch rechtzeitig zu Weihnachten ein, damit er Weihnachten nicht im frisch tapezierten und ansonsten leer stehenden Wohnzimmer verbringen muss.

Am 09. 01. treffen die Möbel bei L ein. Er will sie umgehend bei W anliefern lassen. W beruft sich darauf, dass der Vertrag erloschen sei und er die Möbel nicht mehr brauche. Hingegen weist L zutreffend daraufhin, dass sich in seinen AGB der Hinweis befindet: *Liefertermine sind unverbindlich.*

Frage: Kann L Abnahme und Zahlung von W verlangen.

Lösung

§ 433 Abs. 2

L könnte einen Anspruch auf Abnahme und Zahlung aus § 433 Abs. 2 haben. Zwischen L und W kam im Oktober ein wirksamer Kaufvertrag zustande.

a. Der vertragliche Anspruch könnte jedoch durch Befristung nach §§ 163, 158 Abs. 2 untergegangen sein. Die Bestimmung von Lieferfristen in Kaufverträgen hat primär die Funktion einer Fälligkeitsabrede nach § 271 Abs. 1. Die Überschreitung von Lieferterminen führt nicht automatisch zur Vertragsaufhebung. Dies erhellt bereits die Bestimmung des § 284 Abs. 2. Hiernach begründet die Fristüberschreitung den Verzug. Der Verzug als solches lässt die Erfüllungsansprüche unberührt.

Diese Regelung wäre gegenstandslos, wenn die Fristüberschreitung bereits den Vertrag aufgelöst hätte.

b. Der Lieferanspruch könnte jedoch nach § 275 Abs. 1 unmöglich geworden sein. Dies könnte nach §§ 323, 325 zum Wegfall der Gegenleistungspflicht führen. Terminüberschreitungen führen ausnahmsweise zur Unmöglichkeit, wenn ein absolutes Fixgeschäft vorliegt. Beim absoluten Fixgeschäft ist ein Termin prägend für den Charakter der Leistung. Der Termin muss entscheidend für das Interesse an der Leistung und für ihren Verwendungszweck sein. Durch die Terminüberschreitung muss sich der Charakter der Leistung verändern und sie muss den ihr ursprünglich beigemessenen Verwendungszweck gänzlich verlieren. Der Termin für die Anlieferung der Möbel war in keinster Weise entscheidend für die Verwendung der Wohnzimmereinrichtung. Die Wohnzimmereinrichtung kann auch später noch jederzeit denselben Zweck erfüllen.

c. Die Vertragspflichten könnten im Nachhinein nach § 326 Abs. 1 S. 2, 2. HS erloschen sein. L müsste mit der geschuldeten Leistung in Verzug nach §§ 284, 285 geraten sein. Zwischen L und W bestand ein Kaufvertrag als Schuldverhältnis. Die Leistung war nach § 271 alsbald nach Vertragsabschluss fällig. Einer Mahnung bedurfte es gemäß § 284 Abs. 2 nicht, da der Leistungszeitpunkt kalendermäßig bestimmt war. Das Verschulden des L wird nach § 285 vermutet. Dieser Vermutung steht nach dem Sachverhalt nichts entgegen.

Neben Verzugseintritt setzt § 326 voraus, dass seitens des W eine Fristsetzung mit Ablehnungsandrohung erfolgt ist. W hat dem L keine Frist gesetzt. Ausnahmsweise bedurfte es nach § 326 Abs. 2 der Fristsetzung nicht, wenn die Leistung infolge des Verzugs für W kein Interesse mehr hatte. Die Leistung hatte für ihn im Grunde genommen noch Interesse, wie die erfolgte Ersatzbeschaffung bereits zeigt. Die Ersatzbeschaffung führt nicht zum Interessewegfall, da sie von W willentlich herbeigeführt wurde.

d. Der Vertrag könnte durch Rücktritt nach § 361 beendet worden sein. Zwischen L und W müsste ein relatives Fixgeschäft abgeschlossen worden sein. Bei § 361 handelt es sich um eine Auslegungsregel, wonach die Angabe eines festbestimmten Leistungszeitpunkts für ein Rücktrittsrecht bei Überschreitung der Lieferfrist spricht.

Wie der Vergleich mit §§ 326 Abs. 1 S. 1, 284 Abs. 2 zeigt, kann die Angabe eines exakten Liefertermins alleine nicht schon das Rücktrittsrecht auslösen. Die Bestimmung eines exakten Liefertermins löst nur den Verzug nach § 284 Abs. 2 und die Möglichkeit der Geltendmachung des Verzugsschadensersatzanspruches aus. In dem vom Gesetzgeber in § 326 geregelten Normalfall bedarf es gerade nach Überschreiten des Liefertermins noch der Fristsetzung mit Ablehnungsandrohung. Der Erwerber hat nicht das Recht, sich sogleich vom Vertrag zu lösen. Er muss dem Lieferanten die Möglichkeit zur Nachholung der Leistung einräumen[1]. Deshalb muss bei § 361 über die Bestimmung einer Leistungszeit hinaus, die Einhaltung der Leistungszeit nach dem subjektiven Parteiwillen derart wesentlich sein, dass mit der zeitgerechten Leistung das Interesse des Erwerbers am Geschäft stehen und fallen soll[2]. Auf einen solchen Willen können Klauseln wie *spätestens*, *fix* hindeuten. Dafür spricht obendrein die Bestellung von Waren zu bestimmten Anlässen[3]. Im konkreten Fall hat W deutlich gemacht, dass die pünktliche Lieferung wesentlicher Inhalt des Vertrages sein sollte, da die Leistung nur zu dem vorgesehenen Zeitpunkt für ihn von besonderem Interesses war wegen der Renovierungsarbeiten und den bevorstehenden Feierlichkeiten. L ist auf dieses Anliegen ausdrücklich eingegangen. Damit wurde der Lieferzeitpunkt von beiden Parteien zu einem entscheidenden Kriterium des Vertrages gemacht. Ein relatives Fixgeschäft liegt bei einer solchen Vereinbarung im Kaufvertrag vor.

Diese Vereinbarung könnte jedoch durch den Passus in den AGB *Alle Liefertermine sind unverbindlich* ihrer Rechtsverbindlichkeit beraubt sein. Nach § 4 ABGB geht bei einem Widerspruch zwischen Individualvereinbarung und AGB die Individualvereinbarung vor. Durch Klauseln in AGB kann eine getroffene Vereinbarung nicht wieder einseitig aufgehoben werden. Die Individualvereinbarung verdrängt die AGB.

Mit der Erklärung, dass der Vertrag hinfällig ist, hat W nach §§ 133, 157 sein Rücktrittsrecht wirksam ausgeübt. Es ist nicht erforderlich, dass er den gesetzestechnischen Begriff des Rücktritts verwendet. Es ist genügend, dass er deutlich gemacht hat, an der Vertragserfüllung kein Interesse mehr zu haben.

---

[1] BGHZ 110 S. 88, 97
[2] BGHZ 110 S. 88, 97
[3] Münchner Komm. *Janßen* § 361 Anm. 3; *Staudinger-Kaiser* Komm. § 361 Anm. 9

Transporter

Kaufvertrag - Mangel - Gewährleistungsausschuss - Transportkosten - Anfechtung - cic

Sachverhalt

Bauunternehmer Gustav (G) benötigt einen Kleintransporter. Er macht sich auf die Suche nach einem gebrauchten Fahrzeug. Beim Nutzfahrzeughändler Friedrich (F) entdeckt er ein geeignetes Fahrzeug. Der Tacho zeigt einen Kilometerstand von 67.000 km an. G wundert sich über die geringe Fahrleistung des immerhin schon 8 Jahre alten Fahrzeugs. Auf ausdrückliches Befragen des G bestätigt der F, der Kilometerstand stimme, daran bestehe kein Zweifel. Der Voreigentümer habe das Fahrzeug fast nur zu Lieferfahrten innerorts und in der näheren Umgebung verwendet. G handelt einen günstigen Kaufpreis aus und erwirbt das Fahrzeug.

Nach etwa vier Monaten bringt G den Transporter zur Inspektion in eine Fachwerkstatt. Hier stellt der erfahrene Kraftfahrzeugmeister fest, dass der Transporter eine Fahrleistung von weitaus mehr als 130.000 km hat.

G will das Fahrzeug dem F zurückgeben. Bei Durchsicht des Kaufvertragsformulars fällt der Vermerk auf *Die Gewährleistung ist wie bei Gebrauchtwagen üblich ausgeschlossen.* Unter den technischen Daten des Transporters im Formular findet sich der Eintrag *Kilometerstand 67.000.*

F versichert glaubhaft, dass er den Transporter beim Verkauf eines Lastwagens in Zahlung genommen habe. Der Kunde habe im Formular *Inzahlungnahme von Gebrauchtwagen* einen Kilometerstand von 67.000 km angeführt. Auch das Inspektionsheft decke sich mit diesen Angaben. Er habe keinen Grund zum Argwohn gehabt. Wahrscheinlich habe der Kunde den Tacho über geraume Zeit ausgehängt gehabt.

Frage: Kann G den Kaufvertrag rückabwickeln?

Lösung

1. § 462

G könnte nach § 462 Wandelung des Kaufvertrages nach den Regeln über die Mängelgewährleistung geltend machen. Ein Kaufvertrag wurde wirksam zwischen G und F vereinbart.

a. Der Transporter müsste einen Mangel nach § 459 haben. In Betracht kommt ein Fehler des Fahrzeugs nach § 459 Abs. 1. Die Istbeschaffenheit mit 130.000 km Fahrleistung weicht erheblich von der Sollbeschaffenheit von 67.000 km ab. Ein

Mehr an Fahrleistung von über 50.000 km wirkt sich sowohl auf den Wert wie auch auf die Reparaturanfälligkeit des Fahrzeugs und damit dessen Tauglichkeit erheblich aus. Die Fahrleistung ist allgemein ein wichtiges wertbildendes Kriterium im Fahrzeughandel.

Dem Fahrzeug könnte obendrein eine zugesicherte Eigenschaft nach § 459 Abs. 2 fehlen. Die Fahrleistung ist eine dem Fahrzeug unmittelbar anhaftende Eigenschaft. Die Zusicherung der Eigenschaft erfordert eine zum Vertragsinhalt gewordene rechtsverbindliche Erklärung des Verkäufers. Mit dieser Erklärung gibt der Verkäufer zu erkennen, dass er für den Bestand der Eigenschaft und die Folgen ihres Fehlens einstehen will. Sie ist zu unterscheiden von einer unverbindlichen Beschreibung, Kennzeichnung oder Anpreisung einer Sache. Die Aufnahme von Fahrzeugdaten in ein Verkaufsformular dient in erster Linie der Kennzeichnung und Beschreibung des Fahrzeugs[1]. In der Regel bedarf es einer weiteren zusätzlichen Erklärung oder besonderer konkludent wirkender Umstände bei Vertragsabschluss, woraus die Bereitschaft hergeleitet werden kann, für eine bestimmte Eigenschaft gerade stehen zu wollen. Solche besonderen Umstände können beim Gebrauchtwagenkauf darin gesehen werden, dass der Käufer sich auf die besondere Sachkunde des Verkäufers verlässt, der regelmäßig weitergehende Kenntnisse über den Zustand des Fahrzeuges hat oder sich beschaffen kann[2] . Hingegen fehlt es dem Käufer an der Möglichkeit, sich ohne weiteres über den Zustand des Fahrzeugs kundig zu machen. Mit der Aufnahme der Kilometerleistung in den Vertrag nach ausdrücklichem Befragen des G war die Bedeutung dieser Eigenschaft für den Kaufvertragsabschluss offenkundig. In Anbetracht der Erheblichkeit dieser Angabe für den G und der eingehenden Erläuterungen des F zur Fahrleistung kann die uneingeschränkte Bestätigung des F nur als Übernahme der Gewähr für das Vorhandensein der Eigenschaft verstanden werden.

c. Nach § 460 ist die Gewährleistung ausgeschlossen, wenn der Käufer G um den Mangel wusste oder den Mangel grob fahrlässig nicht bemerkte. Da F die Kilometerleistung zugesichert hat führt nach § 460 S. 2 selbst grob fahrlässige Unkenntnis des G nicht zum Haftungsausschluss.

Der Haftungsausschluss kann im vorliegenden Fall nur bei positiver Kenntnis des G vom Mangels eingreifen. G kannte die wahre Fahrleistung nicht. Die Fahrleistung war äußerlich nicht erkennbar. § 460 auferlegt dem Käufer keine Untersuchungspflicht. Eine Untersuchungspflicht ist dem Laien obendrein zumeist nicht möglich. G hatte sich nur über den geringen Kilometerstand des 8 Jahre alten Fahrzeuges gewundert. Die Zweifel des G am Tachostand hatte F durch eine glaubwürdige Erklärung zerstreut. Zweifel begründen noch keine Kenntnis. Im übrigen wäre es rechtsmissbräuchlich, wenn F einerseits die Zweifel des G über die Fahrleistung zerstreut, um dann andererseits zu seinen eigenen Gunsten sich auf

---

[1] BGH NJW 1975 S. 1693, 1694; OLG Frankfurt NJW-RR 1991 S. 875, 876
[2] BGH NJW 1975 S. 1693, 1694

diese Zweifel berufen zu wollen. Der Haftungsausschluss des § 460 greift nicht ein.

F hat den Mangel alleine nach den Vorschriften der §§ 459, 460 zu vertreten. Die Vorschrift enthält keine Verweisung auf § 276. Es kommt deshalb nicht darauf an, dass F selbst vom Mangel wusste oder diesen selbst zu vertreten hat.

d. Die Regeln über die Wandelung könnten durch die Klausel *Die Gewährleistung ist wie bei Gebrauchtwagen üblich ausgeschlossen* für unanwendbar erklärt worden sein. Diese Ausschlussklausel müsste wirksamer Vertragsbestandteil geworden sein.

aa. Sollte es sich hierbei um Allgemeine Geschäftsbedingungen handeln, sind für die Wirksamkeit der Klausel die Regeln des AGBG zu beachten. Die Anwendung des AGBG setzt voraus, dass AGB im Sinne von § 1 AGBG vorliegen. Im Sachverhalt ist die Rede von einem Vertragsformular. F ist Fahrzeughändler. Es kann deshalb davon auszugehen, dass es sich bei dem Vertragsformular um vorformulierte Vertragsbedingungen handelt, die zur wiederkehrenden Verwendung geschaffen wurden.[3] Aus Gründen der Einfachheit und Übersichtlichkeit verwenden Händler dieselben Vertragsformulare für eine Vielzahl von Fällen. Es liegen folglich AGB vor. Die Wirksamkeit des Passus bestimmt sich nach dem AGBG.

bb. Für die Einbeziehung gelten nicht die besonderen Voraussetzungen des § 2 AGBG, da G Unternehmer nach § 24 S. 1 Nr. 1 AGBG ist. Der Vertrag kam einschließlich der fraglichen Klausel nach § 145 zustande

cc. Die Klausel könnte gegen § 11 Nr. 11 AGBG verstoßen und deshalb unwirksam sein. Jedoch kommt § 11 AGBG nach § 24 S. 1 Nr. 1 AGBG nicht zugunsten des Bauunternehmers G unmittelbar zur Anwendung.

dd. Werden Allgemeine Geschäftsbedingungen gegenüber Unternehmern verwendet, sind diese ausschließlich an § 9 AGBG zu messen. In Betracht kommt ein Verstoß gegen § 9 Abs. 1 AGBG. Der Maßstab für treuwidrige unangemessene Klauseln lässt sich § 11 Nr. 11 AGBG entnehmen. Zwar gilt § 11 Nr. 11 AGBG wie gezeigt nicht unmittelbar zugunsten eines Unternehmers. Nach § 24 S. 2 AGBG lassen sich den §§ 10, 11 AGBG gleichwohl Leitlinien über die Angemessenheit von Vertragsbestimmungen entnehmen. Diese Leitlinien bieten einen allgemeinen Maßstab, was nach § 9 AGBG auch bei Verwendung gegenüber Unternehmern als angemessen erachtet werden kann. Gemessen an der Leitlinie des § 11 Nr. 11 AGBG kann eine Vertragsklausel auch nach § 9 Abs. 1 AGBG unwirksam sein, soweit Schadensersatzansprüche wegen des Fehlens zugesicherter Eigenschaften ausgeschlossen werden.

§ 11 Nr. 11 AGBG gilt nach seinem Wortlaut nur für Schadensersatzansprüche. Bei Ansprüchen aus § 462 handelt es sich nicht um Schadensersatzansprüche

---

[3] Erfassung des Sachverhalts nach der Normalfallmethode

sondern um Wandelung oder Minderung. Für die Wandelung muss das Klauselverbot bei Fehlen zugesicherter Eigenschaften ebenfalls gelten. Die Wandelung steht im System des BGB gleichrangig neben den Schadensersatzansprüchen wegen Mängeln. Bei Fehlen einer zugesicherten Eigenschaft stehen Wandelung und Schadensersatz dem Käufer regelmäßig alternativ zur Verfügung. Die Wandelung ist für den Verwender von Allgemeinen Geschäftsbedingungen regelmäßig mit einem geringeren Risiko verbunden wie die Geltendmachung von Schadensersatzansprüchen.

ee. Nach § 24 S. 2 AGBG handelt es sich bei den Klauselverboten des §§ 10, 11 AGBG nur um Leitbilder, soweit diese Klauseln gegenüber Unternehmern oder juristischen Personen des öffentlichen Rechts verwendet werden. Es kann sich aus den Begleitumständen, den Besonderheiten des Einzelfalles eine andere Wertung ergeben. Für eine einschränkende Betrachtung der Heranziehung des § 11 Nr. 11 AGBG könnte die Regelung des § 476 sprechen.

Nach dem Wortlaut des § 476 sind Gewährleistungsausschlüsse in Individualvereinbarungen zulässig. Eine Ausnahme sieht die Vorschrift nur für den Fall der arglistiger Täuschung vor, die hier nicht vorliegt. Bei Gebrauchtfahrzeugen ist ein solcher Gewährleistungsausschluss im Interesse der Rechtssicherheit zur Vermeidung von Beweis- und Abgrenzungsprobleme angemessen und wird als unbedenklich erachtet. Unwirksam ist jedoch der Ausschluss bei einer Haftung für fehlende zugesicherte Eigenschaften. Ansonsten ginge die Zusicherung vollkommen ins Leere und wäre rechtlich bedeutungslos. Der Verkäufer darf nicht, was er vertraglich versprochen hat, durch eine Freizeichnung wieder zunichte machen[4]. Ein solche Klausel ist rechtsmissbräuchlich.

G kann Wandelung geltend machen wegen Fehlen einer zugesicherten Eigenschaft

2. § 463 S. 1

Statt Wandelung kann G nach § 463 S. 1 Schadensersatz wegen Fehlen einer zugesicherten Eigenschaft geltend machen. Der Anspruch ist unabhängig von einem Verschulden des F. Es entlastet den F nicht, dass er sich auf die Angaben des Voreigentümers und die Eintragungen im Inspektionsheft verlassen hat. Bei § 463 S. 1 handelt es sich um eine vom Verschulden des Verkäufers unabhängige Garantiehaftung

Der Haftungsausschluss ist wie oben gezeigt unwirksam nach § 9 Abs. 1 AGBG in Anbetracht des Leitbildes aus § 11 Nr. 11 AGBG.

Der Schadensersatz kann in der Form des *Großen Schadensersatzes* geltend gemacht werden. Hierbei ist ebenfalls der Kaufgegenstand zurückzugeben und der Kaufpreis zu erstatten. Der Große Schadensersatzanspruch unterscheidet sich von der Wandelung dadurch, dass weitergehende Nachteile aus dem Kaufvertrag über

---

[4] BGHZ 93 S. 338, 342

die mangelbehaftete Sache geltend gemacht werden können. Statt Wandelung kann G den Großen Schadensersatzanspruch geltend machen.

3. § 812 Abs. 1 S. 2, 1. Alt.

Ein Anspruch aus Leistungskondiktion § 812 Abs. 1 S. 2, 1. Alt.[5] könnte sich nach Anfechtung des Kaufvertrages aus §§ 142, 119 Abs. 2 ergeben. Nach Übergabe des Kaufgegenstandes an den Käufer geht das Gewährleistungsrecht dem Recht der Anfechtung wegen Eigenschaftsirrtum als Sonderregel, lex specialis, vor. Die Anfechtung wegen eines Eigenschaftsirrtums ist nach Übergabe ausgeschlossen[6].

Das Gewährleistungsrecht schließt die Anfechtung nach § 123 nicht aus. Es liegen keinerlei Anhaltspunkte für ein arglistiges Verhalten des F vor.

4. cic

Ansprüche auf Aufhebung des ungünstigen Vertragsabschlusses im Wege der cic entfallen. Cic ist dem vertraglichen Gewährleistungsrecht subsidiär solange keine vorsätzliche Täuschung über den Mangel vorliegt.

5. § 823 Abs. 2 i. V. m. § 263 StGB bzw. § 826

Für deliktische Ansprüche wegen des entstandenen Vermögensnachteils fehlt es am Erfordernis des Vorsatzes bei F.

Ergebnis: G kann über § 462 oder § 463 den Vertrag rückabwickeln.

---

[5] auch § 812 Abs. 1 S. 1, 1. Alt. vertretbar

[6] BGHZ 34 S. 32, 34

Tiramisu

Kaufvertrag - Mängelgewährleistung - pFV - Haftung für den Verrichtungsgehilfen - Produzentenhaftung - Produkthaftung - Beweislast

Sachverhalt

Herr Bitter (B) ist selbständiger Versicherungsagent. In der Mittagspause sucht er häufig mit Freunden, Kollegen und Kunden die Speisegaststätte *Sonne* auf. Die *Sonne* ist ein Familienbetrieb und für ihre ausgezeichnete Küche weithin bekannt. Inhaber des Lokals ist Herr Sommer (S). Die Speisezubereitung liegt in der Hand des Sohnes Sommer junior (J). Er ist im Betrieb seines Vaters angestellt.

B isst heute das Tagesmenü: Suppe, Rahmschnitzel und als Nachspeise Tiramisu. Stunden später beginnt er sich unwohl zu fühlen. Ein Kollege bringt ihn ins Krankenhaus. Hier stellt der Arzt eine schwere Salmonellenvergiftung fest. Die Ursache ist bald gefunden. Laboruntersuchungen ergeben, dass das im Lokal verzehrte Tiramisu mit Salmonellen befallen war. Im übrigen sind andere Gäste, die am selben Tag in der *Sonne* Tiramisu verspeisten, ebenfalls erkrankt. Infolge der Salmonellenvergiftung ist B zwei Wochen lang krank und kann seinen Beruf nicht ausüben. Es entgehen ihm eine Reihe von Vertragsabschlüssen, weshalb er einen Provisionsausfall erleidet.

Um die Ursache für den Salmonellenbefall festzustellen, wird von der für die Gaststättenüberwachung zuständigen Behörde ein Gutachter eingeschaltet. Er stellt fest, dass es im Betrieb des S drei Möglichkeiten gibt, wie die Salmonellen in den Nachtisch gelangen konnten: Über die Hände, der mit der Zubereitung betrauten Personen, durch die bei der Herstellung verwandten Gebrauchsgegenstände oder die verwandten Zutaten, insbesondere die Eier. Im Gutachten konnte jedoch nicht die Kernfrage geklärt werden, auf welchem Wege, die Salmonellen tatsächlich in die Nachspeise gelangt sind.

Der Gaststättenbetreiber S kann nachweisen, dass in seinem Betrieb die in der Gastronomie erforderlichen Hygienevorschriften und Sicherheitsvorkehrungen gegen Salmonellenbefall streng eingehalten werden. Seit sein Sohn J die Küche leitet, gab es noch keinerlei Beanstandungen im Hygienebereich. Die zur Speisenzubereitung benötigten Eier werden jeden Morgen frisch vom Eiergroßhändler Engel (E) bezogen. E hat in der Branche einen einwandfreien Ruf. Im Nachhinein lässt sich nicht mehr feststellen, wie es trotz Einhaltung aller Vorkehrungen gegen Salmonellenbefall im Betrieb des E zu dem Missgeschick kommen konnte.

Kann B Ersatz seines entgangenen Gewinns für die Dauer seiner Erkrankung und ein Schmerzensgeld von S, J oder E verlangen?

Lösung

I. Ansprüche gegen J

1. § 823 Abs. 1

B könnte einen Anspruch aus § 823 Abs. 1 wegen einer erlittenen Gesundheitsverletzung haben. Durch den Genuss der von J zubereiteten Nachspeise erlitt B eine Salmonellenvergiftung, die zu einer erheblichen Beeinträchtigung seines körperlichen Wohlbefindens führte. Die Zubereitung der Nachspeise müsste kausal für die Erkrankung des B gewesen sein. Hätte J diese Nachspeise nicht zubereitet, wäre es nicht zu der Erkrankung gekommen. Für die Kausalität kann es dahingestellt bleiben, auf welchem Wege die Salmonellen in das Tiramisu gelangt sind. Es steht zweifelsfrei fest, dass sich die Salmonellen in dem von J zubereiteten Tiramisu befanden. Damit war die Zubereitung kausal für die Erkrankung.

J müsste schuldhaft gehandelt haben. In Betracht kommt allenfalls Fahrlässigkeit nach § 276. J müsste die bei der Zutatenbeschaffung und Speisezubereitung erforderlichen Sicherheits- und Hygienemaßnahmen nicht eingehalten haben. Allein der Umstand, dass J die Nachspeise zubereitet hat, genügt nicht als Nachweis des Verschuldens. Damit ist nur ausgesagt, dass die Speisezubereitung objektiv ursächlich war für die Gesundheitsverletzung. Nicht jedes objektiv ursächliche Verhalten ist zugleich schuldhaft. Es muss ein Verstoß des J gegen die Sorgfaltspflichten bei der Speisenzubereitung vorliegen. Das Gutachten enthält keinen Anhaltspunkt dafür, ob J Sicherheitsvorkehrungen bei der Beschaffung und der Zubereitung der Speisen außer Acht gelassen hat. Damit bleibt der Beweis für ein Verschulden des J offen. Die Beweislast trägt B. Da er den Verschuldensbeweis nicht führen kann, entfällt eine Haftung des J.

2. § 823 Abs. 2 i. V. m. § 229 StGB und § 847

Mangels Verschuldensnachweis entfallen des weiteren Ansprüche aus § 823 Abs. 2 i. V. m. § 229 StGB.
Da dem J keine unerlaubte Handlung nachgewiesen werden kann, entfällt auch ein Schmerzensgeldanspruch nach § 847. § 847 setzt als ungeschriebenes Tatbestandsmerkmal voraus, dass die Gesundheitsverletzung durch eine unerlaubte Handlung nach §§ 823 ff begangen wurde. Wie bereits gezeigt, kann eine unerlaubte Handlung des J nicht nachgewiesen werden

II. Ansprüche gegen S

1. § 480 Abs. 2

Ein Schadensersatzanspruch könnte sich aus § 480 Abs. 2 ergeben. Es müsste ein Kaufvertrag über eine Gattungssache vereinbart worden sein. Beim Besuch eines Restaurants wird ein gemischter Vertrag abgeschlossen, der Elemente des Mietvertrags, Dienstvertrags, des Kauf- oder Werklieferungsvertrages enthalten kann. Hier handelt es sich um eine bereits vor der Bestellung zubereitete Speise. Es handelt sich nicht um einen Werklieferungsvertrag über erst noch herzustellende

Speisen. Speisen wie Tiramisu werden im Voraus in größerer Anzahl hergestellt, nach der Bestellung gerade noch portioniert, angerichtet und serviert. Ein Werklieferungsvertrag kommt nicht in Betracht. Bei der Bestellung im Voraus zubereiteter Speisen à la carte wie einem Tiramisu liegt der Schwerpunkt auf dem Kaufvertrag[1]. Jedoch liegt weder eine Abweichung von einer zugesicherten Eigenschaft noch eine arglistige Täuschung über einen Fehler vor.

2. § 433 i. V. m. pFV

Ein Schadensersatzanspruch könnte sich aus einer positiven Forderungsverletzung des Kaufvertrages ergeben. Die subsidiäre positive Forderungsverletzung kann eingreifen, da keine vorrangig geregelten schuldrechtlichen Schadensersatzansprüche einschlägig sind.

Es liegt eine objektive Schlechterfüllung des Vertrages vor. Die Speise war mit Krankheitserregern befallen. Zwar hat S die Speise nicht selbst zubereitet. Er muss sich ein Verschulden seines Erfüllungsgehilfen J gemäß § 282 i. V. m. §§ 282, 285 analog anrechnen lassen. Das Verschulden wird hiernach vermutet. Die Verschuldensvermutung kann jedoch entkräftet werden, wenn der Nachweis gelingt, dass alle Sicherheitsvorkehrungen eingehalten wurden. S und J konnten nachweisen, dass sie täglich in einem als zuverlässig bekannten Betrieb die Eier frisch erworben haben. Es wurde nach dem Sachverhalt weiter bewiesen, dass in der Küche alle Hygienevorschriften eingehalten wurden. Der Entlastungsbeweis konnte laut Sachverhalt geführt werden. Eine objektiv vorliegende mangelhafte Leistung lässt nicht zwingend den Schluss zu, der Mangel müsse zwangsläufig schuldhaft verursacht worden. Von einem Verschulden kann nicht ausgegangen werden.

3. § 831

Es kommt ein Anspruch des B gegen S aus § 831 S. 1 in Betracht. S haftet für das tatbestandsmäßige und rechtswidrige Tun seines Mitarbeiters J. Als angestellter Koch ist J weisungsabhängiger Verrichtungsgehilfe des S. Wie oben unter I. 1. gezeigt, hat J durch die Zubereitung der Nachspeise kausal die Gesundheitsverletzung des B herbeigeführt. Ein Rechtfertigungsgrund ist nicht ersichtlich. Auf ein Verschulden des Verrichtungsgehilfen kommt es bei § 831 nicht an.

Bei § 831 handelt es sich um einen Fall der Haftung für vermutetes eigenes Verschulden bei der Auswahl oder Leitung der beschäftigten Personen. Dafür gewährt § 831 S. 2 dem Geschäftsherrn S die Möglichkeit, den Entlastungsbeweis zu führen. S konnte nachweisen, dass er einwandfrei instruiertes und geschultes Personal in der Küche beschäftigt hat. Er konnte belegen, dass es seit der Übernahme der Leitung der Küche durch seinen Sohn zu keinen Beanstandungen kam. Er konnte weiter nachweisen, dass die Hygienevorschriften eingehalten wurden. Dem S ist der Entlastungsbeweis für die ordnungsgemäße Auswahl seiner Verrichtungs-

---

[1] AG Burgwedel NJW 1986 S. 2647; BGH NJW 1992 S. 1039, 1040: bei individuell zusammengestelltem Hochzeitsessen §§ 651, 635

gehilfen und die Leitung des Betriebes gelungen. Eine Haftung des G aus § 831 kommt nicht in Betracht.

4. § 823 Abs. 1

B könnte einen Anspruch aus § 823 Abs. 1 wegen einer Gesundheitsverletzung durch G haben. Wie gezeigt, kam es durch die Verabreichung des salmonellenbefallenen Tiramisu im Betrieb des S zu der Erkrankung des B. Die Verabreichung der Speisen im Betrieb des S stellt eine kausale Verletzungshandlung dar.

Ein Verschulden des S lässt sich dem Sachverhalt nicht entnehmen. Für ein Verschulden ist es nicht ausreichend, dass es im Betrieb des S objektiv zu einer Schädigung des B kam. Damit ist nur die kausale Verletzungshandlung bewiesen, nicht jedoch das subjektive Verschulden, das Erkennbarkeit und Vermeidbarkeit der Gefahrenquelle voraussetzt. Nach dem Grundsatz, dass der Geschädigte B das Verschulden des S nachweisen muss und die Folgen der Nichterweislichkeit zu tragen hat, würde eine Haftung des S entfallen. Von diesem Beweisgrundsatz hat die Rechtsprechung jedoch eine Ausnahme bei der Produzentenhaftung entwickelt: Der Hersteller eines bei seiner Inverkehrgabe fehlerhaften Produkts hat im Wege der Beweislastumkehr darzulegen und zu beweisen, dass ihn in Bezug auf die Fehlerhaftigkeit des Produkts, kein Verschulden trifft[2]. Diese Beweislastumkehr trägt der Beweisnot Rechnung, in der sich der Geschädigte gegenüber dem Produkthersteller in der Regel befindet. Der Produzent kann eher den Sachverhalt aufklären. Er kann die Produktionssphäre überblicken, da er den Herstellungs- und Auslieferungsprozess organisiert und kennt. Deshalb soll bei der Produzentenhaftung der Produzent und Hersteller die Folgen der Beweislosigkeit tragen,. Er ist eher an den Beweisen dran.

S ist Hersteller, der in seinem Betrieb zubereiteten Speisen. Es könnte jedoch zweifelhaft sein, ob Kleinbetriebe wie ein Familienbetrieb der Produzentenhaftung unterfallen oder die Produzentenhaftung mit der Beweislastumkehr nur für größere Betriebe gilt. Der für die Beweislastumkehr maßgebliche Grundgedanke, die schwere Durchschaubarkeit der Herstellungsvorgänge und der Organisation für den geschädigten Verbraucher, ist von der Betriebsgröße unabhängig. Der Verbraucher kann nicht wissen, wie die Speisen im Betrieb hergestellt werden, welche Zutaten verwendet werden und wie sie bezogen werden[3]. Der Herstellungsprozess vollzieht sich im Herrschaftsbereich des Gastwirts. Der Gastwirt kann diesen Bereich leichter überschauen als der geschädigte Verbraucher, weshalb es auch hier angemessen ist, die Beweislastumkehr der Produzentenhaftung eingreifen zu lassen.

Den S trifft den Entlastungsbeweis dafür, dass ihn kein Verschulden trifft. Der Entlastungsbeweis ist ihm nicht schon deshalb versperrt, weil objektiv feststeht, dass in seinem Betrieb salmonellenbefallene Speisen verabreicht wurden. Damit ist

---

[2] BGH NJW 1992 S. 1039, 1040 m. w. N.

[3] BGH NJW 1992 S. 1039, 1041

noch nicht gesagt, dass den S ein Verschulden an der Salmonellenverseuchung trifft. Der S muss nachweisen können, dass in seinem Betrieb alle erforderlichen Vorkehrungen und Kontrollen zur Gewährleistung eines hygienisch einwandfreien Herstellungsverfahrens getroffen worden sind: S hat, wie bereits unter II. 2. und II. 3. gezeigt nachgewiesen, dass die Hygienebestimmungen bei der Zubereitung eingehalten worden sind. Bei zugelieferten Zutaten darf er auf die Mangelfreiheit vertrauen, wenn ihm die Bezugsquelle - wie hier bei E - als zuverlässig bekannt ist. Zu einer eigenen Qualitätskontrolle ist er nur verplichtet, wenn besondere Umstände eine Überprüfung nahe legen. Solche besonderen Umstände sind aus dem Sachverhalt nicht ersichtlich.

S hat den erforderlichen Entlastungsbeweis geführt, wonach ihn kein Verschulden am Salmonellenbefall trifft.

5. § 823 Abs. 2 i. V. m. § 229 StGB und § 847.

Ein Sorgfaltsverstoß des S lässt sich nicht nachweisen. Mangels Verschulden des S kommt eine Haftung aus § 823 Abs. 2 nicht in Betracht.

Es entfällt ebenfalls ein Schmerzensgeldanspruch aus § 847, da der Nachweis einer unerlaubten Handlung des S nach §§ 823 ff nicht erbracht wurde.

6. § 1 Abs. 1 S. 1 ProdHG

Ein Schadensersatzanspruch könnte sich aus dem Produkthaftungsgesetz ergeben. S ist nach § 4 Abs. 1 ProdHG verantwortlicher Hersteller der in seinem Betrieb hergestellten Nachspeise. Auch Speisen sind bewegliche Sachen und damit Produkte nach § 2 S. 1 ProdHG. Der Geschädigte B kann den Beweis für den Fehler des Produkts wie auch die Ursächlichkeit des Fehlers für seine Erkrankung führen. Ein Verschulden und damit ein Verschuldensnachweis ist nicht erforderlich. Anders als bei Ansprüchen aus pFV und §§ 823 bis 831 kommt es nicht auf ein Verschulden an. Fragen der Beweislast für ein Verschulden spielen deshalb keine Rolle.

Bei Körperverletzung sieht § 8 ProdHG Ersatz des durch die Krankheit geminderten Erwerbseinkommens vor. Ein Schmerzensgeldanspruch ist nicht im ProdHG erwähnt. Nach der für Schmerzensgeld geltenden Regel des § 253 besteht ein Anspruch auf Schmerzensgeld nur, wenn ein solcher im Gesetz vorgesehen ist. Deshalb scheidet eine analoge Anwendung des § 847 bei Haftung nach dem ProdHG aus.

III. Ansprüche gegen E

1. § 823 Abs. 1

Ein Anspruch auf Schadensersatz wegen Körperverletzung setzt voraus, dass E die Körperverletzung des B verursacht hat. Dem Gutachten kann nicht entnommen werden, ob der Salmonellenbefall von den gelieferten Eiern des E stammt. Die Beweislast für die Kausalität trifft alleine den Geschädigten B. Die Regeln über die

Beweislastumkehr bei der Produzentenhaftung gelten nur beim Verschuldensnachweis nicht jedoch beim Kausalitätsbeweis.

Mangels Kausalitätsbeweis entfallen Ansprüche aus § 823 Abs. 1 und ebenso aus § 823 Abs. 2 i. V. m. § 229 StGB und § 847.

2. § 1 Abs. 1 S. 1 ProdHG

Ein Anspruch des B könnte sich aus der verschuldensunabhängigen Produkthaftung ergeben. Für den E als Produzent der Eier könnte jedoch das Landwirtschaftsprivileg des § 2 S. 2 ProdHG eingreifen. Der Produkthaftung unterfallen nicht die Hersteller landwirtschaftlicher Naturprodukte die von ihm in Verkehr gebracht wurden, ohne sie einer ersten Verarbeitung zu unterziehen. Eier zählen zu den landwirtschaftlichen Naturprodukten.

Im übrigen kann B nicht den Nachweis erbringen, dass die von E am fraglichen Tag an S gelieferten Eier einen Mangel hatten.

Hundezüchter

Wiederkaufsvertrag - Unvermögen und seine Rechtsfolgen - Herausgabeansprüche

Sachverhalt

Herr Werner (W) züchtet Irish-Setter. Seine Zucht hat internationalen Ruf. Als sein Zuchtrüde in die Jahre gekommen ist, vereinbart W bei der Veräußerung der Rüden Rudolf und Richard aus seiner Zucht ein Wiederkaufsrecht mit den Erwerbern. Er will mit diesen Rüden seine Zucht fortsetzen, sollte sein Zuchtrüde ausfallen. Das Wiederkaufsrecht ist auf 2 Jahre befristet. Der Wiederkaufspreis soll sich nach dem Schätzwert zum Zeitpunkt der Wiederkaufserklärung bestimmen. Die Schätzung soll von einem Sachverständigen des Hundezüchterverbandes vorgenommen werden. Die Wiederkaufsabrede wird in die schriftlichen abgefassten Kaufverträge aufgenommen.

Nach einem Jahr verstirbt sein Zuchtrüde. W wendet sich an Frau Fischer (F), der Käuferin des Rüden Rudolf, und macht sein Wiederkaufsrecht geltend. Der eingeschaltete Gutachter bestimmt den Wert des Tieres auf 6.000 DM. Kurz darauf gelingt es F, das Tier für 8.000 DM an den Hundeliebhaber McDonut (M) zu verkaufen, der das Tier sogleich nach Zahlung abholen lässt.

Frage 1: Kann W von F oder M Herausgabe des Tieres verlangen?

Frage 2: Welche Ansprüche hat W ansonsten gegen F?

Lösung

Frage1: Kann W von F oder M Übereignung des Tieres verlangen?

I. Anspruch W gegen F auf Übereignung aus §§ 497, 433 Abs. 1 S. 1

Ein Anspruch des W gegen F auf Übereignung des Hundes könnte sich aus einem Wiederkaufsvertrag ergeben.

a. Ein Wiederkaufsvertrag setzt voraus, dass bei Abschluss eines Kaufvertrages, der Verkäufer sich den Wiederkauf vorbehält. Einen solchen Vorbehalt hat W im Kaufvertrag mit F ausdrücklich ausgehandelt und aufgenommen. Das Wiederkaufsrecht muss hinreichend bestimmt sein. Der Kaufpreis war bei Vereinbarung des Wiederkaufsrechts nicht bestimmt. Nach §§ 501, 317 Abs. 1 genügt es, die Bestimmung einem Dritten, insbesondere einem Sachverständigen, zu überlassen. Eine solche Bestimmung ist im Zuchttierhandel nicht ungewöhnlich.

Es muss weiter hinzukommen, dass W die einseitige Wiederkaufserklärung gegenüber F abgab. W hat gegenüber F seinen Willen bekundet, dass er den Rüden

Rudolf zurückerwerben will. Damit hat er das Wiederkaufsrecht ausgeübt. Das Wiederkaufsrecht muss zum Zeitpunkt seiner Geltendmachung noch bestehen. Das auf zwei Jahre befristete Wiederkaufsrecht war zum Zeitpunkt der Ausübung noch nicht erloschen. Es war erst ein Jahr seit der Vereinbarung vergangen.

Die Vereinbarung des Widerkaufsrechts aber auch seine Ausübung darf nicht unbillig und damit sittenwidrig nach § 138 sein[1]. Durch die Befristung des Wiederkaufsrechts auf zwei Jahre wurde F nicht über Gebühr in ihren Dispositionen über das Tier eingeschränkt. Solch ein Wiederkauf ignoriert zwar den Umstand, dass das Tier mittlerweile auf seine Halterin fixiert ist[2]. Mit der Weiterveräußerung des Tieres an M macht F selbst deutlich, dass ihre Bindung an das Tier nicht besonders schutzwürdig ist und einen Wiederkauf unbillig erscheinen lässt. Den Bestimmungen des Tierschutzgesetzes lässt sich keine Veräußerungsbeschränkung bei Hunden nach § 134 entnehmen.

Zwar hätte W auch das Wiederkaufsrecht über den Rüden Richard ausüben können. Es bestand für W jedoch keine vertragliche Einschränkung hinsichtlich seines Wahlrechts. Es liegen darüber hinaus keine Anhaltspunkte für eine schikanöse Ausübung nach § 226 oder eine unverhältnismäßige Rechtsausübung nach § 242 vor. Es stand im Belieben des W, von welchem der vorbehaltenen Wiederkaufsrechte er Gebrauch machte.

Ein Wiederkaufvertrag kam durch die Ausübungserklärung des W zustande und begründet nach §§ 498, 433 Abs. 1 einen wirksamen Übereignungsanspruch.

b. Der Anspruch könnte nach § 275 Abs. 2 durch nachträgliches Unvermögen der F untergegangen sein. Die F ist nach Übereignung des Tieres an den Erwerber M nicht mehr in der Lage, das Tier dem W nach § 929 zu übereignen. Der schuldrechtliche Wiederkaufvertrag hinderte die F nicht daran, das Eigentum an dem Hund dinglich wirksam entsprechend §§ 929, 90 a auf einen Dritten zu übertragen. Trotz des Wiederkaufvertrages mit W war F weiterhin uneingeschränkt Eigentümerin des Tieres. Die Wiederkaufserklärung begründete nur die Pflicht der F, das Eigentum an dem Tier auf W zurück zu übertragen. Bis zur Rückübertragung blieb die F Eigentümerin. Sie hat sich die Rückübertragung subjektiv unmöglich gemacht durch die Übereignung des Tieres an M, der nun Eigentümer des Tieres ist.

F hat dieses Unvermögen vorsätzlich herbeigeführt. Nach dem Wortlaut des § 275 Abs. 1, Abs. 2 führt nur unverschuldetes Unvermögen zur Leistungsfreiheit. Es ist gleichwohl anerkannt, dass die Vorschrift des § 275 Abs. 2 analog auf die Fälle nachträglichen verschuldeten Unvermögens anzuwenden ist. Grundgedanke des § 275 ist, dass es sinnlos ist, gegen jemanden einen Leistungsanspruch zu erheben, gegebenenfalls gar einzuklagen, den er von vornherein nicht erfüllen kann und der nicht vollstreckt werden kann. Dabei spielt es keine Rolle, ob die Unmöglichkeit

---

[1] LG Felden NJW-RR 1993 S. 886, 887
[2] LG Stuttgart NJW-RR 1991 S. 446

bzw. das Unvermögen verschuldet sind oder nicht. F ist so oder so nicht mehr zur Eigentumsverschaffung in der Lage. Analog § 275 Abs. 2 ist der Übereingungsanspruch des W gegen F im nachhinein untergegangen.

II. Ansprüche des W gegen M auf Herausgabe des Hundes

1. § 985

W kann den Herausgabeanspruch geltend machen, wenn er bereits Eigentümer des Hundes Rudolf geworden ist. Durch die Ausübung des Wiederkaufsrechts kam nur der schuldrechtliche Wiederkaufsvertrag zustande. W erlangte hierdurch wie oben unter I. b. gezeigt noch kein Eigentum an dem Tier. Der Eigentumsrückerwerb nach § 929 durch Einigung und Übergabe war nicht erfolgt. Ein Herausgabeanspruch des W besteht nicht.

2. § 826

Ein Herausgabeanspruch gegen M könnte sich aus § 826 ergeben. M müsste den Übereignungsanspruch des W gegen F in Schädigungsabsicht sittenwidrig vereitelt haben.

M hat das Tier von der verfügungsberechtigten Eigentümerin F erworben. Der Erwerb ist von § 929 gedeckt. Selbst Verleiten zum Vertragsbruch und Vereiteln von Vertragsrechten Dritter können nur beim Hinzutreten besonderer Begleitumstände wie Schmiergeldzahlungen eine sittenwidrige Schädigung darstellen[3]. Dies ist die Folge, der vom Gesetzgeber gewollt geschaffenen Trennung zwischen dem relativen Verpflichtungs- und dem Verfügungsgeschäft. Es fehlt hier an sittenwidrigen Begleitumständen. Im übrigen lässt es der Sachverhalt offen, ob M vom Anspruch des W überhaupt wusste. Deshalb scheidet neben der Sittenwidrigkeit auch eine vorsätzliche Schädigung aus.

W hat keinerlei Ansprüche gegen M.

Frage 2: Welche Ansprüche hat W ansonsten gegen F ?

1. §§ 440 Abs. 1, 325 Abs. 1 S. 1, 1. Alt.

W könnte gegen F einen Schadensersatzanspruch haben nach § 325 Abs. 1 S. 1. Wegen nachträglichen Unvermögens kann die F ihre Verpflichtungen aus dem Wiederkaufsvertrage nicht erfüllen. Da es sich um einen gegenseitigen Vertrag handelt und die Pflicht zur Übereignung im Gegenseitigkeitsverhältnis zur Kaufpreiszahlungspflicht steht, kann § 325 zur Anwendung kommen. F hat sich die Erfüllung der Übereignungspflicht vorsätzlich subjektiv unmöglich gemacht. Damit handelte sie schuldhaft im Sinne von § 276 Abs. 1 S. 1. W kann Schadensersatz geltend machen, soweit ihm ein Schaden entstanden sein sollte, was sich dem Sachverhalt nicht entnehmen lässt.

---

[3] BGH NJW 1960 S. 1853, 1854

2. §§ 440 Abs. 1, 325 Abs. 1 S. 3, 323 Abs. 2.

Gegen Zahlung des Wiederkaufpreises in Höhe von 6.000 DM kann W das von F für den Hund erlangte Surrogat verlangen. Anstelle des Hundes hat F von W den Kaufpreis in Höhe von 8.000 DM erlangt. Der Anspruch auf das Surrogat kann anstelle des o. g. Schadensersatzanspruchs geltendgemacht werden. Die Geltendmachung des Surrogats verschafft dem W einen wirtschaftlichen Vorteil in Höhe von 2.000 DM.

3. § 826

Der vorsätzliche Vertragsbruch durch F könnte als eine sittenwidrige Schädigung des W aufzufassen sein. F nutzte nur die ihr von der Rechtsordnung verliehene und trotz Vertragspflicht verbliebene Rechtsmacht aus. Sie war noch Eigentümerin und nach § 929 nicht gehindert anderweitig über ihr Eigentum zu verfügen. Darin spiegelt sich das allgemeine Risiko des Käufers, der nach § 433 Abs. 1 nur eine schuldrechtliche Rechtsposition erlangt. In diesem Fall gehen die schuldrechtlichen Ansprüche dem Deliktsrecht vor[4].

---

[4] andere Ansicht vertretbar

Montagebetrieb

Eigentumsvorbehalt - rechtsgeschäftlicher und gesetzlicher Eigentumserwerb - Herausgabeansprüche - Kondiktionsrecht

Sachverhalt

Herr Maier (M) ist Inhaber eines Montagebetriebes. Er hat erstmals beim Hersteller Hermann (H) Fenster- und Türelemente bestellt. Die Bezahlung soll nach der zwischen M und H getroffenen Vereinbarung einen Monat nach Lieferung erfolgen. Im Nachhinein kommen dem H Bedenken wegen der Zahlungsfähigkeit des M. Da sein Fahrer bereits mit der Ladung für M weggefahren ist, kann er die Lieferung nicht mehr verhindern. H ruft deshalb dem M an noch bevor die Lieferung eintrifft. Er teilt dem M mit, die Lieferung erfolge unter Eigentumsvorbehalt. M weist dies als Vertragsbruch zurück.

Wie vorgesehen baut M die Türen und Fenster im Neubau seines Auftraggebers Neumann (N) ein. Einige Wochen später beim Einzug hängt N die Türblätter wieder aus, damit sie nicht beschädigt werden.

Frage 1: Kann H von N Herausgabe der Fenster und Türenverlangen?

Frage 2: Hat H gegen M oder N einen Zahlungsanspruch?

Lösung

Frage 1: Kann H von N Herausgabe der Fenster und Türen verlangen?

1. § 985

H kann Herausgabe verlangen, soweit er noch Eigentümer ist. Das Eigentum könnte von H auf M nach § 929 S.1 übergegangen sein.

a. Der Fahrer des M hat als dessen Besitzdiener nach § 855 weisungsgemäß die Fenster- und Türelemente übergeben. Mit der Anweisung zur Auslieferung hat H schlüssig das Angebot zur Einigung abgegeben. Das Angebot ging M nach § 130 Abs. 1 S. 1 konkludent mit der Lieferung oder durch den Fahrer als Erklärungsboten zu. Es könnte von M durch Entgegennahme der Elemente nach § 151 konkludent angenommen worden sein. Vor dem Zugang des vom Fahrer überbrachten Einigungsangebots ging dem M ein Widerruf zu, verbunden mit einem neuen Angebot zur Einigung nach §§ 929 S. 1, 158 unter der aufschiebenden Bedingung der Kaufpreiszahlung. Der Widerruf vor Zugang des Übereignungsangebots nimmt diesem nach § 130 Abs. 1 S. 2 die Wirksamkeit. Es spielt keine Rolle, dass H mit dem Widerruf verbunden mit der bedingten Einigungserklärung gegen seine Pflicht aus dem Kaufvertrag zur unbedingten Eigentumsverschaffung verstößt. Verpflichtungs- und Verfügungsgeschäft sind rechtlich unabhängig voneinander. Die unbedingte Einigung kam nicht zustande. Mit der Übergabe der Elemente ging das Eigentum nicht auf M über mangels Kaufpreiszahlung.

b. Das Eigentum könnte von M auf N nach §§ 929 S. 1, 932 übergegangen sein. Bei der Anlieferung von Baumaterialien und Montageelementen durch Bauhandwerker erfolgt regelmäßig keine Einigung über den Eigentumsübergang im Zeitpunkt der Anlieferung nach § 929 S. 1. Dem Bauherren ist gerade bei Neubauten häufig nicht bekannt, wann welche Materialien angeliefert werden. Zumeist ist der Bauherr bei der Anlieferung nicht einmal zugegen.

Es könnte eine vorweg genommene Einigung vorliegen, wonach mit der späteren Anlieferung von Materialien bereits das Eigentum an diesen auf den Bauherrn übergehen soll. Solch eine vorweggenommene Einigung kann bereits im Rahmen des Verpflichtungsgeschäfts vorgesehen werden. Es ist im Wege der Auslegung nach §§ 133, 157 festzustellen, ob im konkreten Fall eine solch vorweggenommene Einigung gewollt und erklärt war. Hiergegen spricht, dass den Bauherrn nicht die Anlieferung sondern der Einbau der Montageelemente interessiert. Anders als beim Werklieferungsvertrag nach § 651 Abs. 1 S. 1[1] ist beim Werkvertrag regelmäßig gar keine rechtsgeschäftliche Übereignung durch Einigung und Übergabe notwendig und üblich vorm Einbau. Bauhandwerker haben kein Interesse, bei Anlieferung das Eigentum an den Materialien bereits aufzugeben. Unter Umständen wollen sie noch umdisponieren und die Materialien anderweitig einbauen. Sie wollen sich bei Streitigkeiten mit den Bauherren die Möglichkeit offen halten, noch nicht eingebaute Materialien wieder zurückzunehmen. Der Wille der Bauhandwerker und Bauherren zielt auf Fertigstellung, nicht auf Übereignung. Folglich kann von einer vorweg genommenen Einigung, dass alle Materialien bereits mit der Anlieferung Eigentum des Bauherren werden sollen, nicht ausgegangen werden.

c. Das Eigentum könnte durch Einbau im Neubau des N gemäß §§ 946, 94 Abs. 2 auf N übergegangen sein. Die Fenster und Türen wurden zur Fertigstellung des Gebäudes eingefügt, da ein Wohnhaus ohne Türen und Fenster nach allgemeiner Verkehrsanschauung unvollständig ist[2]. Durch das auf Dauer angelegte Einfügen der Türen und Fenster erlangte N Eigentum. Es kommt nicht darauf an, dass die Fensterflügel und Türblätter beliebig wieder entfernt werden können. Der Eigentumserwerb nach §§ 946, 94 Abs. 2 erfordert keine feste Verbindung sondern nur ein dauerhaftes Einfügen zur Vervollständigung des Gebäudes. Darin besteht der Unterschied zum Eigentumserwerb durch Verbindung als wesentliche Bestandteile nach §§ 93, 94 Abs. 1. Ein dauerhaftes Einfügen liegt vor, sobald der Einbau abgeschlossen ist. Der Einbau ist noch nicht abgeschlossen, wenn die Türen provisorisch und lose eingehängt werden, ohne dass sie bereits ausgerichtet und

---

[1] BGH NJW 1976 S. 1539, 1540 für den Sonderfall des Werklieferungsvertrages bei Errichtung des Gebäudes als Scheinbestandteil auf fremdem Grundstück
[2] BGHZ 40 S. 272, 275

eingestellt wurden. M hatte die Einbauarbeiten jedoch abgeschlossen. Soweit die Türblätter später wieder von N ausgehängt wurden, geschah dies durch N, um Beschädigungen beim Einzug zu vermeiden. Durch den von M vorgenommenen Einbau der Türen war kraft Gesetzes der Eigentumserwerb eingetreten. Das spätere Aushängen der Türblätter ändert nichts an dem kraft Gesetzes bereits erfolgten Eigentumserwerb[3] des N.

Der Eigentumserwerb des N führte zwangsläufig zum Eigentumsverlust des H. Deshalb kann H nicht nach § 985 Herausgabe verlangen.

2. § 861

Es könnte ein Anspruch wegen Besitzstörung durch verbotene Eigenmacht vorliegen. Der Besitzerlangung durch M müsste eine verbotene Eigenmacht nach § 858 Abs. 1 zugrundeliegen. M erlangte mit Willen des H unmittelbaren Besitz an den Elementen. Es spielt für die verbotene Eigenmacht keine Rolle, dass H zwar den Besitzverlust willentlich in die Wege leitete, jedoch den späteren Eigentumsverlust nicht wollte. Eine verbotene Eigenmacht scheidet aus.

3. § 1007 Abs. 1

Der frühere Besitzer H kann nach § 1007 Abs. 3 S. 1, 2. Alt. keine Herausgabe vom jetzigen Besitzer verlangen, da er wie unter 2. gezeigt, den Besitz freiwillig aufgegeben hat.

4. § 812 Abs. 1 S. 2

Ein Kondiktionsanspruch in sonstiger Weise auf Herausgabe der Elemente entfällt. § 946 schafft einen endgültigen Grund für das Behalten des gegenständlich Erlangten. Es besteht allenfalls ein wertmäßiger Ausgleichsanspruch nach § 951.

5. § 823 Abs. 1

Zwar hat N durch den Werkvertrag mit M eine kausale Ursache für den späteren Eigentumsverlust des M gesetzt. Diese Ursache müsste adäquat kausal für den späteren Eigentumsverlust des H gewesen sein. Das Risiko des Eigentumsverlustes wurde durch H selbst mit der Auslieferung der Elemente geschaffen, die zum Einbau auf fremden Grundstücken bestimmt waren. Mit der Auslieferung hat H dieses Risiko und die Folge des Eigentumsverlustes in Kauf genommen. Eine Eigentumsverletzung scheidet aus. M hat keinen Herausgabeanspruch gegen N.

Frage 2: Hat H gegen M oder N einen Zahlungsanspruch?

I. Zahlungsanspruch gegen M

1. § 433 Abs. 2

Es wurde nach §§ 433 Abs. 2, 271 ein Zahlungsanspruch mit Fälligkeit einen Monat nach Lieferung vereinbart. Der einseitige Widerruf der Einigung nach

[3] LG Konstanz NJW-RR 1997 S. 499; *Palandt-Heinrichs* Komm. § 94 Anm. 7

§§ 929, 130 Abs. 1 S. 2 lässt den verbindlich abgeschlossenen Kaufvertrag und die darin enthaltene Fälligkeitsabrede unberührt. Erst nach Ablauf der Zahlungsfrist ist der Anspruch fällig und kann von H eingefordert werden.

2. § 812 Abs. 1 S. 1, 1. Alt.

Ein Anspruch aus Leistungskondiktion entfällt. Der wirksam vereinbarte Kaufvertrag ist Rechtsgrund für die erfolgte Leistung. Der Widerruf der unbedingten Einigung nach §§ 929 S. 1, 130 Abs. 1 S. 2 lässt den Kaufvertrag als Rechtsgrund für die Leistung unberührt.

3. § 823 Abs. 1

Da H durch den Einbau der Elemente sein Eigentum verlor, könnte ein Anspruch aus § 823 Abs. 1 bestehen. Das Handeln des M ist nicht rechtswidrig, sondern durch den Kaufvertrag gedeckt. H war durch den Kaufvertrag verpflichtet unbedingtes Eigentum zu verschaffen, das M bei seinen Kunden einbauen wollte. Nach §§ 929 S. 1, 130 Abs. 1 S. 2 hat H dem M zwar nur bedingtes Eigentum verschafft. Gleichwohl wurde M berechtigter Besitzer und es blieb für ihn aus dem unbedingt abgeschlossenen und fortbestehenden Kaufvertrag die Befugnis erhalten, diesen Besitz zweckgemäß zu verwenden.

Deshalb kommen auch keine Ansprüche aus § 823 Abs. 2 und § 826 in Betracht.

II. Zahlungsanspruch gegen N

1. §§ 951 Abs. 1, 812 Abs. 1 S. 1, 2. Alt.

N müsste in sonstiger Weise ohne Rechtsgrund die Elemente von H erlangt haben. N erlangte die Elemente jedoch durch Leistung des M. M wollte mit dem Einbau das Vermögen des N bewusst und zweckgerichtet mehren[4]. Die Leistung des M an N schließt eine Kondiktion in sonstiger Weise aus nach dem Grundsatz von der Subsidiarität der Eingriffskondiktion. Mit dem Einbau hat M die Fenster bewusst und zweckgerichtet in das Vermögen des N übertragen. Ist eine Vermögensmehrung durch Leistung erlangt, kann sie nicht gleichzeitig in sonstiger Weise erlangt sein. Nach dem Wortlaut des § 812 Abs. 1 S. 1 schließen sich Leistung und Erwerb in sonstiger Weise aus.

Auch der Grundsatz vom Vorrang der Leistungsbeziehungen lässt dieses Ergebnis als angemessen erscheinen. H hat seinerseits die Elemente an M geleistet. Es ist sachgerecht, wenn er sich alleine an seinen Leistungspartner M hält[5]. Es besteht kein Anlass, ausnahmsweise den Durchgriff im Leistungsdreieck zuzulassen.

2. § 816

Ansprüche aus § 816 entfallen, da N nicht durch rechtsgeschäftliche Verfügung

---

[4] BGHZ 40 S. 272. 276

[5] Meinungsstand bei Münchner Kom m. *Lieb* § 812 Anm. 235

Radlader

Kaufvertrag - Vollmacht - Unvermögen und seine Rechtsfolgen

Sachverhalt

Herr Volz (V) aus Frankfurt vermietet und verkauft Baumaschinen. Während einer Geschäftsreise nach Essen verkauft er dem Abbruchunternehmer Anton (A) einen gebrauchten Radlader, den sich A vor geraumer Zeit auf dem Betriebsgelände des V angeschaut hat. Dem A war es gelungen, einen günstigen Preis auszuhandeln. Den Radlader will A zwei Wochen später mit einem Tieflader bei V abholen. V sendet sogleich ein Fax an sein Verkaufsbüro mit der Weisung, den Radlader nicht mehr zu verkaufen. Das Fax landet durch ein Versehen des Büromitarbeiters Herrn Bernd (B) sogleich in der Ablage und wird nicht an das Verkaufspersonal weitergegeben.
Zufälligerweise wird der Radlader bereits am nächsten Tag vom Verkäufer Stoll (S) an den Bauunternehmer Kramer (K) weiterveräußert. K zahlt sogleich und lässt den Radlader abholen, den er dringend benötigt. Als V nach 5 Tagen von seiner Geschäftsreise zurückkommt, ist er zuerst verärgert. Jedoch muss er zu seiner Zufriedenheit feststellen, dass S einen besseren Preis erzielen konnte als A zu zahlen bereit war. V ist unschlüssig, was er unternehmen soll. Darüber vergisst er, den A von der veränderten Sachlage zu unterrichten. Eine Woche später steht ein Fahrer des A mit dem Tieflader vor der Tür, um den Radlader abzuholen. Er muss schließlich unverrichteter Dinge wieder abfahren.

Frage 1: Kann V von K Herausgabe des Radladers verlangen?

Frage 2: A verlangt Lieferung des Radladers oder Ersatz der vergeblich aufgewandten Transportkosten von V.

Frage 3: Kann A den Mehrerlös des V aus der Veräußerung des Radladers an K abschöpfen?

Lösung

Frage 1: Kann V von K Herausgabe des Radladers verlangen?

1. § 985

V kann Herausgabe des Radladers von K verlangen, wenn er noch Eigentümer ist. Das Eigentum könnte nach § 929 S. 1 auf K übergegangen sein. K wollte das Eigentum erwerben und gab eine entsprechende Einigungserklärung ab. Auf Seiten des V gab S als Stellvertreter des V die Einigungserklärung gemäß § 164 Abs. 1 ab. Dem könnte die per Fax erteilte Weisung des V entgegenstehen, den Radlader nicht mehr zu veräußern. Diese Weisung könnte einen Widerruf der Vollmacht zum Verkauf des Radladers nach § 168 S. 2 darstellen. Eine Innenvollmacht kann durch einseitige empfangsbedürftige Willenserklärung jederzeit gegenüber dem Bevollmächtigten widerrufen werden. Im vorliegenden Fall ist jedoch zu bedenken, dass der Verkäufer S nicht nur eine Innenvollmacht sondern darüber hinaus auch eine gesetzliche Außenvollmacht nach § 56 HGB hat. Als Verkäufer der Baumaschinenhandlung ist er in einem offenen Waren- und Verkaufslager angestellt. Es handelt sich um eine offene Verkaufsstätte, die zum freien Eintritt durch das Publikum bestimmt ist[1]. Er gilt kraft Gesetzes zu Verkäufen im üblichen Rahmen als bevollmächtigt.

Der Eigentumsübergang von V auf K hat sich jedoch nicht durch den Verkauf als Verpflichtungsgeschäft nach § 433 Abs. 1 vollzogen sondern erst durch die Übereignung nach § 929 als Verfügungsgeschäft. § 56 HGB dient dem Vertrauensschutz des Kunden. Der Kunde muss sich darauf verlassen können, dass die in Läden und Warenlagern für den Geschäftsinhaber auftretenden Personen auch wirklich über die Befugnisse verfügen, die erforderlich sind, um die in mit dem Verkauf von Waren verbundenen Rechtsgeschäfte zu tätigen. Deshalb ist der Begriff *Verkäufe* nicht im rechtstechnischen Sinne auf Verpflichtungsgeschäfte beschränkt. Die gesetzliche Verkaufsvollmacht gilt neben Verpflichtungsgeschäften auch für Verfügungsgeschäfte, die zu deren Erfüllung dienen. Ansonsten würde § 56 HGB keinen umfassenden und sinnvollen Schutz für den Käufer und Erwerber gewähren. Entsprechend war S zum Verkauf des Radladers nach §§ 433, 145 ff und zur Einigung über den Eigentumsübergang nach § 929 S. 1 bevollmächtigt. Die entgegenstehende Weisung des V betrifft nur die Innenvollmacht nach § 167 Abs. 1. Sie kann die gesetzliche Außenvollmacht nach § 56 HGB nicht tangieren. Der Vertrauensschutz ist nach § 242 in Kollusionsfällen ausgeschlossen. Ein Kollusionsfall liegt mangels Kenntnis des S und des K von der Weisung des V nicht vor.

Die Übergabe nach § 929 S. 1 könnte durch S als Besitzdiener des V gemäß § 855 erfolgt sein. S ist sozial abhängig von V und übte für V die tatsächliche Gewalt am Radlader nach dessen Weisungen aus. Es kommt nicht darauf an, dass V eine dem Weiterverkauf und damit auch der Übergabe entgegenstehende Weisung erteilt hat. Soweit S nach § 56 HGB zu Verpflichtungs- und Verfügungsgeschäften ermächtigt gilt, gilt dies auch für die Übergabe als Besitzdiener.

Das Eigentum ist wirksam auf K übergegangen.

2. § 812 Abs. 1 S. 1, 1. Alt.

V könnte Herausgabe des Radladers verlangen, wenn ihn K den Radlader ohne Rechtsgrund erlangt hat. Wie schon oben erläutert lässt die Weisung des V die gesetzliche Außenvollmacht des S nach § 56 HGB unberührt. S konnte wirksam

---

[1] BGH NJW 1975 S. 2191

als Stellvertreter des V den Kaufvertrag über den Radlader nach § 433 abschließen. Der wirksam abgeschlossene Kaufvertrag bildet den Rechtsgrund für die Leistung des Radladers an K. Eine Leistungskondiktion ist ausgeschlossen.

Frage 2: A verlangt Lieferung des Radladers oder Ersatz der vergeblich aufgewandten Transportkosten von V.

1. § 433 Abs. 1

A kann Lieferung des Radladers verlangen, wenn der Lieferanspruch fortbesteht. Zwischen A und V wurde nach §§ 433 Abs. 1, 145 im Wege der Stellvertretung ein wirksamer Kaufvertrag abgeschlossen.

Die Leistungspflicht könnte nach § 275 Abs. 2 durch nachträgliches Unvermögen des V untergegangen sein. Nach Vertragsabschluss mit A verlor V das Eigentum und es ist ihm nicht möglich, den existierenden Radlader zu übereignen. § 275 setzt nach seinem Wortlaut jedoch voraus, dass die Unmöglichkeit und das Unvermögen nicht verschuldet sind. Die Weiterveräußerung des Radladers erfolgte entgegen einer Weisung des V, weil der Büromitarbeiter B das Fax nicht weitergegeben hat. Dieses Versehen des B hat sich V nach § 278 wie eigenes Verschulden anrechnen zu lassen. Entgegen dem Wortlaut des § 275 gilt der Wegfall der Leistungspflicht entsprechend bei verschuldeter Unmöglichkeit und verschuldetem Unvermögen[2]. Es wäre sinnlos, von jemandem eine Leistung zu verlangen, die dieser nicht erbringen kann. Analog § 275 Abs. 2 ist die Leistungspflicht des V erloschen

2. §§ 433 Abs. 1, 440 Abs. 1, 325 Abs. 1 S. 1

Für K kommt ein Schadensersatzanspruch aus § 325 Abs. 1 S. 1 in Betracht. § 325 Abs. 1 S. 1 kommt gemäß § 440 Abs. 1 zur Anwendung, wenn der Verkäufer seine Pflichten aus § 433 Abs. 1 nicht erfüllt. V hat seine Lieferpflicht aus dem wirksam abgeschlossenen Kaufvertrag nicht erfüllt. § 440 Abs. 1 enthält bei nachträglichem Unvermögen eine Rechtsgrundverweisung auf § 325.

Die Voraussetzungen des § 325 müssen im einzelnen vorliegen. § 325 gilt in Gegenseitigkeitsverhältnissen im Gegensatz zu § 280, der bei einseitigen Leistungspflichten zur Anwendung kommt. Die Lieferung des Kaufgegenstandes steht in einem Gegenseitigkeitsverhältnis zur Kaufpreiszahlungspflicht. § 325 geht als spezieller vor. § 325 gilt nach seinem Wortlaut nur für nachträgliche Unmöglichkeit. Nachträgliches Unvermögen ist nicht erwähnt. Jedoch gilt die Erweiterung des § 275 Abs. 2 von nachträglicher Unmöglichkeit auf nachträgliches Unvermögen auch für § 325.

§ 325 Abs. 1 S. 1 setzt ein Verschulden des V voraus. Dem V könnte ein eigenes Verschulden nach § 276 anzurechnen sein. V hat den A nicht sogleich, von der geänderten Situation unterrichtet, damit A den Transporter zurückhält. Bei § 325

---

[2] *Palandt-Heinrichs* Komm. § 275 Anm. 24

Abs. 1 S. 1 kommt es jedoch nicht auf ein Verschulden bei Schadensentstehung an sondern auf ein Verschulden am Unvermögen. V hat das Unvermögen nicht selbst herbeigeführt. Er wollte einen Weiterverkauf des Radladers durch das Fax verhindern. Er muss sich jedoch das Verschulden seines Büromitarbeiters B nach § 278 als Erfüllungsgehilfen anrechnen lassen[3]. B hatte es versäumt, die Weisung an das Verkaufspersonal weiterzugeben.

V schuldet hiernach Schadensersatz wegen Nichterfüllung. Dieser Nichterfüllungsschaden umfasst nicht die von A vergeblich aufgewandten Transportkosten. Dieselben Transportkosten wären dem A auch bei gehöriger Erfüllung entstanden.

3. pFV

Ein Anspruch auf Ersatz der Transportkosten könnte sich aus einer pFV des Kaufvertrages ergeben.
Der Kaufvertrag besteht trotz des Unvermögens des V fort. Das Unvermögen führte zur Befreiung von der Leistungspflicht, nicht zum Erlöschen des Kaufvertrages.
Wie unter 2. gezeigt, gibt es keine vorrangige Anspruchsgrundlage für den Ersatz der Transportkosten. Die subsidiäre pFV kann zur Anwendung gelangen.
V müsste eine Sorgfaltspflicht verletzt haben. Ihn trifft die Pflicht, Schäden vom Käufer fern zu halten. Nachdem er vom Eintritt des Unvermögens erfuhr, hätte er den A verständigen müssen, damit diesem nicht noch weitere Nachteile aus dem Kaufvertrag und der von A zu vertretenen Unmöglichkeit erwachsen. Diese Pflicht hat A versäumt. Er handelte fahrlässig.
Er hat dem A den aus der unterlassenen Mitteilung entstandenen Schaden wegen der Transportkosten zu ersetzen.

Frage 3: Kann A den Mehrerlös des V aus der Veräußerung des Radladers an K abschöpfen :

§§ 433 Abs. 1, 440 Abs. 1, 325 Abs. 1 S. 3, 323 Abs. 2, 281

A könnte Anspruch auf Herausgabe des von V anstelle des Radladers erlangten Surrogats haben. Wie oben bereits gezeigt, bestehen Ansprüche des A wegen verschuldetem nachträglichem Unvermögen des V nach § 325 Abs. 1. Anstelle des Schadensersatzanspruches kann A auch Herausgabe des Surrogats verlangen, das V anstelle des Radladers erlangt hat nach §§ 325 Abs. 1 S. 3, 323 Abs. 2. Anstelle des Radladers hat V einen Verkaufserlös erlangt. Der Verkaufserlös ist im Vermögen des V an die Stelle des Radladers getreten. A kann diesen Erlös beanspruchen. Er muss nach § 323 Abs. 2 im Gegenzug seine Gegenleistung erbringen. Nach dem Sachverhalt hat K einen höheren Kaufpreis bezahlt als er von A geschuldet war. Hiernach muss V ihm den Differenzbetrag auskehren.

---

[3] BGHZ 98 S. 330, 334

Inspektion

Werkvertrag - Mängelhaftung - pFV - Haftung für den Verrichtungsgehilfen - entgangene Urlaubsfreuden

Sachverhalt

Herr Werner (W) betreibt eine KFZ-Werkstatt. Er bietet in seinem Betrieb während der Sommermonate eine *Urlaubsinspektion zum Sonderpreis* an. Herr Bildt (B) nimmt vor seiner Urlaubsreise dieses Angebot in Anspruch. Nach Durchführung der Inspektion holt B sein Fahrzeug bei W ab. Er sieht die Liste der durchgeführten Arbeiten durch und äußert sich gegenüber W zufrieden mit den erbrachten Arbeiten. Am nächsten Morgen bricht er mit seiner Familie zum Campingurlaub mit dem Wohnanhänger nach Spanien auf. Die Fahrt endet mit Motorschaden in Frankreich. Der Geselle Ganter (G) des W hatte beim Ölwechsel die Ölablassschraube nicht richtig zugedreht. Während der Fahrt durch die Vogesen, die teilweise über holprige Landstraßen führt, löste sich die Schraube. Öl ging verloren und der Motor erlitt einen erheblichen Schaden. Es muss ein neuer Motor eingebaut werden. Die Beschaffung des Motors und die Reparatur vor Ort dauert mehrere Tage. Die Reparaturkosten zehren erheblich an der Reisekasse. Statt der geplanten 3-wöchigen Rundreise mit dem Wohnwagen durch Frankreich und Spanien stellt B seinen Wohnwagen auf einem Bauernhof in den Vogesen ab, um die Urlaubskosten möglichst gering zu halten. Bis zum Abschluss der Reparatur ist an Erholung für B nicht zu denken und auch später kann er sich nicht richtig freuen, da der weitere Urlaub nicht so recht seinen Vorstellungen entspricht.

Nach der Rückkehr vom Urlaub fordert B von W Erstattung der in Frankreich angefallenen Reparaturkosten und Ersatz für entgangene Urlaubsfreude.

Frage: Ist das Ansinnen des B berechtigt?

Lösung

1. § 635

B könnte einen Schadensersatzanspruch aus § 635 haben. Der zwischen B und W abgeschlossene Vertrag über die Durchführung einer *Urlaubinspektion* stellt einen Werkvertrag im Sinne von § 631 Abs. 1 dar[1]. W schuldete die Überprüfung der Fahrtauglichkeit des Fahrzeugs und die im Rahmen einer Inspektion üblichen Wartungsarbeiten am Fahrzeug. § 635 setzt voraus, dass das Werk vom Besteller B bereits abgenommen wurde nach § 640 Abs. 1. Schäden vor Abnahme unterfallen

[1] *Palandt-Sprau* Komm. Einf. § 631 Anm. 20

der pFV anstelle des § 635[2]. Die Abnahme beinhaltet die körperliche Entgegennahme und die Billigung des Werkes als vertragsgemäß. B hat das Fahrzeug nach erfolgter Inspektion entgegengenommen und nach Prüfung der Liste der durchgeführten Arbeiten diese gutgeheißen. Damit ist die Abnahme erfolgt.

Das Werk müsste mangelhaft ausgeführt worden sein. Der im Rahmen der Inspektion anfallende Ölwechsel war unzureichend ausgeführt worden. Die Ölablassschraube war nicht richtig verschlossen worden. Dies führte zum Motorschaden. Zwar hatte nicht W selbst den Mangel schuldhaft verursacht. Er muss sich jedoch nach § 278 das Verschulden seines Erfüllungsgehilfen anrechnen lassen. Er hatte zur Ausführung des Werkvertrages den Mitarbeiter G eingeschaltet[3], dem der Fehler unterlaufen war. Das Verschulden des G wird analog §§ 282, 285 vermutet.

Da nach dem Wortlaut des § 635 Schadensersatz *statt* Wandelung und Minderung verlangt werden kann, müssen auch deren weitere Voraussetzungen aus § 634 Abs.1 gegeben sein. § 634 Abs.1 fordert, dass der Besteller dem Unternehmer die Möglichkeit zur Nachbesserung einräumt. Erst wenn der Unternehmer einer Aufforderung zur Nachbesserung unter Fristsetzung mit Ablehnungsandrohung nicht nachgekommen ist, können weitere Gewährleistungsansprüche geltend gemacht werden. Eine Fristsetzung zur Nachbesserung mit Ablehnungsandrohung ist nicht erfolgt und kann nach der anderweitig durchgeführten Reparatur nicht mehr erfolgen. Nach § 634 Abs. 2 ist eine Fristsetzung ausnahmsweise entbehrlich, wenn die Beseitigung des Mangels unmöglich ist. An sich konnte im Nachhinein die unzureichend eingesetzte Schraube noch richtig befestigt werden. Gleichwohl konnte dies an dem eingetretenen Schaden nichts mehr ändern. Die in § 634 Abs. 1 vorgeschriebene Fristsetzung soll dem Unternehmer eine letzte Gelegenheit einräumen, das mit Mängeln behaftete Werk in den vertragsgemäßen Zustand zu versetzen, ehe er mit einschneidenden Gewährleistungsansprüchen überzogen wird. Dieser Zweck versagt bei bereits eingetretenen Schäden. Die Nachbesserung vermag diese Schäden nicht mehr abzuwenden[4]. Entsprechend § 634 Abs. 2 ist die Fristsetzung entbehrlich bei untunlicher Nachbesserung.

Der Anspruch aus § 635 umfasst nur Mangelschäden und mit dem Mangel eng und unmittelbar zusammenhängende Mangelfolgeschäden[5]. Der Motorschaden stellt einen Mangelfolgeschaden dar, der durch das unzureichende Werk, die nicht richtig eingesetzte Schraube, verursacht wurde. Ölablassschraube und Motor sind zwei verschiedene, nicht miteinander identische Rechtsgüter. Ob ein enger Mangelfolgeschaden gegeben ist, ist am Leistungsobjekt orientiert zu ermitteln. Das Motoröl und der regelmäßige Ölwechsel dient der Funktionsfähigkeit des Motors. Das Motoröl kommt im Motor zur Wirkung. Der Ölwechsel dient ausschließlich

---

[2] BGH NJW 1969 S. 838, 839; a. A. Münchner Komm. *Soergel* § 635 Anm. 5 m. w. N. zum Meinungsstand

[3] BGHZ 98 S. 330, 334

[4] *Staudinger-Peters* Komm. § 635 Anm. 20

der Erhaltung der Funktionsfähigkeit des Motors. Starker Ölverlust führt zwangsläufig zum Motorschaden. Folglich liegt ein enger Mangelfolgeschaden vor[6]. Es besteht ein Anspruch auf Ersatz der Reparaturkosten aus § 635, 249, 251 Abs. 1. Es stellt sich die Frage, ob die Reparaturkosten nicht im Wege der Vorteilsausgleichung um ersparte Urlaubskosten zu mindern sind. Nach der Differenzhypothese errechnet sich der Schaden aus dem Vergleich der Vermögenslage mit und ohne das schädigende Ereignis. Ohne den Motorschaden hätte B weitaus höhere Mittel für seinen Urlaub aufgewandt. Insofern hat er Aufwendungen erspart. Ob ersparte Aufwendungen bei der Vorteilsausgleichung zu berücksichtigen sind bedarf der wertenden Betrachtung. Ausgangspunkt der Wertung ist, ob die eingetretenen Vor- und Nachteile als eine Rechnungseinheit zu betrachten sind. Solch eine Rechnungseinheit liegt vor bei einem Krankenhausaufenthalt nach einer Körperverletzung und ersparten Lebenshaltungskosten. Ein solch innerer Zusammenhang besteht zwischen den Reparaturkosten und den Kosten für die Urlaubsreise nicht. Der Schadensersatzanspruch ist nicht um die ersparten Urlaubskosten zu mindern.

Die entgangene Urlaubsfreude hingegen stellt keinen engen und unmittelbaren Mangelfolgeschaden dar sondern einen entfernten Mangelfolgeschaden. Ferne Mangelfolgeschäden unterfallen nicht dem § 635.

2. pFV

Entfernte Mangelfolgeschäden wie die Beeinträchtigung des Urlaubsgenusses können aus pFV geltend gemacht werden. Es wurde bereits unter 1. erläutert, dass eine schuldhafte Schlechterfüllung des Werkvertrages gegeben ist. Aus pFV können auch reine Vermögensschäden geltendgemacht werden, die nicht unmittelbar aus dem Mangel und seiner Beseitigung folgen. Der Urlaub auf dem Bauernhof führte jedoch keine Nachteile im Vermögen des B im Vergleich zur geplanten Rundreise herbei. Im Vermögen des B hat sich kein geldwerter Verlustposten konkret niedergeschlagen[7]. Vermögensmäßig stellte sich B sogar besser. Er ersparte die mit der geplanten Rundreise verbundenen höheren Aufwendungen. Dem B geht es alleine um den Erholungswert, den Feizeitgenuss und damit um einen immateriellen Schaden. Dieser immaterielle Schaden ist nicht im Rahmen von Schadensersatzansprüchen aus pFV erfasst. Nach § 253 bedarf es einer gesetzlichen Regelung, die ausdrücklich den Ersatz immaterieller Schäden vorsieht. An einer solcher Regelung fehlt es bei der im Gesetz selbst nicht geregelten pFV. Ersatz für vertanen Urlaub kann allenfalls bei der Verletzung von Verträgen verlangt werden, die unmittelbar Leistungen für die Urlaubsgestaltung enthalten in Anlehnung an die Regelung des § 651 f Abs. 2 beim Reisevertrag[8]. Es muss sich um die Schlechter-

---

[5] BGHZ 37 S. 341, 343 f

[6] BGHZ 98 S. 45, 47; OLG Köln NJW-RR 1994 S. 1339

[7] BGHZ 106 S. 28, 31

[8] BGHZ 86 S. 212, 215; BGH NJW 1985 S. 906, 907; *Palandt-Heinrichs* Komm. Vorbem. § 249 Anm. 40; AG Herne NJW 1998 S. 51 ff entgangene Freizeit bei Nichterfüllung eines Konzertbesuchvertrages

füllung von Leistungen handeln, die Teil der Urlaubs- und Freizeitgestaltung sind. Der Ölwechsel ist nicht Teil der Freizeitgestaltung und des Urlaubsgenusses.

3. § 831 S.1

W könnte für die Fehlleistung seinen Verrichtungsgehilfen G haften. G steht als Gehilfe in einem Arbeitsverhältnis mit W. Er ist damit sozial abhängig und weisungsabhängig von W. Bei Ausübung seiner Berufstätigkeit hat er eine Handlung am Fahrzeug des B vorgenommen, die zum Schaden am Motor führte. Er hat eine Eigentumsverletzung begangen. Die Rechtswidrigkeit ist indiziert. Auf ein Verschulden des A kommt es bei § 831 nicht an. Es handelt sich um eine Haftung für vermutetes Auswahl- und Überwachungsverschulden des Geschäftsherrn. W hat die Möglichkeit nach § 831 den Entlastungsbeweis anzutreten. Davon hat er nach dem Sachverhalt keinen Gebrauch gemacht. W haftet für den Motoraustausch nach §§ 249, 251 Abs. 1.

4. § 847

Ein Anspruch des B auf Ersatz der entgangenen Urlaubsfreude könnte sich aus § 847 ergeben. § 847 gewährt Ersatz immaterieller Schäden bei Verletzung eines der genannten absoluten Rechtsgüter durch eine unerlaubte Handlung. § 847 beschränkt den Schmerzensgeldanspruch auf die Verletzung von Körper, Gesundheit, Freiheit und - analog - Persönlichkeit. Hier liegt jedoch eine Eigentumsverletzung vor. Diese führte zwar zu einer Einschränkung der wirtschaftlichen Entscheidungsfreiheit des B. § 847 erfasst mit dem Freiheitsbegriff allein die Entziehung der körperlichen Bewegungsfreiheit des B. Es liegt keine Verletzung der Freiheit oder sonst eines von § 847 geschützten Rechtsgutes vor.

Ein Schmerzensgeldanspruch wegen entgangener Urlaubsfreude kommt nicht in Betracht.

Malerarbeiten

Werkvertrag - Fälligkeit - Gefahrtragung – Delikt - Gesamtschuldnerregress - Drittschadensliquidation

Sachverhalt

Herr Berger (B) ist Eigentümer eines älteren Reihenhauses. Gleichzeitig mit seinem Nachbarn Herr Neumann (N) beginnt er mit Renovierungsarbeiten an seinem Haus. B und N lassen ihre Häuser gemeinsam einrüsten. B beauftragt die Maler- und Gipserfirma Ulrich (U) mit den Fassadenarbeiten und dem Anbringen neuer Fensterläden.

Die Fassadenarbeiten sind auf der Vorder- und Rückseite des Hauses fast abgeschlossen. Nur noch geringe Restarbeiten sind zu erledigen.

Vor dem Haus des N steht ein Bauschuttcontainer. Arbeiter haben mehrere mit Verdünnung getränkte Lappen in den Container geworfen. Am Abend versucht der 18-jährige Jugendliche Jonas (J) aus Langeweile, Papierreste im Container in Brand zu stecken. Der Containerinhalt brennt zur Überraschung des J angefacht durch einen leichten Wind lichterloh. Anfänglich sieht es so aus, als hätte nur der Container Schaden erlitten. Als U am nächsten Morgen seine Arbeiten abschließen will, entdeckt er, dass die strahlend weiß gestrichene Fassade am Haus des B hässliche graue Flecken aufweist. Der Wind hatte den starken Rauch auf die Hausfassade des B geweht und dort Rußspuren hinterlassen.

Die Fassade muss von U auf Verlangen des B nochmals vollständig gestrichen werden. J verteidigt sich damit, dass er mit einer solchen Folge seines Tuns nicht rechnen konnte. Er sei davon ausgegangen, dass es nur zu einem minimalen Brand kommen würde, der allenfalls am Container und dessen Inhalt einen Schaden verursachen würde.

U möchte von B neben der vereinbarten Vergütung noch die Mehrkosten für das erneute Streichen der Fassade, anderfalls will er Kostenersatz von J haben.

Lösung

I. Ansprüche U gegen B

1. § 631 Abs. 1 des ersten Fassadenanstrichs

U könnte einen Anspruch aus § 631 Abs. 1 haben auf Entrichtung der vereinbarten Vergütung. Nach §§ 641 Abs. 1, 640 Abs. 1 ist die Vergütung erst nach Abnahme des fertiggestellten Werkes fällig. Der erste Fassadenanstrich war noch nicht fertiggestellt. Auch ist die Abnahme nicht erfolgt. Abnahme ist die körperliche

Entgegennahme des fertiggestellten Werkes und die Billigung des Werkes als vertragsgemäß. Bei Arbeiten an Bauwerken ist die körperliche Entgegennahme faktisch ausgeschlossen. Gleichwohl ist die Billigung des Werkes als vertragsgemäß möglich und ausreichend[1]. Die Abnahme bleibt folglich möglich. Sie ist nach dem Sachverhalt nicht erfolgt. Hiernach besteht kein Anspruch für die erbrachten unvollständigen Arbeiten.

Nach § 644 Abs. 1 S. 2 besteht ein Anspruch auf Vergütung des fertiggestellten Werkes vor Abnahme, wenn der Besteller mit der Abnahme in Verzug ist. Das Werk war nicht ganz fertiggestellt und damit noch nicht abnahmereif.

Das Ergebnis steht in Einklang mit § 644 Abs. 1 S. 1. Hiernach trägt der Unternehmer die Gefahr des zufälligen Unterganges bis zur Abnahme des Werkes. Da die Schäden an den Malerarbeiten und der Fassade weder von B noch von U zu vertreten sind, liegt hier ein Zufallsschaden vor.

2. §§ 631, 645

Vor Fertigstellung und Abnahme trägt in Ausnahmefällen der Besteller die Gefahr des Untergangs. Es kommt § 645 Abs. 1 in Betracht. Diese Regelung trifft nicht zu, da die Verschlechterung weder die Folge einer Anweisung des B ist noch von dem Objekt ausging, an dem die Werksarbeiten zu erbringen waren.

3. § 631 Abs. 1 für die abgeschlossenen Arbeiten

Aus §§ 631 Abs. 1, 641 Abs. 1, 640 Abs. 1 kann U Vergütung von B verlangen, sobald die Fassadenarbeiten zum zweiten Mal durchgeführt, fertiggestellt und abgenommen sind. Es wird jedoch nur Vergütung für einmalige Fassadenarbeiten, für den einmalig erbrachten Erfolg der fertiggestellten Fassadenarbeiten geschuldet.

II. Ansprüche U gegen J

1. § 823 Abs. 1

U könnte einen Schadensersatzanspruch gegen J aus § 823 Abs. 1 haben. Es fehlt jedoch an einer Eigentumsverletzung des U. U ist nicht Eigentümer des Gebäudes. U erleidet einen reinen Vermögensschaden, insofern er die Fassadenarbeiten zweimal ausführen muss, jedoch nur einmal Geld bekommt.

Aus demselben Grund entfällt ein Anspruch aus § 823 Abs. 2 i. V. m. § 303 StGB. J hat eine Sache des B aber nicht des U beschädigt.

2. § 826

Ein Anspruch könnte sich aus einer vorsätzlichen sittenwidrigen Schädigung durch J ergeben. J hatte zwar den Brand vorsätzlich verursacht. Gleichwohl hatte er nicht damit gerechnet, dass der Containerinhalt in Flammen stehen würde und der Brand über den Container und seinen Inhalt hinaus zu einem Schaden Dritter führen würde. Es fehlte dem J das Bewusstsein, dass das Nachbargebäude Schaden

[1] *Palandt-Sprau* Komm. § 640 Anm. 3

erleiden konnte. Bei § 826 muss der Vorsatz jedoch die Schadensfolgen im Einzelnen umfassen. Diese müssen zumindest von der allgemeinen Lebenserfahrung umfasst sein. Für den Vorsatz einer Schädigung ist es nicht ausreichend, dass der Schädiger mit irgendeinem Schaden gerechnet hat, gerade den eingetretenen Schaden aber nicht abgesehen hat[2]. J wollte allenfalls den von N aufgestellten Container samt Inhalt beschädigen. Es kann ihm keine allgemeine Lebenserfahrung dahingehend unterstellt werden, dass er um die starke Rauchentwicklung und deren Fernwirkung wusste[3].

3. §§ 840 Abs. 1, 426 Abs. 1

§ 840 Abs. 1 ordnet Gesamtschuldnerschaft zwischen mehreren deliktisch haftenden Personen an. Der Anspruch scheidet aus, da U nicht selbst aus unerlaubter Handlung haftet sondern eine vertragliche Pflicht aus § 631 Abs. 1 zu erfüllen hat.

4. §§ 421, 426 Abs. 1

Ein Anspruch könnte sich aus einem Gesamtschuldnerregress ergeben. U und J müssten dem B als Gesamtschuldner haften. Der Anspruch des B gegen U aus Werkvertrag wurde bereits oben erläutert.

Daneben könnte ein deliktischer Anspruch des B gegen J aus § 823 Abs. 1 bestehen. J hat durch das Inbrandsetzen des Containerinhalts die Fassadenschäden am Gebäude des B verursacht. Sein Handeln war rechtswidrig. Die Eigentumsverletzung erfolgte fahrlässig. Es ist allgemein bekannt, dass ein Brand durch Hitze, Rauch und Rußentwicklung zu weitreichenden Schäden über den Brandherd hinaus führen kann. Dies war bei Anwendung der im Verkehr allgemein erforderlichen Sorgfalt erkennbar. Durch die Eigentumsverletzung trat bei B jedoch kein Schaden ein, weil er von U unabhängig vom Brand die Herstellung einer einwandfreien Fassade aus dem noch nicht erfüllten Werkvertrag verlangen kann.

Eine Gesamtschuldverhältnis zwischen U und J entfällt mangels Haftung des J gegenüber dem B.

5. § 812 Abs. 1 S. 1, 2. Alt.

U könnte gegen J einen Anspruch aus ungerechtfertigter Bereicherung haben. Eine Kondiktion in sonstiger Weise kommt nur in Betracht, wenn kein Leistungsverhältnis vorliegt. U hat mit dem erneuten Streichen eine geschuldete Leistung im Rahmen des Werkvertrages mit B nach § 631 Abs. 1 S. 1 erbracht. Die bewusst und zweckgerichtet vorgenommene Vermögensverschiebung des U an B schließt eine Bereicherung in sonstiger Weise aus. Nach dem Grundsatz des Vorrangs des Leistungsverhältnisses zwischen U und B entfällt ein Anspruch aus Kondiktion in sonstiger Weise zwischen U und J.

---

[2] BGH NJW 1963 S. 148, 150

[3] a. A. vertretbar

6. § 823 Abs. 1, 255, 281 analog

Nach den Grundsätzen der Drittschadensliquidation könnte sich U einen fiktiven Schadensersatzanspruch des B gegen J abtreten lassen. Wie oben unter II. 4. gezeigt, würde ein Schadensersatzanspruch des B gegen J bestehen, wenn nicht B ohnehin aus §§ 632 Abs. 1, 644 Abs. 1 S. 1 die Herstellung einer einwandfreien Fassade von U verlangen könnte. B wurde zwar in seinem Rechtsgut verletzt, gleichwohl ist ihm kein Schaden entstanden, weil U die beschädigte Fassade ein zweites Mal aufgrund des noch nicht fertig gestellten Werkvertrages streichen muss. Aufgrund der Gefahrtragungsregeln des Werkvertrages hat U den Schaden zu tragen.

Dies führt zu einer unangemessenen Entlastung des J, der ansonsten für die eingetretene Eigentumsverletzung haften müsste. Diese Entlastung des J ist zufälliger Natur. Sie ist eine Folge der Gefahrtragungsregelung des § 644 Abs.1 S. 1, der nur das Verhältnis zwischen B und U regeln will und nicht die Aufgabe hat, den dritten Schädiger J zu entlasten[4]. Nach den Regeln der Drittschadensliquidation wird in Fällen zufälliger und unangemessener Schadensverlagerung beim Sacheigentümer B ein Schaden fingiert. Hieraus erwächst gegen den Schädiger J ein fiktiver Schadensersatzanspruch des B. Entgegen dem Grundsatz, dass Schadensersatz immer nur der tatsächlich Geschädigte geltend machen kann, erwächst hieraus dem B ein Schadensersatzanspruch. Er kann den Schaden geltend machen, der dem U erwachsen ist[5]. Der letztlich Geschädigte U kann vom Eigentümer B Abtretung dieses fiktiven Schadensersatzanspruches gegen J analog §§ 255, 281 verlangen[6].

U hat einen Schadensersatzanspruch gegen J aus Ersatz der üblichen Vergütung für das erneute Streichen der Fassade.

---

[4] BGHZ 40 S. 91, 100

[5] BGHZ 40 S. 91, 100

[6] BGH NJW 1970 S. 38, 41

Werbeprospekt

Werkvertrag - Vergütungsanspruch - Anfechtung - pFV -
Haftung für Verrichtungsgehilfen

Sachverhalt

Prokurist Paulus (P) der Heil- und Kurbad GmbH (K) will einen neuen Werbeprospekt in Anbetracht rückläufiger Besucherzahlen herausgeben. Der Prospekt soll auf die bislang noch kaum angesprochene Gruppe junger Menschen zielen. Die Geschäftsführer der Heil- und Kurbad GmbH halten nicht viel von dem Vorhaben. Sie sind der Ansicht, dass es sich um keine Zielgruppe für ein Heil- und Kurbad handle. Trotzdem bittet P in einem Brief den ortsansässigen Werbefachmann Walter (W) um einen Entwurf für den Werbeprospekt. Er gibt ihm den Umfang des Prospekts und ein Zeitlimit für die Erstellung des gewünschten Entwurfs vor. W bedankt sich unverzüglich schriftlich bei B für das gezeigte Vertrauen und sagt die termingerechte Ausführung zu. Als der aufwendig gestaltete Entwurf vorliegt, ist P sehr angetan. Auch die Geschäftsführer zeigen sich sehr zufrieden mit der Leistung. P bedankt sich für die hervorragende Arbeit bei W. Aus Kostengründen wird das Vorhaben jedoch nicht umgesetzt.

W verlangt eine - im Verhältnis zu seiner Leistung - ausgesprochen bescheidene Vergütung in Höhe von 1.800 DM. P verweigert die Bezahlung. Er habe dem W keinen Auftrag erteilt, sondern diesen um eine bloße Gefälligkeit gebeten, was schon aus dem Fehlen einer Vergütungsabrede folge. Ein Brief und ein Vertrag seien zweierlei. Auch sei die Geschäftsleitung mit dem Vorhaben von vornherein nicht einverstanden gewesen. Hätte er gewusst, dass W eine Rechnung stellen werde, hätte er ihn nie angeschrieben. Es handle sich um ein Missverständnis, das er sehr bedaure.

P bittet den W zu einer gütlichen Klärung der Angelegenheit in sein Büro. Er hofft, bei diesem Gespräch, den W von der Geltendmachung eines Vergütungsanspruchs abbringen zu können. Als W das Verwaltungsgebäude der K betritt, stürzt er auf dem spiegelglatten Boden. Seine teure Designerbrille geht kaputt. Zwei Rippen sind gebrochen. Zu dem Unfall konnte es kommen, weil die von der K laufend mit der Reinigung der Räumlichkeiten beauftragte Gebäudereinigungsfirma Reimann (R) den Boden im Eingangsbereich frisch gewachst hatte. Die sonst übliche Aufstellung eines Warnschildes war versehentlich unterblieben, obwohl R und seine Mitarbeiter sonst immer sehr umsichtig waren.

Frage 1: Steht dem W ein Zahlunggsanspruch gegen die K zu?

Frage 2: Kann W von K Ersatz seiner Brille und ein angemessenes Schmerzensgeld beanspruchen?

Lösung

Frage 1: Steht dem W ein Zahlungsanspruch gegen die K zu?

§ 631 Abs. 1

W könnte einen Zahlungsanspruch auf Leistung von Werklohn nach § 631 Abs. 1 haben.

a. Es müsste ein wirksamer Werkvertrag abgeschlossen und nicht nur eine reine Gefälligkeit erbeten worden sein. Bei einer reinen Gefälligkeit fehlt es am Rechtsbindungswillen der Beteiligten. Das Vorliegen des Rechtsbindungswillen ist gemäß §§ 133, 157 nach dem objektiven Empfängerhorizont zu bestimmen. Die Anforderung von Leistungen eines Selbständigen, die zu dessen Berufsausübung gehören ist aus dessen Sicht regelmäßig als verbindlich zu werten. Die Einbindung in eine Bitte ist als Höflichkeitsformel unschädlich. Die Umfangsvorgabe und das Zeitlimit legen gleichfalls eine rechtsverbindliche Erklärung nahe. Die fehlende Entgeltregelung spricht nicht gegen den Rechtsbindungswillen. Wie die Regelungen in §§ 632 Abs. 1, 612 Abs. 1 zeigen, ist die fehlende Entgeltregelung bei manchen Vertragsarten nicht außergewöhnlich und nimmt der Abrede nicht von vornherein die Rechtsbindung. Es wurde ein Angebot zum Abschluss eines Werkvertrages abgegeben.

b. Da P das Angebot namens der K abgegeben hat, müsste seine Willenserklärung von einer Vollmacht gedeckt sein. Als Prokurist der K hat P nach § 49 Abs. 1 HGB eine gesetzliche Vollmacht zur Vornahme aller im Rahmen der Betriebsführung üblichen Geschäfte, wozu Werbung und die Vergabe von Werbeaufträgen zählen. Diese Vollmacht ist nach § 50 Abs. 1 HGB nach außen unbeschränkt und unbeschränkbar im Interesse der Rechtssicherheit. Etwaige Einwände im Innenverhältnis lassen die Wirksamkeit der gesetzlich umschriebenen Vollmacht im Außenverhältnis unberührt.

c. Die Briefform des Angebots steht der Wirksamkeit nicht entgegen. Ein Werkvertrag kann formfrei abgeschlossen werden. Nach § 147 Abs. 2 bedarf es nur der unverzüglichen Annahme. Diese wurde von W wiederum schriftlich erklärt. Die Briefform des Angebots ist unschädlich.

d. Bei dem durch den Vertrag in Auftrag gegebenen Entwurf muss es sich um eine Werkleistung nach § 631 handeln. Wie beim Kostenvoranschlag eines Bauhandwerkers könnte man beim Entwurf die Ansicht vertreten, es handle sich lediglich um eine untergeordnete Vorarbeit für eine erst später zu erbringende Hauptleistung. Der Kostenvoranschlag hat nur den Zweck, die Kosten eines geplanten und in seinen Einzelheiten schon feststehenden Vorhabens abzuklären. Der Entwurf für einen Werbeprospekt stellt weitergehend ein körperliches Arbeitsergebnis, ein Sachwerk dar. Es stellt ein eigenständiges Sachwerk dar und nicht nur eine unbedeutende Vorstufe eines später erst in Auftrag zu gehenden Werkes. Konzept und Entwurf sind nicht erste Schritte in der Abfolge kreativen Arbeitens sondern schon das Ergebnis[1]. Nicht erst der Werbeprospekt selbst ist der geschuldete Erfolg. Der Entwurf liefert die Entscheidungsgrundlage, ist Vorstufe und Gegenstand der späteren Erstellung des Werbeprospektes.

e. Für dieses Werk gilt nach § 632 Abs. 1 eine Vergütung als geschuldet. Entwürfe zu Werbeprospekten werden nach allgemeiner Übung nur gegen Entgelt erbracht. Die Entwürfe verkörpern bereits eine umfassende Arbeitsleistung und eine Vorstufe zum intendierten Werk. W kann hierfür die übliche Vergütung nach § 632 Abs. 2 verlangen. Soweit er nur eine bescheidene Vergütung in Rechnung stellt, wahrt er diesen Rahmen.

Die Vergütung ist nach § 641 fällig. Der Entwurf ist fertig gestellt und von P abgenommen worden. Die Abnahmeerklärung ist in der Äußerung des P enthalten, dass er mit dem Entwurf sehr zufrieden sei.

f. Der Werkvertrag ist nicht durch Anfechtung der Willenserklärung des P nach § 142 nichtig geworden. P beruft sich auf einen Inhaltsirrtum nach §§ 119 Abs. 1, 166 Abs. 1. Er hat sich über die Reichweite seiner Erklärung geirrt. § 632 Abs. 1 schließt als Sonderregelung die Anfechtung aus. Die Vorschrift soll nach ihrem Sinn und Zweck in solchen Zweifelsfällen eine endgültige Klärung herbeiführen. Dem soll nicht durch Anfechtung wieder die Grundlage entzogen werden.

W hat einen Anspruch auf Vergütung.

Frage 2: Kann W von K Ersatz seiner Brille und ein angemessenes Schmerzensgeld beanspruchen

1. pFV

Der Anspruch des W könnte sich aus einer positiven Forderungsverletzung des Werkvertrages ergeben analog §§ 280, 286, 325, 326. Ein Werkvertrag liegt wie oben gezeigt vor. Da weder die Regeln über Unmöglichkeit, Verzug oder Gewährleistung einschlägig sind, kommt die subsidiäre pFV in Betracht.

K müsste eine Haupt- oder Nebenpflicht aus dem Werkvertrag verletzt haben. Verletzt wurde eine Verkehrssicherungspflicht. Die Verkehrssicherungspflicht zählt zu den Nebenpflichten eines jeden Vertrages [2]. Wer einen Besucherverkehr in seinen Räumlichkeiten eröffnet, hat dafür Sorge zu tragen, dass die Besucher nicht durch den Zustand der Zugänge und Räumlichkeiten zu Schaden kommen. Die Besucher müssen sich in den zugänglichen Räumen sicher bewegen können, ohne befürchten zu müssen, etwa infolge eines glatten Bodens zu stürzen[3] K muss gewährleisten, dass ihre Geschäftspartner die übliche Sicherheit bei Betreten der Geschäftsräume vorfinden und nicht zu Schaden kommen. Dazu gehört ein rutschfester Boden. W hatte die Geschäftsräume der K zur Abklärung der Vergütungs-

---

[1] OLG Düsseldorf NJW-RR 1991 S. 120; OLG Zweibrücken NJW-RR 1995 S. 1265

[2] *Palandt-Heinrichs* Kommentar § 276 BGB Anm. 117

[3] OLG Köln NJW-RR 1995 S. 1178

pflicht aus dem Werkvertrag und damit in einer geschäftlichen Angelegenheit betreten. Er zählt damit zu dem von dieser Verkehrssicherungspflicht geschützten Personenkreis.

Die Glätte des Bodens war kausal für den Schaden des W. K muss die Pflichtverletzung zu vertreten haben. Primär ist nach § 276 eigenes Verschulden zu vertreten. K als juristische Person kann nicht schuldhaft handeln. Sie hat sich nach § 278 das Verschulden ihres Erfüllungsgehilfen und deren Mitarbeiter anrechnen zu lassen. K hat die Firma R mit Wissen und Wollen zur Ausführung der Reinigungsarbeiten und der damit verbundenen Sicherungsvorkehrungen zugunsten der Geschäftspartner eingesetzt. Das Verschulden des Erfüllungsgehilfen R wird analog §§ 282, 285 vermutet. § 278 sieht keinen Entlastungsbeweis für K vor.

W hat einen Schadensersatzanspruch. Er kann nach § 251 Abs. 1 Geldersatz für die kaputte Brille verlangen. Nach § 253 kann W aus pFV mangels gesetzlicher Anordnung kein Schmerzensgeld herleiten.

2. § 831

Ein Anspruch des W könnte aus § 831 in Betracht kommen. Die Reinigungsfirma R müsste Verrichtungsgehilfin der K sein. Es fehlt jedoch an der begriffsspezifischen Weisungsabhängigkeit und sozialen Abhängigkeit der R von K.

3. § 847

Mangels unerlaubter Handlung der K kommt ein Schmerzensgeldanspruch nach § 847 gegen K nicht in Betracht. Insofern bleibt dem W nichts anderes übrig, als Ansprüche gegen die Reinigungsfirma aus unerlaubter Handlung zu verfolgen.

Überschwemmung

Mietvertrag - pFV - Haftung für den Verrichtungsgehilfen

Sachverhalt

Der Versicherungsmakler Maier (M) mietet Büroräume an im ersten Stockwerk eines dem Herrn Bernd (B) gehörenden Geschäftshauses. M überträgt die Gestaltung und Einrichtung der Büroräume dem Innenarchitekten und Innenausstatter Idler (I). I gilt als renommierter Fachmann. Der Mitarbeiter Angermann (A) des I tapeziert die Büroräume neu. Nach getaner Arbeit will er verschiedene zur Durchführung der Arbeiten benutzte Tapeziergeräte in der Büroküche reinigen. Er stellt einen Eimer in das Waschbecken und lässt Wasser einlaufen. Währenddessen räumt er seine Werkzeuge zusammen und beseitigt herum liegende Tapetenreste. Werkzeuge und Tapetenreste trägt er zu dem auf der Straße abgestellten Firmenwagen und verstaut sie. Darüber vergisst er den Wassereimer in der Büroküche und verlässt kurze Zeit später die Büroräume. Den Wassereimer und die unerledigten Reinigungsarbeiten hat er ganz und gar vergessen. In der Küche ergießt sich das Wasser stundenlang auf den Boden, da der Wassereimer sowohl den Abfluss wie auch das Sicherheitsabflussloch verdeckt. Das Wasser dringt während der Nacht unbemerkt durch die Decke in die darunter liegenden Verkaufsräume des B. B betreibt eine Buchhandlung in seinen Verkaufsräumen. B ist entsetzt, als er am nächsten Morgen die Bescherung sieht. Es ist ein großer Schaden an Büchern und Bücherregalen sowie den Bodenbelägen entstanden.

Frage: Kann B Schadensersatz von M verlangen?

Lösung

1. § 535 i. V. m. pFV

B könnte einen Schadensersatzanspruch gegen M aus einer positiven Forderungsverletzung des Mietvertrages haben. Zwischen M und B besteht ein Mietvertrag nach § 535.

Ansprüche aus pFV setzen voraus, dass keine gesetzlich geregelten Leistungsstörungsinstitute eingreifen. Es liegt weder ein Fall der Unmöglichkeit noch des Verzugs mit der Erfüllung der in § 535 erwähnten Pflichten aus dem Mietverhältnis vor. § 538 behandelt Ansprüche des Mieters gegen den Vermieter, aber keine Schadensersatzansprüche des Vermieters. Der Schadensersatzanspruch des Vermieters aus § 545 Abs. 2 knüpft an die unterlassene Anzeige eines Mangels der Mietsache durch den Mieter an. Die Mietsache war mangelfrei. § 545 ist nicht einschlägig. Die subsidiäre pFV kann zur Anwendung gelangen.

Der Mieter M müsste eine Pflicht aus dem Mietvertrag verletzt haben. In Betracht kommt die Verletzung einer Obhutspflicht. Diese Obhutspflicht ist im Mietrecht nicht explizit geregelt. Sie wird vom Gesetz als selbstverständlich vorausgesetzt und bildet gedanklich die Voraussetzung des § 545[1]. Den Mieter M trifft eine Obhutspflicht an der Mietsache, zumal er den Gebrauch an der Mietsache ausübt unter Ausschluss des Gebrauchs durch den Vermieter. Der Mieter hat im Zusammenhang mit der Nutzung der Mieträume auf die Vermögensinteressen des Vermieters Bedacht zu nehmen. Er ist nicht nur zur pfleglichen Behandlung der Mieträume sondern des ganzen Hauses verpflichtet[2]. Er muss mit der Mietsache sorgfältig umgehen. Er darf die Mietsache nicht über den gewöhnlichen Gebrauch nach § 548 hinaus abnutzen. Das stundenlange Überlaufenlassen von Wasser und das Versickern von Wasser in Decken und Böden übersteigt die übliche Verwendung von Wasser zu Reinigungszwecken in Mieträumen. Hierdurch trat am Eigentum und im Vermögen des B ein Schaden ein.

Die Pflichtverletzung muss von M zu vertreten sein. M hat nicht selbst gehandelt. Jedoch könnte ihm das Handeln des A nach § 278 zuzurechnen sein. Erfüllungsgehilfe nach § 278 ist, wer mit Wissen und Wollen des Schuldners M bei der Erfüllung dessen Pflichten als Hilfsperson eingeschaltet wird. Anders als bei § 831 muss der Erfüllungsgehilfe nach § 278 in keinem Abhängigkeitsverhältnis oder Weisungsverhältnis zum Schuldner stehe. Die Art der Rechtsbeziehung zwischen Schuldner und Erfüllungsgehilfe ist gleichgültig[3]. Entscheidend ist, ob A nach den tatsächlichen Vorgängen mit dem Willen des Schuldners M bei der Erfüllung der diesem obliegenden Verbindlichkeiten als Hilfsperson tätig wurde. M hatte jedoch den I und nicht den A mit den Malerarbeiten beauftragt. Gleichwohl musste er damit rechnen, dass I nach der allgemeinen Lebenserfahrung und den Verkehrssitten im Handwerk die Arbeiten nicht allesamt in eigener Person ausführen werde. Beim Werkvertrag gilt allgemein, dass die Arbeiten nicht vom Unternehmer in Person geschuldet sind. Es entsprach dem Willen des M, dass die Malerarbeiten von I und seinen Mitarbeitern ausgeführt werden. Er war damit einverstanden, dass die von ihm eingeschaltene Hilfsperson I weitere Hilfspersonen einschaltet. Dies genügt für die Haftungserstreckung des § 278[4]. Soweit A auf Veranlassung des M mit Arbeiten in den Mieträumen betraut wurde, wurde ihm zwangsläufig die Obhut an den Mieträumen überlassen. Er übte für den Mieter M die Obhuts- und Sorgfaltspflicht aus. Sein Verschulden als Erfüllungsgehilfen ist dem M zuzurechnen. Sein Verschulden wird analog §§ 282, 285 vermutet. Im übrigen war es dem A nach § 276 Abs. 1 S. 2 auch ohne weiteres erkennbar, dass ein Wasserschaden bei unkontrolliertem Einlaufenlassen entstehen konnte. Durch einen Handgriff hätte

---

[1] *Palandt-Putzo* Komm. § 535 Anm. 41; § 345 Anm. 1; Alpmann und Schmidt JA 1997 S. 292, 293

[2] RGZ 159 S. 27, 32; OLG Hamm NJW-RR 1992 S. 906

[3] BGHZ 62 S. 119, 124; BGHZ 98 S. 330, 334

[4] BGH NJW 1983 S. 631, 632

sich der Schaden abwenden lassen. A hat fahrlässig die Obhuts- und Sorgfaltspflicht verletzt.

M haftet für den eingetretenen Schaden im Vermögen des Vermieters V nach §§ 249, 251.

2. § 831 Abs. 1 S. 1

M könnte die Haftung für den Verrichtungsgehilfen nach § 831 Abs. 1 S. 1 treffen. A müsste Verrichtungsgehilfe des M sein. Er ist Verrichtungsgehilfe des M wenn er von M sozial abhängig und weisungsabhängig ist. M hat jedoch den selbständigen Gewerbetreibenden I mit der Ausführung beauftragt. A ist Mitarbeiter des I und steht zu ihm in einem Weisungsverhältnis, nicht jedoch zu M.

M haftet nicht nach § 831 für das Verhalten des A.

Holzschutz

Mietrecht - Schadensersatz - Vertrag mit Schutzwirkung zugunsten Dritter

Sachverhalt

Verkaufsleiter Herr Maier (M) wird von seinem Arbeitgeber für die Dauer von 5 Jahren nach München versetzt, um dort eine neugegründete Verkaufsniederlassung zu leiden. M mietet deshalb auf die Dauer von 5 Jahren ein frisch renoviertes Bauernhaus in der Umgebung von München vom Vermieter Herrn Vogel (V) an. Das Haus bezieht er zusammen mit seiner Ehefrau Evelin (E). Sie fühlen sich in dem Haus sehr wohl, dessen wunderschöne Holzvertäfelungen und Dielenböden Gemütlichkeit und Wärme ausstrahlen.

Nach einigen Monaten am neuen Wohnsitz treten bei E wiederholt Erkrankungen der Atemwege und massive Kopfschmerzen auf. Sie fühlt sich ständig müde und schlapp. Sie begibt sich in fachärztliche Behandlung. Der Arzt befragt sie nach möglichen Schadstoffen in der Wohnung als Ursache des Übels. M teilt daraufhin dem V die Befürchtung des Arztes mit und erbittet Auskunft über die verwendeten Baustoffe. V bestreitet nach Rücksprache mit der Baufirma, die die Renovierung des Hauses ausgeführt hat, die Verwendung schädlicher Baustoffe und bedenklicher Substanzen. M beauftragt einen Sachverständigen mit der Untersuchung der Räumlichkeiten. Der Sachverständige stellt in den Holzteilen des Gebäudes gesundheitsschädliche Substanzen wie Lindan und Formaldehyd fest. Selbst in der Raumluft können erhebliche Konzentrationen gemessen werden, bei denen von einem signifikanten Gesundheitsrisiko auszugehen ist. Alle Wohn- und Schlafräume sind davon betroffen.

Daraufhin schickt M dem V die fristlose Kündigung des Mietverhältnisses ohne Angabe der Gründe. V weist die Kündigung entrüstet zurück. Wahrheitsgemäß versichert er, dass er von der Schadstoffbelastung nichts wusste. Die mit der Renovierung beauftrage Firma habe ihn darüber nicht aufgeklärt gehabt. Es sei für ihn eine Selbstverständlichkeit gewesen, dass nur unbedenkliche Substanzen verwendet werden Er erklärt sich zur unverzüglichen Sanierung der betroffenen Räume bereit. Die Sanierung wird mehrere Wochen in Anspruch nehmen.

Frage 1: Ist die fristlose Kündigung wirksam?

Frage 2: Hat M einen Anspruch auf Erstattung der Gutachterkosten gegen V?

Frage 3: Kann M die Miete rückwirkend seit Vertragsabschluss mindern?

Frage 4: Steht E ein Anspruch auf Schmerzensgeld gegen V zu?

Lösung

Frage 1: Ist die fristlose Kündigung wirksam?

1. § 544

Ein Recht zur fristlosen Kündigung könnte sich aus der Regelung des § 544 ergeben.

a. § 544 gewährte ein Recht zur fristlosen Kündigung, wenn durch die Beschaffenheit der Wohnräume eine konkrete Gesundheitsgefährdung besteht. Eine konkrete Gefährdung liegt vor, wenn der Mieter vernünftigerweise von dem Bestehen einer erheblichen Gefahr ausgehen muss. Nach dem gegenwärtigen Stand der Wissenschaft sind Lindan und Formaldehyd eindeutig als gesundheitsschädliche Stoffe einzustufen, die im Einzelfall zu schweren Erkrankungen führen können. Die Krankheitssymptome der E weisen auf eine durch diese Substanzen verursachte Gesundheitsschädigung hin. Dem M ist es nicht mehr zumutbar nach den wiederholten Erkrankungen der E und dem geäußerten Verdacht des behandelnden Arztes, das Mietverhältnis bis zum Fristablauf fortzusetzen.

Das Kündigungsrecht des § 544 ist anders als die Kündigungsmöglichkeit aus § 554 a nicht an ein Verschulden oder eine Kenntnis des Vermieters V vom Zustand der Wohnung gebunden. Die Unkenntnis des V und sein ernsthaftes Bemühen vermögen nichts an dem Kündigungsrecht des M zu ändern. Der Schutz gegen Gesundheitsgefahren genießt nach dem Gesetz absoluten Vorrang.

Anders als bei § 542 Abs. 1 S. 2 setzt die fristlose Kündigung nach § 544 nicht die Setzung einer Frist zur Abhilfe voraus. Nur ausnahmsweise kann eine solche Abhilfefrist aus § 242 hergeleitet werden, wenn der Mangel ohne weiteres in kürzester Zeit leicht behebbar ist und der Vermieter zur sofortigen Abhilfe bereit ist[1]. Die Bereitschaft des V zur Abhilfe ist mittlerweile gegeben. Die Sanierung wird einige Wochen dauern und wird nur unterer großer Einschränkung der Wohnqualität möglich sein. Die Entfernung von Holzdecken und Dielenböden ist nach allgemeiner Lebenserfahrung mit großem Aufwand und Schmutzentwicklung verbunden. Die betroffenen Räumlichkeiten sind vorübergehend unbenutzbar. Die Benutzung der Durchgangsräume ist eingeschränkt. Zieht man weiter in Betracht, dass bereits Gesundheitsbeeinträchtigungen aufgetreten sind und während der Sanierung die Gesundheitsgefährdung eher noch verstärkt wird, erscheint es weder unbillig noch unzumutbar, die Kündigung ohne Einräumung einer Abhilfemöglichkeit durchgreifen zu lassen. Die Kündigungsmöglichkeit aus § 544 besteht.

b. Der fristlosen Kündigung steht § 564 Abs. 2 nicht entgegen. Die Befristung eines Mietverhältnisses schließt nur die ordentliche nicht jedoch die fristlose Kündigung aus.

---

[1] OLG Koblenz NJW-RR 1992 S. 1228, 1229; Münchner Komm. *Voelskow* § 544 Anm. 4

c. Für die fristlose Kündigung wurde das Formerfordernis des § 564 a Abs. 1 S. 1 eingehalten. Hingegen fehlt die von § 564 a Abs. 1 S. 2 geforderte Angabe der Kündigungsgründe. Dies könnte zur Unwirksamkeit der Kündigung führen, wenn es sich um ein Wirksamkeitserfordernis handelt. § 564 a Abs. 1 S. 2 ist als Sollvorschrift ausgestaltet. Der Verstoß gegen Sollvorschriften äußert jedoch nur Rechtswirkungen, wenn das Gesetz hierfür eine Handhabe bietet. § 564 b Abs. 3 sieht solche Rechtswirkungen bei der ordentlichen Kündigung vor. Bei der außerordentlichen Kündigung lässt die fehlende Angabe der Kündigungsgründe die Wirksamkeit unberührt. Es genügt, dass die Gründe objektiv gegeben sind[2].

2. § 542

Ein Recht zur fristlosen Kündigung könnte sich obendrein aus § 542 Abs. 1 ergeben.

a. § 542 setzt voraus, dass dem Mieter der vertragsgemäße Gebrauch vorenthalten wird. Eine solche Vorenthaltung liegt nicht nur bei einer Sachentziehung vor. Eine Vorenthaltung kann auch bei einem Sachmangel gegeben sein, der die Nutzung des Mietobjektes objektiv erheblich einschränkt. Die gesundheitsgefährdende Schadstoffbelastung macht die betroffenen Räume unbewohnbar und führt damit zu einer Einschränkung des Gebrauchs des Mietobjektes. Es kommt nicht darauf an, dass die Vorenthaltung durch eine Handlung des Vermieters erfolgt ist oder dieser gar schuldhaft handelt.

b. § 542 Abs. 1 S. 2 setzt jedoch voraus, dass der Mieter vor Ausspruch der Kündigung dem Vermieter eine angemessene Abhilfefrist fruchtlos gesetzt hat. An dieser Fristsetzung ermangelt es. Die Fristsetzung ist nur ausnahmsweise entbehrlich, wenn die Beseitigung innerhalb angemessener Frist unmöglich erscheint oder für den Mieter mit unzumutbaren Belastungen verbunden ist. Kann die Sanierung unverzüglich begonnen werden, lässt sich diese innerhalb einiger Wochen bewerkstelligen. Bis zur Aufnahme der Sanierungsarbeiten können jedoch die gesamten Räumlichkeiten wegen der damit verbundenen Gesundheitsgefahren nicht mit gutem Gewissen benutzt werden. Während der Sanierung selbst ist eine Wohnraumnutzung der Räume nahezu ausgeschlossen. Durch Lärm und Schmutz wird die Wohnqualität in allen Räumen noch mehr als bislang beeinträchtigt. Hinzu kommt, dass die Entfernung der schadstoffbelasteten Dielen und Bretter regelmäßig zu einer Erhöhung der Raumluftkonzentration führt und die Gesundheitsgefahren noch vergrößert. Letztlich läuft dies darauf hinaus, dass das Wohnhaus bis zum Abschluss der umfassenden Sanierungsarbeiten kaum bewohnbar sein wird.

In Anbetracht der konkreten Gesundheitsgefahren und der bereits aufgetretenen Erkrankung der E ist dem Mieter M die Setzung einer Frist zur Abhilfe und das weitere Zuwarten nicht zumutbar.

---

[2] LG Lübeck ZMR 1998 S. 433 ff

Aus § 542 ergibt sich eine weitere Möglichkeit zur fristlosen Kündigung. Wie schon oben gezeigt, ist das Recht zur fristlosen Kündigung nicht durch die Befristung des Mietvertrages ausgeschlossen und die fehlende Begründung ist bei der fristlosen Kündigung unschädlich.

Frage 2: Hat M einen Anspruch auf Erstattung der Gutachterkosten gegen V?

§ 538 Abs. 1, 1. Alt.

Es könnte ein Schadensersatzanspruch auf Erstattung der Gutachterkosten aus § 538 Abs. 1, 1. Alt. in Betracht kommen.

a. Bei anfänglichen Mängeln der Mietsache besteht ein Schadensersatzanspruch des Mieters, selbst wenn den Vermieter kein Verschulden am Mangel trifft. Ein Mangel der Mietsache liegt vor, wenn diese mit einem Fehler nach § 537 Abs. 1 behaftet ist. Durch die Schadstoffbelastung der Räume weicht deren Istbeschaffenheit von der Sollbeschaffenheit ab, die die Einhaltung allgemein üblicher Gesundheitsstandards voraussetzt. Diese allgemeinen Erwartungen sind bei einer gesundheitsgefährdenden Schadstoffbelastung überschritten[3]. Die Überschreitung schränkt die Vertragstauglichkeit erheblich ein. Eine uneingeschränkte Nutzung zu Wohnzwecken ist ausgeschlossen, wenn die Nutzung mit ständigen begründeten Ängsten um Gesundheitsgefahren verbunden ist. Es handelt sich um einen anfänglichen Mangel. Die Ursache der Schadstoffbelastung, verursacht durch die bei der Renovierung verwendeten Substanzen, lag bereits bei Mietvertragsabschluss vor.

Aufgrund des Mangels der Mietsache müsste dem M ein Schaden entstanden sein. M hat die Gutachterkosten aufgewandt und hierdurch einen Vermögensnachteil erlitten. Die Beauftragung des Gutachters war zur Aufdeckung des Mangels unumgänglich.

b. Der Schadensersatzanspruch setzt nach § 545 Abs. 2 weiter voraus, dass der Mieter dem Vermieter den Mangel anzeigt. M hat V auf den Verdacht des Mangels hingewiesen. Erst als V sich nicht zum Einschreiten veranlasst sah, hat M den Gutachter beauftragt. Damit hat M dem V die von 545 Abs. 2 intendierte Abhilfemöglichkeit eröffnet.

c. Für die Gutachterkosten könnten die besonderen Voraussetzungen des § 538 Abs. 2 gelten. Die Kosten einer Selbstbeseitigung des Mangels können hiernach nur verlangt werden, wenn sich der Vermieter in Verzug befunden hat. Nach § 284 Abs. 1 setzt Verzug voraus, dass der Vermieter V gemahnt wurde, den Mangel zu beseitigen. Eine solche Mahnung ist nicht erfolgt .Die Gutachterkosten sind jedoch nicht zum Zecke der Beseitigung des Mangels aufgewendet worden. Die Gutachtekosten fielen an, um herauszufinden, ob die Gesundheitsbeeinträchtigungen auf einen Mangel der Mietsache zurückzuführen sind.

---

[3] Münchner Komm. *Voelskow* § 537 Anm. 5 a

Frage 3: Kann M die Miete rückwirkend seit Vertragsabschluss mindern ?

§§ 812 Abs. 1 S. 1, 1. Alt., 537 Abs. 1 S. 1

Ein Anspruch auf Rückzahlung anteiligen Mietzinses könnte sich aus §§ 812 Abs. 1 S. 1, 1. Alt., 537 Abs. 1 ergeben. Nach § 537 Abs. 1 S. 1 mindert der Mietzins sich kraft Gesetzes, wenn der Gebrauch der gemieteten Sache wegen eines Mangels eingeschränkt ist. Die Gebrauchstauglichkeit war objektiv von Anfang an eingeschränkt. Sie hat sich jedoch erst später subjektiv bemerkbar gemacht. Erst ab Kenntnis vom Mangel erfolgte eine Einschränkung des Effektivgebrauchs. Es stellt sich die Frage, ob die Minderung des Mietzinses ab der objektiven Minderung der Gebrauchstauglichkeit oder der subjektiven Feststellung der Gebrauchseinschränkung eintritt. Da § 537 auf die Tauglichkeit zum vertragsgemäßen Gebrauch und nicht auf die subjektiv empfundenen Störungen und die vorgenommenen Einschränkungen des Gebrauchs abstellt, kommt es alleine auf die objektive Gebrauchstauglichkeit an[4]. Liegt objektiv ein Mangel vor, tritt kraft Gesetzes Minderung ein. Die Gebrauchstauglichkeit war von Anfang an gemindert.

Der Minderungsautomatismus des § 537 erfordert nach § 545 Abs. 1, dass der Mieter M dem Vermieter V den Mangel angezeigt hat, damit der Vermieter V Gelegenheit zur Abhilfe hat. § 545 Abs. 1 S. 1 setzt jedoch voraus, dass sich der Mangel zeigt. Der Mangel muss offensichtlich sein, sich dem Mieter aufdrängen. Eine Untersuchungspflicht trifft den Mieter nicht. Solange sich der Mangel nicht zeigt, schließt die Anzeigepflicht den Minderungsautomatismus nicht aus. Als M von dritter Seite Verdachtsmomente mitgeteilt wurden, hat er unverzüglich V informiert und seiner Pflicht aus § 545 Abs. 1 genügt.

M steht ein Anspruch auf Rückzahlung überzahlter Miete zu[5].

Frage 4: Steht E ein Anspruch auf Schmerzensgeld gegen V zu?

1. § 538 Abs. 1 S. 1. Alt.

Der E könnte ein Schadensersatzanspruch wegen anfänglicher Mängel der Mietsache zustehen. Bei Anmietung des Gebäudes lag der Mangel bereits unerkannt vor. Der Anspruch ist verschuldensunabhängig und setzt keine Kenntnis des Vermieters V voraus. § 545 Abs. 2 steht wie oben gezeigt nicht entgegen. Die Anzeigepflicht des Mieters gilt erst ab Kenntnis vom Mangel. § 538 Abs. 1 gewährt nach seinem eindeutigen Wortlaut nur dem Mieter einen Anspruch. Den Mietvertrag hat nicht die E sondern ihr Ehemann M abgeschlossen. E könnte hingegen nach den Grundsätzen über den Vertrag mit Schutzwirkung zugunsten Dritter in den Mietvertrag[6] einbezogen sein.

---

[4] *Bub/Treier* Anm. 1362 m. w. N.

[5] LG Hannover NJW-RR 1990 S. 972, 973; a. A. LG Lübeck ZMR 1998 S. 433

[6] BGHZ 61 S. 227, 233; BGHZ 77 S. 116, 124

Der Vertrag mit Schutzwirkung zugunsten Dritter setzt voraus, dass der Mieter M ein Schutzinteresse an der Einbeziehung der E in den Schutzbereich des Mietvertrages mit V hat. Das Schutzinteresse folgt bereits aus den Regeln der ehelichen Lebensgemeinschaft nach §§ 1353 ff. Die Ehegatten sind einander verpflichtet, zum gegenseitigen Wohle beizutragen.

E muss ebenso wie M in Leistungsnähe zum Mietobjekt stehen. Dies ergibt sich wiederum aus den Regeln der ehelichen Lebensgemeinschaft und dem Umstand, dass M und E das Mietobjekt als gemeinsame Ehewohnung nutzten.

Dem V müssen Schutzinteresse des M und Leistungsnähe der E erkennbar gewesen sein. V hat ein Wohnhaus an M vermietet. Bei der Vermietung eines Wohnhauses ist immer damit zu rechnen, dass der Mieter Familienangehörige aufnehmen wird. Dies steht im Einklang mit Art. 6 GG.

Dem Vermieter V ist es auch zumutbar, für die Ehefrau des Mieters zu haften. Die Haftung beschränkt sich auf einen engen überschaubaren Personenkreis, wie er bei Vermietung eines Wohnhauses regelmäßig betroffen ist.

Die E kann Schadensersatzansprüche nach §§ 249 ff geltendmachen. Nach § 253 entfällt jedoch ein Anspruch auf Schmerzensgeld. Das Gesetz räumt bei Ansprüchen aus § 538 keinen Schmerzensgeldanspruch ausdrücklich ein. Nach der Regel des § 253 besteht nur ein Anspruch auf Ersatz materieller Schäden.

E kann kein Schmerzensgeld aus § 538 Abs. 1 verlangen.

2. § 847

Ein Schmerzensgeldanspruch könnte aus einer Verletzung der Gesundheit der E folgen. Die Gesundheitsverletzung müsste aus einer unerlaubten Handlung des V nach §§ 823 ff entspringen.

Eine unerlaubte Handlung nach § 823 Abs. 1 scheidet aus. V wusste nicht um die Verwendung der Umweltgifte. Er ließ die Arbeiten von einer Fachfirma ausführen und durfte sich auf deren fachkundige Ausführung verlassen.

§ 831 entfällt ebenfalls. Die selbständige Fachfirma ist kein weisungsabhängiger Verrichtungsgehilfe des V.

E hat keinen Schmerzensgeldanspruch gegen V

Schandfleck

Zugewinngemeinschaft - Herausgabeanspruch des Ehegatten - Grundbuchberichtigung - Kondiktion einer Buchposition

Sachverhalt

Das Städtchen Gehren hat einen malerischen mittelalterlichen Stadtkern. Im Laufe der Zeit wurden die Gebäude nach den Vorgaben des Denkmalschutzes saniert. Jährlich kommen viele Besucher nach Gehren, um das schöne Städtchen kennenzulernen und seine Sehenswürdigkeiten zu besichtigen. Gastronomie und Handel profitieren davon. Nur ein offenkundig sehr baufälliges Gebäude hebt sich ab. Die Einwohner von Gehren nennen es deshalb *Schandfleck.* Die betagte Eigentümerin des Anwesens Frau Emilie Engel (E) ist mit der Sanierung schlicht überfordert. Es fehlen ihr die erforderlichen finanziellen Mittel. Sie hat noch niemals in ihrem Leben Schulden gemacht. Erst recht fürchtet sie die notwendigen Abstimmungen mit Architekten und Handwerkern, Lärm und Schmutz. Sie kann es auch nicht übers Herz bringen, das Haus ihrer Vorfahren zu verkaufen. So passiert nichts und das Gebäude verfällt immer mehr. Nach dem Tode der E erbt ihr ebenfalls in Gehren wohnender Neffe Theodor Schmidt (S) das Haus. S lebt mit seiner Ehefrau Frieda Schmidt (F) in einfachen Verhältnissen von einer kleinen Rente. Mit dem Haus verfügt er nun erstmals über einen Vermögenswert. Aber schon die Erbschaftssteuer kann er nur mittels Bankkredit aufbringen, da er über keine Ersparnisse oder Wertsachen, nicht einmal über ein Auto verfügt. Der Gedanke an die voraussichtlichen Kosten der Sanierung und die damit verbundenen Scherereien bereitet ihm schlaflose Nächte. Es geht ihm wie seiner verstorbenen Tante. Er möchte sich auf seine alten Tage nicht mehr verschulden, sondern für sich und seine Ehefrau zum 40. Hochzeitstag einen Traum wahrmachen: Eine Weltreise mit dem Kreuzschiff.

S bespricht seine Probleme mit Bürgermeister Berthold (B) der Gemeinde Gehren. B sieht eine Möglichkeit, den *Schandfleck* zu sanieren. Nach einer nichtöffentlichen Sitzung des Stadtrats unterbreitet er dem F ein angemessenes Kaufpreisangebot über 800.000 DM. Die notarielle Beurkundung des Kaufvertrages und die Umschreibung im Grundbuch erfolgen in Kürze. Erst jetzt offenbart S seiner Ehefrau F die Überraschung mit der Weltreise. F ist wider Erwarten nicht erfreut sondern bestürzt: " Wenn die Tante Frieda das erfährt, wird sie sich im Grabe rumdrehen".

Frage 1: Kann F von der Gemeinde Gehren (G) das Grundstück zurückverlangen?

Frage 2: Welche Ansprüche hat G gegen S?

Lösung

Frage 1: Kann F von der Gemeinde G das Grundstück zurückverlangen?

1. § 985

F könnte Herausgabe verlangen, wenn sie Eigentümerin des Grundstücks ist. E erlangte nach § 1922 nach dem Tod der Erblasserin kein Eigentum, da sie nicht Erbin ist sondern ihr Ehemann.

Sie erlangte auch kein Miteigentum an dem geerbten Grundstück ihres Mannes. Mangels abweichender Angaben im Sachverhalt ist vom gesetzlichen Güterstand der Zugewinngemeinschaft auszugehen. Nach § 1363 Abs. 2 bleiben bei der Zugewinngemeinschaft die Vermögen der Ehepartner getrennt, soweit kein gemeinsamer Erwerb erfolgt. Geerbt hat nur der Ehemann S.

2. §§ 985, 1368

Es kommt ein Herausgabeanspruch des Ehemannes S in Betracht nach § 985, den die F gemäß § 1368 im eigenen Namen geltend machen kann.

S könnte sein Eigentum nach §§ 873, 925 verloren haben durch Übereignung des Grundstücks an die Gemeinde. Nach dem Sachverhalt ist bereits die Umschreibung im Grundbuch erfolgt. Es ist deshalb davon auszugehen, dass die Auflassung zuvor erklärt wurde. Diese Übereignung müsste wirksam vorgenommen worden sein.

Der Wirksamkeit der Verfügung zugunsten der Gemeinde könnte §§ 1365 Abs. 1 S. 2, 1366 entgegenstehen. Leben die Ehegatten im Güterstand der Zugewinngemeinschaft, sind Gesamtvermögensverfügungen des einen Ehegatten nur mit Zustimmung des anderen Ehegatten wirksam. Nach § 1363 ist davon auszugehen, dass S und seine Ehefrau im gesetzlichen Güterstand der Zugewinngemeinschaft leben. Bei dem Grundstück handelt es sich im wesentlichen um den einzigen Vermögenswert des S. S verfügt nach dem Sachverhalt neben geringen laufenden Einkünften nur über bescheidene Werte. Gleichwohl handelt es sich bei dem Grundstück nicht um das Vermögen als Ganzes. Es kommt für § 1365 Abs. 1 S. 2 nicht darauf an, dass S sein Vermögen als Ganzes veräußert. Zustimmungsbedürftig sind obendrein Rechtsgeschäfte über Einzelgegenstände, wenn sie das ganze oder nahezu das gesamte Vermögen in Höhe von mindestens 85 % ausmachen. Vergleicht man den Wert des Grundstücks mit den Hausratsgegenständen macht das Grundstück nahezu das gesamte Vermögen aus. Es ist zu bedenken, dass der Wert gebrauchter Hausratsgegenstände gegen null tendiert.

Zwar erlangte S im Gegenzug für das Grundstücks eine Gegenleistung. Diese Gegenleistung hat nach der Gestaltung des Gesetzes außer Betracht zu bleiben. Sinn und Zweck des § 1365 ist es, das Gesamtvermögen in seinem gegenständlichen Bestand zu erhalten. Da die Veräußerung des Gesamtvermögens zumeist nur gegen eine Gegenleistung erfolg, wäre § 1365 für den übergangenen Ehegatten ohne praktische Bedeutung.

Bei der Veräußerung einzelner Gegenstände muss der Erwerber darum wissen, dass es sich bei diesen im wesentlichen um das ganze Vermögen handelt[1]. Die Gemeinde G muss sich nach § 166 Abs. 1 das Wissen ihres Bürgermeisters B als Organ der Gemeinde um die finanziellen Verhältnisses des S anrechnen lassen. S hat dem B seine finanziellen Verhältnisse geschildert. B wusste darum, dass S neben dem Grundstück keine nennenswerten Vermögenswerte mehr besitzt. Da F die Verfügung nicht genehmigt hat und die Genehmigung auch nicht nach § 1365 Abs. 2 vom Vormundschaftsgericht ersetzt wurde, kann F im eigenen Namen Herausgabe des Grundstückes verlangen, das noch immer im Eigentum ihres Ehemannes steht. Die Herausgabe kann durch Wiedereinräumung des Besitzes und Löschung der Gemeinde im Grundbuch erfolgen.

Die Gemeinde kann diesem Herausgabeanspruch kein Zurückbehaltungsrecht aus §§ 986, 273 entgegenhalten - sei es wegen des gezahlten Kaufpreises oder wegen eines Schadensersatzes. Diese Ansprüche kann die Gemeinde nur gegen ihren Vertragspartner S geltend machen. Der Vertragspartner S hat die Gegenleistung erlangt und die Pflicht zur Herbeiführung des vertraglichen Erfolgs mangels Zustimmung seines Ehegatten F nicht erfüllt. Ansonsten liefe der Anspruch des übergangenen Ehegatten auf Wiederherstellung des Status quo praktisch ins Leere[2].

3. §§ 894, 1368

Es könnte ein Grundbuchberichtigungsanspruch bestehen. Wie oben gezeigt, ist die Übereignung des Grundstücks von S auf G unwirksam. Damit ist das Grundbuch unrichtig, da S noch immer Eigentümer ist und die Gemeinde zu Unrecht eingetragen wurde. Der Anspruch auf Grundbuchberichtigung kann von E nach § 1368 im eigenen Namen geltendgemacht werden[3].

4. §§ 812 Abs. 1 S. 1, 1. Alt., 1368

Die E könnte nach §§ 812 Abs. 1 S. 1, 1. Alt., 1368 ein Anspruch auf Herausgabe der von der Gemeinde erlangten Buchposition haben. Die Eintragung im Grundbuch muss Gegenstand eines Bereicherungsanspruchs sein können. Diese Eintragung beinhaltet einen eigenständigen rechtlichen Vorteil. Für den Eingetragenen spricht die Eigentumsvermutung des § 891. Der Eingetragene kann nach §§ 873, 892 über diese Buchposition zugunsten eines gutgläubigen Dritten verfügen, das Grundstück veräußern oder belasten[4]. Die Eintragung stellt eine eigenständige Rechtsposition dar.

Die Buchposition müsste ohne rechtlichen Grund erlangt sein. Rechtlicher Grund für die Eintragung war das Verpflichtungsgeschäft, der Grundstückskaufvertrag nach §§ 433 Abs. 1, 313. Dieser Grundstückskaufvertrag ist aus denselben

---

[1] BGH NJW 1984 S. 609, 610
[2] *Staudinger-Thiele* Komm. § 1368 Anm. 49
[3] BGH NJW 1984 S. 609
[4] BGH NJW 1973 S. 613, 614

Gründen wie die Übereignung nach § 1365 Abs. 1 S. 1 unwirksam. Ohne Zustimmung der F durfte S kein Verpflichtungsgeschäft über einen Vermögensgegenstand abschließen, der im wesentlichen sein ganzes Vermögen ausmacht. Folglich hat die Gemeinde die Eintragung ohne Rechtsgrund erlangt und muss diese wieder herausgeben.

Frage 2: Welche Ansprüche hat G gegen S?

1. § 307

Die Gemeinde könnte wegen anfänglicher Unmöglichkeit einen Anspruch auf Ersatz des Vertrauensschadens haben. Die rechtliche Unmöglichkeit fällt unter § 306. Dieses Grundstück kann momentan von niemandem veräußert werden. Es liegt ein Fall anfänglicher objektiver Unmöglichkeit vor[5]. Der Vertrauensschadensersatzanspruch setzt voraus, dass S die Unwirksamkeit des Rechtsgeschäfts kannte oder kennen musste. Der Sachverhalt liefert keine Hinweise für eine Kenntnis oder grob fahrlässige Unkenntnis des S vom Zustimmungserfordernis. Die Verfügungsbeschränkung ist in der Bevölkerung weder weithin bekannt, noch besteht ein Anhaltspunkt dafür, dass der beurkundende Notar auf das Zustimmungserfordernis hingewiesen hat.

Selbst wenn der Notar darauf hingewiesen hat, hat auch die Gemeinde G hiervon bei der Beurkundung Kenntnis erlangt nach § 166 S. 1. Diese Kenntnis schließt nach § 307 Abs. 1 S. 2 den Vertrauensschadensersatzanspruch aus.

2. cic

Ein Schadensersatzanspruch aus cic entfällt. Bei anfänglicher Unmöglichkeit schließt die Regelung des § 307 die cic aus. Es besteht keine Lücke im Recht, die durch die subsidiäre cic auszufüllen wäre.

3. § 812 Abs. 1 S. 1, 1. Alt.

Die Gemeinde hat einen Bereicherungsanspruch auf Rückzahlung des Kaufpreises aus § 812 Abs. 1 S. 1, 1. Alt. Wie oben gezeigt, ist der Kaufvertrag unwirksam.

---

[5] *Gernhuber/Coester-Waltjen* S. 532 m. w. N.

Druckmaschine

Eigentumsvorbehalt - Sicherungsübereignung - Besitzkonstitut - gutgläubiger Erwerb

Sachverhalt

Die Druckerei Deininger GmbH (D-GmbH) braucht eine weitere Druckmaschine. Der Alleingesellschafter Herr Anton (A) erwirbt eine 5 Jahre alte Druckmaschine vom Großhändler Grau (G), von dem er auch schon andere Maschinen gekauft hat zum Preis von 25.000 DM zahlbar in 25 Monatsraten am 15. eines jeden Monats. Bei den Verkaufsverhandlungen legt G Wert darauf, dass der Vertrag unter Einbeziehung seiner AGB abgeschlossen wird. A ist damit einverstanden. Die AGB werden bei den Verkaufsverhandlungen nicht vorgelegt. A kennt ihren Inhalt nicht. In den AGB ist vermerkt, dass die Lieferung aller Maschinen unter Eigentumsvorbehalt erfolgt bis zur Zahlung des gesamten Kaufpreises. Die Maschine wird ausgeliefert.

In der Folgezeit treten bei der D-GmbH finanzielle Engpässe auf. Ein Großkunde ist zahlungsunfähig geworden. Die D-GmbH gerät deshalb bei ihrem Papiergroßhändler Paulus (P) ganz erheblich in Zahlungsrückstand. Damit P die D-GmbH weiterhin beliefert, vereinbart A mit ihm die Sicherungsübereignung der von G an die D-GmbH gelieferten Druckmaschine zur Absicherung der Lieferschulden. Die Maschine soll von der D-GmbH im Rahmen eines Leihvertrages weiterhin genutzt werden können.

P selbst nimmt laufend Bankkredit in Anspruch. Um seine Konditionen bei der B-Bank zu verbessern, insbesondere günstigere Zinsen zu erhalten, vereinbart er mit der B-Bank die Stellung von Sicherheiten. Er bietet der B-Bank die zur Sicherheit übereignete Druckmaschine wiederum als Sicherheit an. Die B-Bank erkundigt sich bei A über die Eigentumslage an der Druckmaschine. Da dem A der Eigentumsvorbehalt in den AGB nicht bekannt ist, erklärt er guten Gewissens, dass die Maschine der D-GmbH gehört habe und dem P übereignet worden sei. Daraufhin erfolgt sicherheitshalber die Abtretung des Anspruchs des P gegen die D-GmbH auf Herausgabe der Maschine an die B-Bank.

Da die D-GmbH mit ihren Zahlungspflichten bei P immer mehr in Rückstand gerät und die Maschine auch nicht mehr benötigt mangels Auftragsauslastung, vereinbart A mit P und der B-Bank, dass die D-GmbH die Maschine an die B-Bank herausgibt. Der Erlös aus der Verwertung der Maschine soll einerseits dem Kundenkonto der D-GmbH bei P gutgeschrieben werden. Andererseits soll der Erlös den Bankkredit des P bei der B-Bank senken abzüglich einer Aufwandsentschädigung für die B-Bank. Die B-Bank lässt die Maschine abholen und nimmt sie zum Zwecke der Weiterveräußerung in Besitz. Bereits zwei Tage vor der Abholung meldet sich G zuerst bei der D-GmbH und dann bei der B-Bank und verlangt Herausgabe der Maschine, da die D-GmbH trotz mehrfacher Mahnung mit der Zahlung der letzten vier Raten in Verzug ist.

Frage: Kann G von der B-Bank Herausgabe der Maschine verlangen?

Lösung

1. § 346 S. 1

Ein Rückgewähranspruch aus §§ 346 S. 1, 455 kann von G nur gegen seinen Vertragspartner, die D-GmbH nicht jedoch gegen die B-Bank geltendgemacht werden.

2. § 985

Dem G könnte ein Herausgabeanspruch aus § 985 gegen die B-Bank zustehen. G müsste noch Eigentümer des im Besitz der B-Bank befindlichen Maschine sein.

a. G könnte das Eigentum bereits mit der Lieferung an die D-GmbH verloren haben. Dies wäre der Fall, wenn die D-GmbH nach § 929 S. 1 Eigentum an der Maschine erlangt hat. Der Eigentumserwerb der D-GmbH könnte jedoch nach §§ 929 S. 1, 158 unter der aufschiebenden Bedingung vollständiger Kaufpreiszahlung erfolgt sein. Diese Bedingung müsste im Rahmen der Einigung wirksam zwischen G und dem A als Geschäftsführer der D-GmbH vereinbart worden sein. Bei Lieferung wurde diese Bedingung nicht ausdrücklich abgesprochen.

Sie könnte jedoch schon zuvor bei Kaufvertragsabschluss vereinbart worden sein und nach §§ 133, 157 konkludent auf das Verfügungsgeschäft nach § 929 S. 1 hinüberwirken. Wurde bei Kaufvertragsabschluss ein Eigentumsvorbehalt wirksam vereinbart, ist davon auszugehen, dass die darin vorgesehene bedingte Eigentumsübertragung bei der späteren Einigung über den Eigentumsübergang im Rahmen des Verfügungsgeschäftes schlüssig zugrundegelegt wird[1] .

Zwischen der D-GmbH und G müsste ein Eigentumsvorbehaltskauf nach § 455 vereinbart worden sein. Der Eigentumsvorbehalt wurde nicht ausdrücklich bei Kaufvertragsabschluss zwischen G und der D-GmbH, nach § 35 Abs. 1 GmbHG vertreten durch A, vorgesehen. Er könnte jedoch durch die Einbeziehung der AGB des G in den Vertrag vereinbart worden sein. Der Einbeziehung der AGB hat A zugestimmt. Sollen AGB in einen Vertrag einbezogen werden, müssen die besonderen Einbeziehungsvoraussetzungen des § 2 Abs. 1 AGBG gewahrt werden. § 2 AGBG setzt neben dem Hinweis auf die Geltung der AGB voraus, dass der Vertragspartner des Verwenders die Möglichkeit zur Kenntnisnahme hat. Daran wird es im vorliegenden Fall mangeln. Es ist jedoch zu bedenken, dass bei der Verwendung gegenüber einem Kaufmann nach § 24 S. 1 Nr. 1 AGBG die Vorschrift des § 2 AGBG nicht zur Anwendung gelangt, soweit das Geschäft zum Betrieb seines Handelsgeschäftes gehört. Die D-GmbH zählt als GmbH zu den

---

[1] *Palandt-Bassenge* Komm. § 929 Anm. 28

Formkaufleuten nach § 13 Abs. 3 GmbHG. Deshalb können die AGB allein nach §§ 145 ff in den Vertrag einbezogen werden. Es genügt, dass sich G und A über ihre Geltung einig waren. Werden AGB gegenüber einem Kaufmann angewandt, ist deren Inhalt nur an §§ 3 und 9 AGBG zu messen. Die Aufnahme einer Klausel in AGB über Eigentumsvorbehalt ist weder überraschend noch unangemessen[2].

Die Übereignung an die D-GmbH erfolgte unter der aufschiebenden Bedingung der Kaufpreiszahlung, die bislang nicht erfolgt ist. G hat das Eigentum nicht an die D-GmbH verloren.

b. G könnte das Eigentum an P verloren haben. P könnte nach §§ 929 S. 1, 930, 933 Eigentum erlangt haben durch gutgläubigen Erwerb im Rahmen eines Besitzkonstituts.

P und die D-GmbH haben sich nach § 929 S. 1 über den Eigentumsübergang geeinigt. Anstelle der Übergabe müssten sie ein Besitzkonsitut nach §§ 930, 868 vereinbart haben. Die D-GmbH sollte weiterhin im Besitz der Sache bleiben. Die D-GmbH sollte diese im Rahmen eines Leihvertrages nach § 598 weiternutzen dürfen. Die Leihe zählt zu den von § 868 ausdrücklich aufgezählten Besitzmittlungsverhältnissen.

Da die D-GmbH jedoch nicht Eigentümer der Maschine war, konnte P nur unter den Voraussetzungen des § 933 gutgläubig Eigentum erwerben[3]. Hierzu muss ihm die Sache von dem Veräußerer übergeben werden. Die Sache wurde von der D-GmbH niemals dem P selbst übergeben. Genügend wäre auch die Übergabe an einen Besitzdiener des P nach § 855 oder einem Besitzmittler des P nach § 868. Übergeben wurde sie der B-Bank. Die B-Bank war weder Besitzdiener des P noch steht sie in einem Besitzmittlungsverhältnis zu P. Die B-Bank wollte die Sache als eigene für sich und nicht für P besitzen. Die Übereignung an P war unwirksam. Deshalb hat G sein Eigentum nicht an P verloren.

c. Die B-Bank könnte nach §§ 929 S. 1, 931, 934 1. Alt. Eigentum erlangt haben durch gutgläubigen Erwerb im Rahmen der Abtretung eines Herausgabeanspruchs. Zwischen P und der B-Bank erfolgte eine Einigung über den Eigentumsübergang. Die Übergabe an die B-Bank sollte durch Abtretung des Herausgabeanspruchs gegen die D-GmbH ersetzt werden gemäß § 931. Zwischen P und der B-Bank wurde eine Abtretung nach § 398 vereinbart. Es wurde der gegen die D-GmbH bestehende Herausgabeanspruch des P abgetreten, der sich aus dem vereinbarten Leihverhältnis nach § 604 ergab. Da P nicht Eigentümer der Maschine war, konnte die B-Bank nur unter den Voraussetzungen des § 934 gutgläubig erwerben. Nach § 934 1. Alt. genügt, dass P als Veräußerer der B-Bank einen bestehenden Herausgabeanspruch aus einem Besitzmittlungsverhältnis an der übereigneten Sache abgetreten hat. Diese Abtretung ist nach §§ 398, 604 wirksam erfolgt. Wie gezeigt,

---

[2] *Palandt-Heinrichs* Komm. § 9 AGBG Anm. 5
[3] BGH NJW 1978 S. 696

hatte P einen Herausgabeanspruch aus einem Leihverhältnis, den er wirksam abtreten konnte.

Zum Zeitpunkt der Abtretung war die B-Bank gutgläubig nach § 932 Abs. 2. Der B-Bank war weder bekannt, dass P kein Eigentum an der Sache hatte noch bestanden nach den eingeholten Auskünften des A namens der D-GmbH begründete Zweifel am Eigentumserwerb des P.

Die nach Abtretung des Herausgabeanspruchs nach §§ 931, 934 1. Alt. erlangte Kenntnis vom fehlenden Eigentumserwerb der D-GmbH vermag den einmal eingetretenen gutgläubigen Eigentumserwerb der B-Bank nicht mehr zu beseitigen.

G hat sein Eigentum verloren. Ihm steht kein Herausgabeanspruch gegen die B-Bank zu.

2. § 812 Abs. 1 S. 1, 2. Alt.

Es könnte ein Herausgabeanspruch des G aus Eingriffskondiktion bestehen. Die B-Bank hat das Eigentum an der Maschine von P geleistet bekommen. Wurde eine Sache durch Leistung erlangt, ist es ausgeschlossen, dass diese Sache gleichzeitig in sonstiger Weise erlangt wurde.

3. § 823 Abs. 1

Ein Schadensersatzanspruch des G setzt voraus, daß die B-Bank sein Eigentum verletzt hat. G hat zwar einen Eigentumsverlust erlitten. Dieser erfolgte im Zuge eines gutgläubigen Erwerbs der B-Bank. Die Regeln über den gutgläubigen Eigentumserwerb schließen eine Verletzungshandlung im Rechtssinne aus.

Ergebnis: G Hat gegen die B-Bank keinen Herausgabeanspruch.

Automobil

Sicherungsübereignung - gutgläubiger Erwerb

Sachverhalt

Der Verkäufer Viktor Schön (S) hat in einem Preisausschreiben einen Porsche gewonnen. Zur Finanzierung seines Sommerurlaubs, sowie Steuer und Versicherung für das Fahrzeug und gewisser anderer Anschaffungen nimmt er einen Privatkredit bei der D-Bank auf. Der Kreditsachbearbeiter Albert (A) der D-Bank verlangt wie in solchen Fällen üblich die Sicherungsübereignung des Fahrzeugs zur Absicherung des Kredits. Die Sicherungsabrede wird in den Kreditvertrag aufgenommen, der den Anforderungen des Verbraucherkreditgesetzes genügt. S darf das Fahrzeug weiterhin nutzen, zumal er für das Fahrzeug bereits eine Vollkaskoversicherung abgeschlossen hatte. Aus unerklärlichen Gründen versäumte A, sich den Fahrzeugbrief von S aushändigen zu lassen und zu den Akten zu nehmen.

S muss feststellen, dass die laufenden Kosten für das Fahrzeug seine Einkommensverhältnisse übersteigen. Schweren Herzens veräußert er nach einem Jahr das Fahrzeug an Bernhard Kaufmann (K). Nach Zahlung des Kaufpreises erhält K die Fahrzeugpapiere und das Fahrzeug übergeben, in denen der S eingetragen ist.

Mittlerweile ist S bei der D-Bank mit vier Darlehensraten in Verzug. Die D-Bank kündigt den Darlehensvertrag nach zahllosen vergeblichen Mahnungen. Den Erlös aus dem Weiterverkauf des Fahrzeugs hat S für eine neue Wohnungseinrichtung verwendet, die auch noch nicht vollständig bezahlt ist. Nun muss die D-Bank erfahren, dass er das Fahrzeug nicht mehr in Besitz hat.

Frage: Kann die D-Bank von K das Fahrzeug herausverlangen?

Lösung

1. § 985

Die D-Bank könnte nach § 985 Herausgabe des Fahrzeugs zum Zwecke der Befriedigung verlangen. Sie müsste Eigentümerin des Fahrzeugs sein. Die D-Bank müsste das Eigentum am Fahrzeug von S erworben haben und sie dürfte ihr Eigentum im Nachhinein nicht wieder verloren haben.

a. Eine Übereignung nach § 929 an die D-Bank ist nicht erfolgt. Der unmittelbare Besitz ist beim Veräußerer S geblieben. Die Übergabe nach § 929 erfordert, dass beim Veräußerer kein Besitz verbleibt.

b. Die D-Bank könnte nach §§ 929, 930, 868 Eigentum im Wege der Sicherungsübereignung erlangt haben. S war Eigentümer des Fahrzeugs. S hat sich mit der D-

Bank, vertreten durch ihren Angestellten A nach § 164 Abs. 1, auf die Übereignung geeinigt.

Die Übergabe sollte durch ein Besitzkonstitut nach §§ 930, 868 zwischen S und der D-Bank ersetzt werden. Durch den Sicherungsvertrag als Teil des Darlehensvertrages erhielt der unmittelbare Besitzer S die Befugnis zur unentgeltlichen Nutzung des Fahrzeuges im üblichen Rahmen. Diese Befugnis wurde dem S auf Zeit eingeräumt. Ihm sollte die Befugnis zustehen, solange er die Verpflichtungen aus dem Darlehensvertrag ordnungsgemäß erfüllte. Ein Sicherungsvertrag über eine Sicherungsübereignung, der wie im vorliegenden Fall obendrein ein Leihverhältnis nach § 598 beinhaltet, entspricht einem konkreten Besitzmittlungsverhältnis nach § 868[1]. Der zwischen S und der Bank vereinbarte Sicherungsvertrag genügt zur Begründung mittelbaren Besitzes der D-Bank nach §§ 930, 868.

Die Übereignung könnte daran gescheitert sein, dass der Kraftfahrzeugbrief nicht der D-Bank übergeben wurde. Die Übereignung eines Fahrzeugs ist rechtlich unabhängig von der Übereignung des Briefes. Das Eigentum am Kraftfahrzeugbrief folgt analog § 952 dem Eigentum am Fahrzeug. Der Kraftfahrzeugbrief dokumentiert nur die Verfügungsbefugnis an einem Fahrzeug. Über ein Kraftfahrzeug kann ohne Brief wirksam verfügt werden, da der Brief kein Traditionspapier ist.

Die Vorlage des Kfz-Briefes ist nur von Bedeutung für die Frage eines gutgläubigen Eigentumserwerbs vom Nichtberechtigten nach §§ 929, 932. Wird dem Erwerber eines Kraftfahrzeugs der Brief nicht vorgelegt, legt dies nach allgemeiner Lebenserfahrung die Vermutung nahe, dass der Veräußerer nicht Eigentümer ist oder sonstwie in seiner Verfügungsbefugnis eingeschränkt ist. Da S Eigentümer des Fahrzeugs war, kommt es auf Fragen des gutgläubigen Erwerbs nicht an.

Die D-Bank hat von S Eigentum an dem Fahrzeug erlangt.

c. Die D-Bank könnte ihr Eigentum nach §§ 929, 932 an den gutgläubigen Erwerber K verloren haben.

Der Nichtberechtigte S hat sich mit K über den Eigentumsübergang geeinigt und ihm das Fahrzeug übergeben. Für K bestanden keine Anhaltspunkte dafür, dass S nicht Eigentümer des Fahrzeuges war. Den Erwerber trifft keine Nachforschungspflicht hinsichtlich einer möglicherweise bestehenden Sicherungsübereignung. Nur bei besonderen Verdachtssituationen wie fehlendem Brief, fehlender Eintragung des Veräußerers in den Papieren besteht eine Nachforschungspflicht[2]. Gerade aus dem Umstand, dass S das Fahrzeug in Besitz hatte und K obendrein die vollständigen Papiere übergeben hat, in denen er als Eigentümer eingetragen war, konnte K den guten Glauben an seine Verfügungsbefugnis herleiten. Hier wirkt es sich aus, dass A den Kraftfahrzeugbrief nicht zu den Akten genommen hat. Hätte S den Brief nicht dem Erwerber K vorlegen können, hätte K Verdacht schöpfen

---

[1] BGH NJW 1979 S. 2308
[2] BGH NJW 1991 S. 1415, 1417

müssen und ein gutgläubiger Erwerb vom Nichtberechtigten wäre ausgeschlossen gewesen.

Der gutgläubige Eigentumserwerb des K vom Nichtberechtigten S führt zwangsläufig dazu, dass die D-Bank ihr Eigentum am Fahrzeug verloren hat. K ist Eigentümer des Fahrzeugs geworden.

2. § 812 Abs. 1 S. 1, 2. Alt.

Ein Kondiktionsanspruch entfällt. Der Eigentumserwerb des K erfolgte im Rahmen einer bewusst und zweckgerichtet von S veranlassten Vermögensmehrung. Da das Eigentum am Fahrzeug durch Leistung der S erlangt wurde, kann es nicht gleichzeitig in sonstiger Weise auf Kosten der D-Bank erlangt sein. Die Leistung der S an K schließt eine Bereicherung des K in sonstiger Weise aus.

3. § 823 Abs. 1

Durch den gutgläubigen Erwerb des K hat die D-Bank ihr Eigentum verloren. Nach der Wertung des Gesetzes in §§ 929, 932 ist der gutgläubige Erwerb rechtskonform und stellt seitens des K keine Verletzungshandlung dar.

Ergebnis: Die D-Bank hat keinen Anspruch gegen K auf Herausgabe des Fahrzeugs. Es bleibt ihr die Geltendmachung von Ansprüchen gegen S.

Hypothek

Darlehen - Schuldübernahme - Hypothekenhaftung

Sachverhalt

Herr Grün (G) betreibt einen Großhandel für Reinigungsmittel. Da die Geschäfte seit geraumer Zeit zunehmend schlechter gehen, muss er bei der Sparkasse (S) einen Geschäftskredit in Höhe von 250.000 DM mit einer Laufzeit von 5 Jahren aufnehmen. Das Darlehen wird durch eine Briefhypothek an dem privaten Hausgrundstück des G abgesichert. Da sich die Geschäftslage des Großhandelsbetriebes weiter verschlechtert, entschließt sich G nach reiflicher Überlegung, den Großhandel umzustrukturieren und die Produktpalette zu erweitern. Die notwendigen finanziellen Mittel will er aus dem Verkauf seines Grundstücks erzielen. Es gelingt ihm, das Grundstück für den stattlichen Preis von 750.000 DM an Herrn Emmerer (E) zu veräußern. Im notariellen Kaufvertrag wird vereinbart, dass das Grundstück nach Zahlung von 520.000 DM dem E übertragen werden soll. Der Restkaufpreis soll durch Übernahme der gesamten Darlehensschuld aus dem noch offenen Geschäftskredit in Höhe von derzeit 230.000 DM durch E getilgt werden. E und G gehen davon aus, dass sich dies problemlos bewerkstelligen lässt.

Nach erfolgter Auflassung und Eintragung des Erwerbers E im Grundbuch teilt G der Sparkasse S die Schuldübernahme mit. S erwidert umgehend, dass sie den G nicht aus der Darlehensschuld entlassen werde. Es handle sich um einen dem G gewährten Geschäftskredit zu besonders günstigen Sonderkonditionen, der nicht ohne weiteres auf den Grundstückserwerber E übertragen werden könne.

Frage 1: Wer haftet S für die Rückzahlung des Darlehens bei Fälligkeit?

Frage 2: Welche Ansprüche hat G gegen E? G will am Kaufvertrag und der Grundstücksübereignung festhalten.

Lösung

Frage 1: Wer haftet S für die Darlehensforderung?

I. Ansprüche gegen G

§ 607 Abs. 1

S könnte gegen G einen Darlehensrückzahlungsanspruch aus § 607 Abs. 1 haben. Es wurde zwischen S und G wurde ein Darlehensvertrag einvernehmlich vereinbart. Für den Kreditvertrag kommt es nicht auf das Verbraucherkreditgesetz an. Nach § 1 Abs. 1 VerbrKrG gelten dessen Schutzbestimmungen nicht für Kredite an Gewerbetreibende, soweit die Kredite für den laufenden Geschäftsbetrieb gewährt werden. G hat den Geschäftskredit für sein bestehendes Unternehmen in

Anspruch genommen. Der Darlehensvertrag wurde somit wirksam vereinbart. G haftet auf Rückzahlung des Darlehens nach den Bestimmungen des Darlehensvertrages.

Die Darlehensverbindlichkeit des G müsste noch fortbestehen. Die Darlehensverbindlichkeit könnte durch Schuldübernahme nach §§ 415, 416 untergegangen sein. Die zwischen G und E als Teil des notariellen Kaufvertrages vereinbarte Schuldübernahme führt nach § 416 Abs. 1 S. 1 zur Befreiung des G aus der Schuld, sobald S die Zustimmung zur Schuldübernahme erklärt hat. S hat die Erteilung der Zustimmung verweigert. Da S die Verweigerung der Zustimmung unverzüglich mitgeteilt hat, kommt eine fiktive Genehmigung der Schuldübernahme nach § 416 Abs. 1 S. 2 nicht in Betracht.

Die Darlehensschuld des G besteht fort. Er muss die offene Darlehensschuld nach Maßgabe des Kreditvertrages mit S begleichen.

II. Ansprüche gegen E

1. § 607 Abs. 1

Zwischen S und E war kein Darlehensvertrag abgeschlossen worden, aus dem S direkt einen Anspruch gegen E herleiten kann.

2. §§ 607 Abs. 1, 415

E haftet auch nicht der S nach § 415 aus der zwischen ihm und dem Veräußerer G vereinbarten Schuldübernahme. Die zwischen E und G vereinbarte Schuldübernahme war nicht von S genehmigt worden, wie oben unter I. gezeigt wurde.

3. §§ 1113 Abs.1, 1147 gegen E

Da am Grundstück des G wirksam eine Hypothek bestellt wurde, haftet das Grundstück nach Übertragung auf E weiterhin in Höhe der abgesicherten Geldschuld der S. Der Eigentumswechsel am Grundstück ändert nichts an der Haftung des Grundstücks. Ein lastenfreier gutgläubiger Erwerb des E nach § 892 kommt nach dem Sachverhalt nicht in Betracht. E haftet folglich mit dem Grundstück für die offene Darlehensschuld. Ein Haftung mit seinem übrigen Vermögen besteht nicht.

Frage 2: Welche Ansprüche hat G gegen E?

1. §§ 433 Abs. 2, 415 Abs. 3, 329

E könnte dem G aus einer Erfüllungsübernahme nach § 329 haften. Zwischen E und G wurde eine Schuldübernahme als Nebenabrede eines notariellen Grundstückkaufvertrages nach §§ 433 Abs. 1, 313 formwirksam vereinbart. Mangels der erforderlichen Zustimmung der S kam die Schuldübernahme nach § 415 Abs. 2 nicht zustande. Gemäß § 415 Abs. 3 S. 2 bewirkt die Verweigerung der Genehmigung der Schuldübernahme durch S, dass E dem G aus einer Erfüllungsübernahme nach § 329 haftet. Aus dieser Erfüllungsübernahme kann G von E Befriedigung der Darlehensschuld verlangen. E hat anstatt dem G die Darlehensschuld an die S zurückzuzahlen. Der gesetzlichen Regelung liegt der Gedanke zugrunde, dass die

Schuldübernahme regelmäßig eine Erfüllungsübernahme umfasst. Die Erfüllungsübernahme stellt ein Weniger gegenüber der Schuldübernahme dar. Gelingt die Schuldübernahme nicht, soll wenigstens die Erfüllungsübernahme zum Zuge kommen.

Jedoch könnte die Regelung des §§ 415 Abs. 3, 329 durch eine abweichende Vereinbarung unter den Parteien im vorliegenden Fall ersetzt sein. Die Regelung des § 415 Abs. 3 gilt nach ihrem Wortlaut nur im Zweifel. Abweichende Vereinbarungen können getroffen werden.

Es könnte dem notariellen Kaufvertrag im Wege der ergänzenden Vertragsauslegung eine abweichende Vereinbarung zu entnehmen sein[1]. In Betracht kommt eine Vereinbarung, wonach der Grundstückserwerber und vermeintliche Schuldübernehmer E das Risiko der Nichtgenehmigung der Schuldübernahme zu tragen habe und bei Scheitern zur sofortigen Zahlung des Restkaufpreises an G verpflichtet sei. Der Sachverhalt gibt für eine solche von der Regelung des § 415 Abs. 3 abweichende Vereinbarung keinen Anhaltspunkt her. Die Parteien G und E gingen davon aus, dass die Schuldübernahme zustande kommen würde, E das Darlehen mit seiner mehrjährigen Laufzeit zurückzahlen würde, anstelle des Restkaufpreises. Es geht zu weit, im Wege der ergänzenden Vertragsauslegung eine Pflicht zur Zahlung des Restkaufpreises des E an G zum Zeitpunkt des Scheiterns der Schuldübernahme zu entwickeln. Diese würde den E zur vorzeitigen vollständigen Zahlung verpflichten und damit entgegen der Vertragsabrede - Zahlung nach Maßgabe des Darlehensrückzahlungsanspruchs - schlechter stellen.

G hat einen Anspruch auf Erfüllungsübernahme der Darlehensverbindlichkeit durch E.

---

[1] BGH NJW 1991 S. 1822

Scheinehe

Darlehen - Sittenwidrigkeit - Rückforderung - Grundschuld

Sachverhalt

Die Hotelinhaberin Franziska Franzen (F) ist in finanzieller Bedrängnis. Sie sucht dringend einen Geldgeber, um den Ruin ihres Hotelbetriebes abzuwenden. Durch eine Anzeige lernt sie den kolumbianischen Geschäftsmann Jorge Albira (A) kennen. A sucht nach einer Möglichkeit, durch eine Ehe mit einer deutschen Staatsangehörigen eine dauerhafte Aufenthaltsgenehmigung in der Bundesrepublik zu bekommen. Er verabredet mit F, dass sie heiraten wollen, damit er eine Aufenthaltsgenehmigung als ihr Ehegatte bekomme. Eine Lebensgemeinschaft soll nicht begründet werden. Im Gegenzug gewährt er ihr sogleich ein Darlehen auf die Dauer von 10 Jahren in Höhe von 300.000 DM, das jährlich mit 4 % zu verzinsen ist. Als Sicherheit räumt F dem A eine Grundschuld an ihrem Hotelgrundstück ein. Kurz vor der Heirat wird A wegen verschiedener Betrügereien festgenommen. Die F bekommet Bedenken und nimmt von der Eheschließung Abstand.

Frage 1: Kann A sofortige Rückzahlung des gesamten Darlehensbetrages nebst Zinsen von F verlangen?

Frage 2: Kann F Löschung der für A an ihrem Grundstück bestellten Grundschuld verlangen?

Lösung

Frage 1: Kann A sofortige Rückzahlung des gesamten Darlehensbetrages nebst Zinsen von F verlangen ?

1. § 607

aa. Der Rückzahlungsanspruch des A könnte sich aus § 607 Abs. 1 ergeben. Der Anspruch setzt einen wirksamen Darlehensvertrag voraus. A und F haben sich über die Gewährung des Darlehens, die zu entrichtenden Zinsen und die Bestellung der Grundschuld nach § 145 geeinigt. Die Besonderheiten des Verbraucherkreditgesetzes mussten nach § 1 Abs. 1 VerbrKrG nicht gewahrt werden. Die F übt eine selbständige berufliche Tätigkeit aus. A ist kein gewerblicher Kreditgeber.

Der Darlehensvertrag könnte nach § 138 Abs. 1 sittenwidrig und damit nichtig sein. Ein Rechtsgeschäft ist sittenwidrig, wenn es nach seinem aus Inhalt, Beweggrund sowie Zweck gebildeten Gesamtcharakter bedeutende Belange der

Gesellschaft und der Rechtsgemeinschaft verletzt[1]. Eine Scheinehe widerspricht dem Leitbild der Ehe nach Art. 6 Abs. 1 GG als Grundlage der Familie und der menschlichen Gemeinschaft. Gerade das verfassungsrechtlich garantierte Rechtsinstitut der Ehe will A ausnutzen, um als Ehegatte einer deutschen Staatsangehörigen eine unbefristete Aufenthaltserlaubnis zu erlangen. Als Ehepartner einer deutschen Staatsangehörigen kommt er obendrein in den Genuss eines erhöhten Schutzes gegen eine Ausweisung. A will den verfassungsrechtlich garantierten Schutz der Ehe ausnutzen, um die Ausländerbehörden zu täuschen und eine ihm günstige aufenthaltsrechtliche Entscheidung zu erschleichen. Die Vereinbarung widerspricht dem Wesen der Ehe. Die Erschleichung von Rechtsvorteilen durch Vorspiegelung einer ehelichen Lebensgemeinschaft verstößt gegen die Rechts- und Sittenordnung. Die Geldhingabe hatte den Zweck, die F zu veranlassen, sich auf die Scheinehe einzulassen. Ohne die Darlehensgewährung hätte sich F nicht bereit gefunden, zum Schein den A zu heiraten. A und F handelten in Kenntnis aller Tatumstände, die die Sittenwidrigkeit begründeten. Es ist nicht erforderlich, dass sich beide der Sittenwidrigkeit bewusst waren[2]. Der Darlehensvertrag ist nichtig. Ein Rückzahlungsanspruch kann hieraus nicht erwachsen.

bb. Wegen Nichtigkeit des Darlehensvertrages scheidet ein Anspruch auf vertraglich vereinbarte Zinsen aus. Nach § 139 ist die gesamte Abrede nichtig. Die Nichtigkeit des Darlehensvertrages führt zur Nichtigkeit der Zinsabrede.

2. § 812 Abs. 1 S. 1, 1. Alt.

N könnte einen Anspruch auf Rückzahlung des erlangten Betrages im Wege der Leistungskondiktion haben.

aa. N hat den Darlehensbetrag ohne Rechtsgrund geleistet. Der zugrundeliegende Darlehensvertrag war von vornherein nichtig. Dieser Rückzahlungsanspruch wäre sofort fällig.

bb. Der Rückzahlungsanspruch könnte nach § 817 S. 2 ausgeschlossen sein. § 817 S. 2 gilt nicht nur für den Bereicherungsanspruch aus § 817 S. 1 sondern gleichsam für alle anderen Bereicherungsansprüche. Wer eine Leistung in sittenwidriger Weise erbracht hat, soll nicht die Rechtsordnung und die Gerichte beanspruchen dürfen, um die Leistung zurückzuerhalten.

Die Rückforderung des Erlangten ist ausgeschlossen, wenn dem Leistenden ein Sittenverstoß zur Last fällt. Wie bereits gezeigt, verfolgte A mit der Leistung den sittenwidrigen Zweck, die F zur Eingehung einer Scheinehe zu bestimmen. A hat sich durch die Absprache mit F selbst außerhalb der Rechts- und Sittenordnung gestellt und soll deshalb nach § 817 S. 2 nicht ihren Rechtsschutz beanspruchen können.

---

[1] OLG Düsseldorf FamRZ 1983 S. 1023

cc. Dabei bleibt unberücksichtigt, dass der Geldbetrag nicht endgültig bei F verbleiben sollte sondern nur für eine bestimmte Zeitdauer. Deshalb könnte § 817 S. 2 dem Rückzahlungsanspruch nur für die vorgesehene Vertragsdauer entgegenstehen[3]. Bei wucherischen und deshalb nach § 138 Abs. 1 oder Abs. 2 sittenwidrigen Darlehensabreden, hat die Rechtsprechung die Rückzahlung nicht gänzlich ausgeschlossen, sondern nur für die Dauer des ursprünglich vorgesehenen Darlehensvertrages. Die Leistung besteht beim Darlehen in der vorübergehenden Überlassung des Geldbetrages zur Nutzung. Vor Ablauf der vorgesehenen Vertragsdauer kann diese vorübergehende Leistung nicht zurückgefordert werden. Nur bei Leistungen, die endgültig im Vermögen des Empfängers verbleiben sollen, ist die Rückforderung auch endgültig ausgeschlossen[4]. Diese Grundsätze wurden in ständiger Rechtsprechung für das sittenwidrige Wucherdarlehen entwickelt.

Ein gewichtiger Wertungsunterschied könnte sich jedoch aus dem Umstand ergeben, dass beim Wucher die Geldüberlassung für sich betrachtet rechtlich und sittlich neutral ist. Beim wucherischen Darlehen verstößt nicht die Gewährung des Geldbetrages gegen die guten Sitten sondern allein die Begleitumstände der Geldüberlassung.

Davon zu unterscheiden sind die Fälle, in denen mit der Geldüberlassung ein sittlich verwerflicher Zweck verfolgt wird wie hier die Scheinehe[5] und deshalb die Sittenwidrigkeit der Geldüberlassung selbst anhaftet. Ist der mit der Geldüberlassung verfolgte Zweck sittenwidrig, dann ist die Rückforderung gänzlich ausgeschlossen.

Ein Rückforderungsanspruch des A entfällt.

3. § 817 S. 1

Die F hat wie oben gezeigt, durch die Annahme des Darlehensbetrages mit dem Ziel der Scheinehe ihrerseits gegen die guten Sitten verstoßen. Deshalb hat sie nach § 817 S. 1 den erlangten Betrag zurückzuzahlen. Der Anspruch ist jedoch nach § 817 S. 2 ausgeschlossen, da dem Leistenden A selbst ein solcher Verstoß zur Last fällt.

4. § 818 Abs. 2

Ein Zinsanspruch könnte sich aus § 818 Abs. 2 ergeben. Nach § 817 S. 2 ist dieser Zinsanspruch ausgeschlossen. Ist das Erlangte wegen der Sittenwidrigkeit der Leistung nicht herauszugeben, sind auch die hieraus erlangten Nutzungsvorteile nicht herauszugeben.

---

[2] OLG Düsseldorf FamRZ 1983 S. 1023
[3] BGHZ 99 S. 333, 338
[4] BGHZ 99 S. 333, 338 f; *Palandt-Thomas* Komm. § 817 Anm. 17
[5] OLG Düsseldorf FamRZ 1983 S. 1023, 1024

5. § 823 Abs. 2 i. V. m. § 263 StGB und § 826

Ein Schadensersatzanspruch des A könnte sich aus einer Betrugshandlung der F ergeben. Jedoch lassen sich aus dem Sachverhalt keinerlei Anhaltspunkte dafür entnehmen, dass die F den A niemals heiraten wollte, sie die Heiratsabsicht nur vorspiegelte, um eine Geldzahlung zu erhalten oder sie von vornherein vor hatte, den Geldbetrag nicht zurückzuzahlen. Es fehlt an einer Täuschungshandlung. Es fehlt obendrein an einer Schädigungsabsicht nach § 263 StGB und § 826. Dem Sachverhalt kann nicht entnommen werden, dass die F von vornherein die Absicht hatte, den Geldbetrag nicht zurück zu zahlen.

Frage 2: Kann F Löschung der für A an ihrem Grundstück bestellten Grundschuld verlangen?

1. §§ 305, 607 Löschungsanspruch aus der Sicherungsabrede

Wegen Unwirksamkeit des Darlehensvertrages entfällt ein Löschungsanspruch aus der Sicherungsabrede. Diese Sicherungsabrede ist als Teil des nichtigen Darlehensvertrages nach § 139 ebenfalls nichtig.

2. § 894

F könnte einen Grundbuchberichtigungsanspruch haben, sollte die Eintragung der Grundschuld unwirksam sein.

aa. Anders als die Hypothek nach §§ 1113, 1163 ist die Grundschuld von einer zugrundeliegenden Forderung unabhängig. Das Fehlen oder der spätere Wegfall des Rückforderungsanspruchs aus Darlehensvertrages führen nicht zum Untergang der Grundschuld und damit nicht zur Unrichtigkeit des Grundbuchs.

bb. Die Unwirksamkeit der Grundschuldbestellung könnte aus § 138 Abs. 1 folgen. Die Grundschuldbestellung erfolgte zur Erfüllung des sittenwidrigen und damit nichtigen Darlehensvertrages und der darin enthaltenen Sicherungsabrede. Die Sittenwidrigkeit des Darlehensvertrages hat aber nicht ohne weiteres auch die Sittenwidrigkeit des neutralen Verfügungs- und Erfüllungsgeschäftes zur Folge[6]. Die Sittenwidrigkeit des Darlehensvertrages mit der Sicherungsabrede als Verpflichtungsgeschäft führt nicht zwangsläufig zur Sittenwidrigkeit der davon rechtlich selbständigen Grundschuldbestellung als Verfügungsgeschäft. Das Verfügungsgeschäft ist nur sittenwidrig, wenn ihm selbst sittenwidrige Umstände anhaften, damit ein sittenwidriger Zweck verfolgt wird. Dafür bestehen nach dem Sachverhalt keinerlei Anhaltspunkte. Die Grundschuld wurde wirksam bestellt.

3. § 812 Abs. 1 S. 1, 1. Alt.

F könnte einen Anspruch aus Leistungskondiktion haben. F hat zur Erfüllung der Sicherungsabrede als Teil des nichtigen Darlehensvertrages dem A die Grundschuld bestellt. Die Bestellung erfolgte wegen Unwirksamkeit des Darlehensver-

---

[6] *Palandt-Heinrichs* Komm. § 138 Anm. 11, 20

trages und der darin enthaltenen Sicherungsabrede ohne Rechtsgrund. F kann diese Buchposition herausverlangen im Wege eines Löschungsanspruchs.

§ 817 S. 2 könnte dem Herausgabeverlangen entgegenstehen. Die Bestellung der Grundschuld durch S müsste sittenwidrig gewesen sein. Die Sittenwidrigkeit des Grundgeschäftes und der Geldüberlassung führt nicht automatisch zur Sittenwidrigkeit der Grundschuldbestellung für A wie bereits oben gezeigt. Diese verschiedenen Rechtsgeschäfte sind rechtlich voneinander unabhängig. Es müsste der Grundschuldbestellung selbst Sittenwidrigkeit anhaften. Das Darlehensversprechen und die Geldüberlassung waren zum Zwecke der Herbeiführung der Scheinehe erfolgt und deshalb sittenwidrig. Die Grundschuldbestellung war zur Absicherung des Rückzahlungsanspruchs erfolgt und damit zu einem sittlich neutralen Zweck. Die Grundschuldbestellung durch F verfolgte keinen sittenwidrigen Zweck und unterfällt nicht dem Rückforderungsausschluss des § 817 S. 2.

Der Anspruch auf Löschung der Grundschuld besteht.

Vorkauf

dingliches Vorkaufsrecht - Grundstückskauf -
Unvermögen der Übereignung

Sachverhalt

Herr Tauscher (T) ist Eigentümer einer Tankstelle in der Gemeinde Sonnengrund. Das Nachbargrundstück gehört seinem Onkel Herrn Neumann (N). Schon vor Jahren wurde am Grundstück des N ein Vorkaufsrecht zugunsten des T notariell vereinbart und ins Grundbuch eingetragen. T hat ein Interesse am Erwerb des Grundstücks, um seinen Tankstellenbetrieb im Laufe der Zeit zu einem Service-Center erweitern zu können. Am 15. 01. veräußert N das Grundstück durch notariellen Kaufvertrag an Herrn Ernst (E) zum Preis von 1,2 Millionen DM. Im Anschluss an den notariellen Vertragsabschluss unterrichtet N den T noch am selben Tag vom Verkauf. Er legt ihm eine Abschrift des notariellen Kaufvertrages vor. T ist sich zuerst unschlüssig, ob er sein Vorkaufsrecht ausüben soll. Er hat nicht mit einem solch hohen Kaufpreis gerechnet. Am 14. 03. erklärt T dem N per Fax die Ausübung des Vorkaufsrechts. Trotz wiederholter Mahnungen in den nächsten Monaten ist er zur Zahlung des Kaufpreises nicht im Stande. Auch N glaubt nicht mehr, dass T zur Aufbringung des Kaufpreises in der Lage sein wird. E hingegen hat keine Probleme mit der Finanzierung des Kaufpreises. Am 01. 06. erbringt er die Kaufpreiszahlung auf das Treuhandkonto des Notars.

Frage 1: Kann E von N trotz Vorkaufsrechts des T Übereignung des Grundstücks verlangen?

Frage 2: Kann T nach Übertragung des Grundstücks an E noch Eigentümer werden?

Frage 3: Welche Ansprüche hat E gegen N, sollte T die Übereignung des Grundstücks realisieren können?

Lösung

Frage 1: Kann E von N trotz Vorkaufsrechts des T Übereignung des Grundstücks verlangen?

§ 433 Abs. 1 S. 1

Ein Anspruch auf Übereignung des Grundstücks könnte sich aus § 433 Abs. 1 S. 1 ergeben. Es wurde das Formerfordernis des § 313 eingehalten. Der Kaufvertrag wurde notariell beurkundet.

a. Der Anspruch auf Übertragung des Eigentums könnte analog § 275 Abs. 2 wegen anfänglichen Unvermögens des N ausgeschlossen sein. Das eingetragene Vorkaufsrecht müsste die Übereignung von vornherein hindern. Das Vorkaufsrecht führt noch keinen Eigentumsverlust des N herbei. Es begründet keine Verfügungsbeschränkung[1]. N ist noch immer Eigentümer und kann über sein Grundstücksrecht verfügen. Das Vorkaufsrecht lässt es offen, ob der Vorkaufsberechtigte T sein Recht überhaupt ausüben wird und einen Anspruch auf Übereignung erlangen wird. Bei Abschluss des Kaufvertrages zwischen E und N war N zur Übertragung des Grundstücks in der Lage.

b. Die Ausübung des Vorkaufsrechts durch T könnte nach § 275 Abs. 2 ein nachträgliches Unvermögen des N zur Übereignung des Grundstücks bewirkt haben.

Die Ausübung des Vorkaufsrechts durch T begründet nur ein Verpflichtungsgeschäft nach § 433 zwischen N und T und noch kein Verfügungsgeschäft. N ist weiterhin Eigentümer des Grundstücks und kann sein Eigentum auf E übertragen. N sieht sich nur in der misslichen Lage, dass sowohl T wie auch E einen Anspruch auf Übereignung des Grundstücks geltend machen und er das Grundstück nur auf einen von beiden übertragen kann. Gleichwohl schließt dies rechtlich die Übertragung auf E nicht aus, solange N noch Eigentümer ist wie im vorliegenden Fall.

E hat einen Anspruch auf Übereignung des Grundstücks.

Frage 2: Kann T nach Übereignung des Grundstücks an E noch Eigentümer werden?

§ 433 Abs. 1 S. 1 Anspruch des T gegen N

Ein Anspruch auf Übereignung könnte sich aus einem Kaufvertrag zwischen T und N ergeben.

a. Unmittelbar wurde zwischen T und N kein Kaufvertrag vereinbart. Der Kaufvertrag könnte durch die Ausübung eines Vorkaufsrechts zustande gekommen sein. Zwischen T und N wurde nach §§ 505, 313 S. 1 ein Vorkaufsrecht hinsichtlich des Grundstücks des N formwirksam vereinbart. T müsste das Vorkaufsrecht innerhalb der Erklärungsfrist nach § 510 Abs. 2 ausgeübt haben. Mangels Angaben im Sachverhalt über eine individuell vereinbarte Frist nach § 510 Abs. 2 S. 2 gilt hilfsweise die Erklärungsfrist des § 510 Abs. 2 S. 1 von 2 Monaten. Der Fristablauf berechnet sich nach §§ 188 Abs. 2, 187. Die Frist begann nach § 187 Abs. 1 mit der Mitteilung des N vom Kaufvertragsabschluss mit E. Diese Mitteilung ist das maßgebliche Ereignis für den Fristbeginn. Beginnt eine Monatsfrist durch ein Ereignis zu laufen nach § 187 Abs. 1, endet sie nach § 188 Abs. 2 S. 1. Alt. mit dem Tag, der zahlenmäßig dem Ereignistag entspricht. Die Frist begann am 15. 01. zu laufen und war im Zeitpunkt des Zugangs der Ausübungserklärung am 14. 03. noch nicht abgelaufen. Der letzte Tag der Frist wäre der 15. 03. gewesen. Die Ausübungserklärung erfolgte fristgemäß.

---

[1] RGZ 132 S. 419, 424

Zweifelhaft ist, ob für die Ausübungserklärung ein Fax genügend ist oder ob nicht die für den Kaufvertrag über ein Grundstücksrecht maßgebliche notarielle Form des § 313 S. 1 erforderlich ist. Nach § 505 Abs. 1 S. 2 bedarf die Erklärung nicht der für den Kaufvertrag erforderlichen Form. Sie ist formfrei möglich. Ein Fax genügt.

Zwischen N und T wurde das Vorkaufsrecht wirksam vereinbart. Es kam zwischen N und T nach § 505 Abs. 2 S. 2 ein Kaufvertrag zustande. Der Kaufvertrag kam mit demselben Inhalt zustande, wie er zwischen N und E am 15. 01. vereinbart worden ist.

b. Der Erfüllungsanspruch aus dem Kaufvertrag ist nicht nach § 326 Abs. 1 S. 2 erloschen. Zwar kam T nach dem Sachverhalt mit der Zahlung des Kaufpreises in Verzug nach §§ 284, 285. Gleichwohl hätte es nach § 326 Abs. 1 S. 1 seitens des N einer Fristsetzung mit Ablehnungsandrohung bedurft, um den Erfüllungsanspruch des T zum Erlöschen zu bringen. Eine einfache Mahnung nach § 284 Abs. 1 S. 1 steht einer Fristsetzung mit Ablehnungsandrohung nicht gleich.

c. Der Anspruch auf Übertragung aus dem Kaufvertrag könnte nach § 275 Abs. 2 wegen eines Unvermögens des N untergegangen sein. N hat zwischenzeitlich sein Eigentum auf E übertragen. E wurde im Grundbuch als neuer Eigentümer des Grundstücks eingetragen. Deshalb ist N an sich nicht mehr berechtigter Eigentümer am Grundstück und kann nicht mehr die Auflassung nach §§ 873 Abs. 1, 925 Abs. 1 erklären. T hat sein schuldrechtliches Vorkaufsrecht durch ein dingliches Vorkaufsrecht nach § 1094 absichern lassen. Dem dinglichen Vorkaufsrecht kommen nach der Regelung des § 1098 Abs. 2 die Wirkungen einer Vormerkung nach § 883 zu. § 883 Abs. 2 bestimmt, dass nach Eintragung der Vormerkung getroffene Verfügungen über das Grundstück, dem Vormerkungsberechtigten gegenüber unwirksam sind. Der Eigentumserwerb des E ist folglich gegenüber T rechtlich unwirksam und gilt als nicht erfolgt. Im Verhältnis zu T gilt N noch immer als Eigentümer und kann deshalb die Auflassung nach §§ 873 Abs. 1, 925 Abs. 1 erklären[2].

Soweit nach § 19 GBO erforderlich, muss E der Eintragung des T ins Grundbuch nach §§ 888 Abs. 1, 1100 zustimmen bzw. seine Eintragung löschen lassen, damit T ins Grundbuch eingetragen werden kann[3].

Frage 3: Welche Ansprüche hat E gegen N, sollte T die Übereignung des Grundstücks realisieren können?

1. §§ 433 Abs. 1, 440 Abs. 1, 325

E könnte Ansprüche aus Unvermögen des N zur Vertragserfüllung haben. N hatte dem E zuerst nach §§ 873, 925 Eigentum am Grundstück verschafft. Dieses Eigen-

---

[2] BayOLG NJW-RR 1990 S. 722, 724; Gursky JR 1984 S. 3, 4

[3] BayOLG NJW-RR 1990 S. 722, 724

tum ist mit dem dinglichen Vorkaufsrecht des T aus § 1094 belastet. Deshalb war der Eigentumserwerb des E nach §§ 1098 Abs. 2, 884 Abs. 2 S. 1 dem T gegenüber nicht wirksam ist. T konnte den Eigentumsverschaffungsanspruch aus § 433 Abs. 1 S. 1 gelten machen nach der wirksamen Ausübung seines Vorkaufsrechts. Die Ausübung der Rechte aus dem Vorkaufsrecht durch T führten dazu, dass N dem E auf Dauer kein Eigentum verschaffen konnte. Im Falle des Unvermögens haftet N nach § 325 Abs. 1. § 325 geht im gegenseitigen Vertrag bei Unvermögen mit einer im Gegenseitigkeitsverhältnis stehenden Pflicht der allgemeinen Regelung des § 280 vor.

Das Unvermögen führt alternativ zu einem Schadensersatzanspruch, einem Rücktrittsrecht oder der Geltendmachung der Ansprüche aus § 323. In der Regel ist der Schadensersatzanspruch günstiger, da neben der Rückzahlung des bereits entrichteten Kaufpreises, die vergeblich aufgewandten Kosten für die notarielle Beurkundung des Kaufvertrages, die Kosten für die Grundbucheintragung und der konkret entstandene Zinsnachteil geltend gemacht werden können. Daneben kann ein weitergehender Schaden für den Erwerb eines teueren Ersatzobjektes geltend gemacht werden.

2. § 812 Abs. 1 S. 2

Ein Kondiktionsanspruch entfällt. Das nachträgliche Unvermögen führt nicht zum Wegfall des Kaufvertrages sondern nur zum Wegfall der Leistungspflicht aus dem fortbestehenden Kaufvertrag.

3. § 823 Abs. 1

Eine Eigentumsverletzung entfällt. Bereits bei Eigentumserwerb war das Grundstücksrecht mit dem dinglichen Vorkaufsrecht des T belastet. In diesen Fällen ist allein das Gewährleistungsrecht einschlägig.

Literaturverzeichnis

Bähr, Peter	Grundzüge des Bürgerlichen Rechts 9. A., 1995
Belke, Rolf	Prüfungstraining Zivilrecht Bd. 1 2. A., 1997
Belling, Claus / *Layher, Heinz*	Privatrecht für Betriebswirte - Eine praxisorientierte Einführung mit Fallbeispielen, 1999
Brehm, Wolfgang	Allgemeiner Teil des BGB 2. A., 1994
Brox, Hans	Allgemeiner Teil des BGB 22. A., 1998
Brox, Hans	Zur Methode der Bearbeitung eines zivilrechtlichen Falles, JA 1987 S. 169 ff
Bub, Wolf-Rüdiger/ *Treier, Gerhard*	Handbuch der Geschäfts- und Wohnraummiete 2. A., 1994
Diederichsen, Uwe	Die Anfängerübung im BGB 3. A., 1996
Diederichsen, Uwe	Die BGB-Klausur 8. A., 1994
Dörrschmidt, Harald/ *Metzler-Müller, Karin*	Wie löse ich einen Privatrechtsfall - Fälle mit Lösungen 2. A., 1997
Fabricius, Fritz	Der Rechtsfall im Privatrecht 4. A., 1984
Fezer, Karl-Heinz	BGB Allgemeiner Teil, 5. A. - mit Fällen 5. A., 1994
Früh, Andreas	Bürgerliches Recht - Examenswissen nach der Anspruchsmethode mit Prüfungsschematat und Fällen, 1997
Gernhuber, Joachim/ *Coester-Waltjen, Dagmar*	Lehrbuch des Familienrechts, 4. A., 1994

Gerhardt, Walter Immobiliarsachenrecht Grundeigentum und Grundpfandrechte - mit Fällen
4. A., 1996

Gerhardt, Walter Immobiliarsachenrecht, Grundeigentum und Grundpfandrechte - mit Fällen
4. A., 1996

Gerhardt, Walter Mobiliarsachenrecht - mit Fällen
4. A., 1995

Gottwald, Peter BGB Sachenrecht - Rechtsfälle in Frage und Antwort
12. A., 1998

Greger, Reinhard Haftungsrecht des Straßenverkehrs
3. A., 1997

Gursky, Karl-Heinz 20 Probleme aus dem BGB - Bereicherungsrecht
4. A., 1997

Gursky, Karl-Heinz 20 Probleme aus dem BGB
Das Eigentümer - Besitzer - Verhältnis
4. A., 1996

Gursky, Karl-Heinz Sachenrecht
7. A., 1991

Gursky, Karl-Heinz 20 Probleme aus dem BGB-Sachenrecht
4. A., 1995

Hattenhauer, Hans/ Eckert, Jörn 78 Klausuren aus dem BGB mit Lösungsskizzen
8. A., 1994

Hohmeister, Frank / Küper, Anja Fälle und Lösungen zum Wirtschaftsprivatrecht
1999

Esser, Josef/ Schmidt, Eike/ Köndgen, Johannes Fälle und Lösungen nach höchstrichterlichen Entscheidungen
BGB Schuldrecht
3. A., 1971

Esser, Josef BGB Schuldrecht 2 -
Gesetzliche Schuldverhältnisse
4. A., 1993

Greger, Reinhardt	Haftungsrecht des Straßenverkehrs, 3. A., 1997
Hirsch, Cristoph	Eine Einführung anhand von Rechtsprechungsfälle und Entscheidungsdiagrammen 2. A., 1992
Holzhammer, Michael/ Roth, Marianne	Einführung in die Rechtswissenschaft I 3. A., 1986
Honsell, Heinrich/ Wieling, Hans Josef	Fälle mit Lösungen zum Besonderen Schuldrecht 2. A., 1990
Knoche, Joachim	Einstieg in die zivilrechtlich Fallbearbeitung 1989
Köhler, Helmut	BGB Allgemeiner Teil - Rechtsfälle in Frage und Antwort 20. A., 1998
Köhler, Helmut	BGB Schuldrecht I - Rechtsfälle in Frage und Antwort 17. A., 1998
Köhler, Helmut	BGB Schuldrecht II - Rechtsfälle in Frage und Antwort 15. A., 1998
Kohler-Gehrig, Eleonora	Einführung in das Recht 1997
Köbler, Gerhard	Anfängerübung 6. A., 1991
Kornblum, Udo	Fälle zum Allgemeinen Schuldrecht 2. A., 1990
Kupisch, Berthold/ Krüger, Wolfgang	Deliktsrecht - mit Fällen 1983
Lange, Hermann / Scheyhing, Robert	Fälle zum Sachenrecht 4. A., 1998

Larenz, Karl/ Canaris, Claus-Wilhelm	Methodenlehre der Rechtswissenschaft 3. A., 1995
Lindacher, Walter	Fälle zum Allgemeinen Teil des BGB 2. A., 1994
Löwisch, Manfred	Allgemeiner Teil des BGB - mit Fällen 5. A., 1991
Löwisch, Manfred	Schuldrecht Allgemeiner Teil - mit Fällen 2. A., 1982
Löwisch, Manfred	Vertragliche Schuldverhältnisse - mit Fällen 2. A., 1988
Lüderitz, Alexander/ von Marschall, Wolfgang	Fälle und Texte zum Schuldrecht 5. A., 1986
Marburger, Peter	BGB Allgemeiner Teil - Fälle und Lösungen 7.A., 1997
Marburger, Peter	20 Probleme aus dem BGB - Schuldrecht Allgemeiner Teil 6. A., 1998
Marburger, Peter	20 Probleme aus dem BGB - Schuldrecht Besonderer Teil 5. A., 1998
Medicus, Dieter	Bürgerliches Recht 17. A., 1996
Michalski, Lutz	Einführende Übungen zum Zivilrecht Teil I 1998
Michalski, Lutz	Übungen im Zivilrecht für Anfänger 1997
Michalski, Lutz	Schuldrecht II Leistungsstörungen - mit Fällen 1998
Michalski, Lutz	Zivilrechts - Skripten - mit Fällen 1998

Minas, Manfred	Die Anspruchsgrundlagen des BGB - Allgemeiner Teil und Schuldrecht I 1993
Pleyer, Klemens/ Hofmann, Paul	Sammlung privatrechtlicher Fälle 13. A., 1994
Peters, Frank	BGB Allgemeiner Teil - mit Fällen 2. A., 1998
Quittnat, Joachim	Der Privatrechtsfall 5. A., 1998
Reich, Dietmar	Einführung in das Bürgerliche Recht mit Praxisfällen 1996
Rimmelsbacher, Bruno/ Schmitz, Bruno	Kreditsicherungsrecht - mit Fällen 2. A., 1987
Schack, Heimo / Ackmann, Hans-Peter	Höchstrichterliche Rechtsprechung zum Bürgerlichen Recht - mit Fällen 1989
Schapp, Jan	Grundlagen des Bürgerlichen Rechts 2. A., 1996
Schmalz, Dieter	Methodenlehre für das juristische Studium 4. A., 1998
Schneider, Egon	Zivilrechtliche Klausuren 4. A., 1984
Schreiber, Klaus	Sachenrecht 2. A., 1996
Schulte, Hans	Grundkurs im BGB 5. A., 1997
Schwab, Dieter	Einführung in das Zivilrecht 12. A., 1995
Simon, Dietrich / Werner, Olaf	21 Probleme aus dem Familien - und Erbrecht 2. A., 1991
Strauß, Rainer	BGB Allgemeiner Teil und Schuldrecht Fälle und Lösungen, 1997

Teubner, Ernst — Die Examens- und Übungshausarbeit im Bürgerlichen Recht
4. A., 1995

von Münchhausen, Marco/ Bauchhenss, Christine — BGB Allgemeiner Teil
Band I
1996

von Münchhausen, Marco/ Bauchhenss, Christine — Schuldrecht Allgemeiner Teil
Band II
1994

von Stetten, Wolfgang — Klausuren Bürgerliches Recht
3. A., 1988

Weimar, Wilhelm — Kreditsicherungen, 50 Fälle und Lösungen
1973

Westermann, Harry — Grundbegriffe des BGB - mit Fällen
4. A., 1994

Werner, Olaf — Fälle mit Lösungen für Anfänger im Bürgerlichen Recht
8. A., 1994

Werner, Olaf — 20 Probleme aus dem BGB - AllgemeinerTeil
6. A., 1998

Wieser, Eberhardt — Übung im Bürgerlichen Recht für Anfänger
3. A., 1985

Wittmer, Stephan/ Lilienthal, Michael/ Koske, Martin — Juristische Arbeitsschemata im Zivil- und Arbeitsrecht, Strafrecht, Staats- und Verwaltungsrecht
1989

Wörlen, Rainer — Anleitung zur Lösung von Zivilrechtsfällen
5. A., 1998

Wörlen, Rainer — Schuldrecht AT
Lernbuch, Strukturen, Übersichten - mit Fällen
3.A., 1997

Wörlen, Rainer — Schuldrecht BT
Lernbuch, Strukturen, Übersichten - mit Fällen
3.A., 1997

Wolf, Ernst Anleitung zum Lösen zivilrechtlicher Fälle JuS 1961 S. 353 ff

Zerres, Thomas Bürgerliches Recht 1993

Zippelius, Reinhold Juristische Methodenlehre 6. A., 1994

Kommentare:

Jagusch, Heinrich/ Hentschel, Peter Kommentar zum Straßenverkehrsrecht, 34. A., 1997

Münchner Kommentar zum Bürgerlichen Gesetzbuch, 3. A.

Palandt Bürgerliches Gesetzbuch, 58. A., 1999

Staudinger Kommentar zum Bürgerlichen Gesetzbuch, 13. A.

Stichwortverzeichnis